TRAITÉ PRATIQUE

de

✤ PUBLICITÉ ✤

Commerciale et Industrielle

DEUXIÈME PARTIE

LES MOYENS DE PUBLICITÉ

D. C. A. HÉMET (1866-1916)

Professeur de Publicité et de Psychologie Commerciale à l'Institut Économique de Paris
Directeur-Fondateur de la revue " *La Publicité* "
Membre du Jury des Concours de Composition typographique de la revue " *La Typologie* "

TRAITÉ PRATIQUE

de

PUBLICITÉ

Commerciale et Industrielle

Avec une Préface de ÉMILE GAUTIER

NOUVELLE ÉDITION

EN DEUX VOLUMES, ENTIÈREMENT REVUE ET MISE A JOUR

Par LOUIS ANGÉ

Professeur de Publicité à l'École supérieure pratique de Commerce
et d'Industrie de Paris et à l'Institut d'Enseignement Commercial supérieur de Strasbourg.
Directeur des Cours Techniques par Correspondance de la revue " *La Publicité* ".

DEUXIÈME PARTIE

LES MOYENS DE PUBLICITÉ

PARIS

Éditions du Bureau Technique de " *La Publicité* "

6, rue de la Grange-Batelière, 6

1922

LIVRE I

◇

La Publicité par la Presse

◇ ◇ ◇

CHAPITRE PREMIER

CLASSEMENT DES DIVERS MOYENS
DE PUBLICITÉ

La publicité moderne utilise plusieurs moyens pour se manifester, s'affirmer et se propager, et le plus important de ces moyens est l'imprimerie. Lorsque les peuples ne disposaient que de procédés primitifs pour répandre leurs idées ou leurs réclames, la publicité était forcément dépourvue de l'écho constamment amplifié que l'imprimerie lui a prêté depuis.

Les moyens les plus importants de la publicité moderne sont au nombre de quatre, ou, si l'on veut, se subdivisent en quatre classes, parmi lesquelles il convient encore de créer des compartiments.

PREMIER MOYEN : Les journaux quotidiens, politiques, les revues, les magazines, les journaux périodiques, illustrés ou non, les organes techniques, et, en général, toutes les publications ayant un but et une raison d'être indépendants de la publicité, mais qui peuvent servir de véhicule à cette dernière.

DEUXIÈME MOYEN : Les affiches, qu'elles soient murales, qu'elles soient peintes sur des panneaux, sur toile ou sur zinc ; qu'elles soient urbaines ou de plein air, qu'elles soient diurnes ou nocturnes ou les deux à la fois, fixes ou ambulantes.

TROISIÈME MOYEN : Tous les imprimés, brochures, catalogues, circulaires, papillons, prospectus, les encartages dans les publications périodiques, ouvertes ou fermées ; les lettres personnelles ou omnibus et, en général, tout ce qui n'a pas une destination absolument anonyme, qui va de l'Annonceur à un individu déterminé, et dont l'objet est uniquement, à l'inverse du journal, la publicité.

QUATRIÈME MOYEN : Les échantillons, les objets de publicité, les cadeaux, les primes, enfin toutes les choses qui, n'étant ni des publications, ni des affiches, ni des imprimés simples, véhiculent néanmoins de la publicité.

Ces quatre moyens sont bons, et d'une utilisation régulière, mais ils ne sont pas tous bons pour les mêmes choses. Nous allons les étudier en détail.

❧ ❧ ❧

PREMIER MOYEN

Les journaux quotidiens.

L'action des journaux quotidiens convient à toutes les formes de publicité, alors que celle des publications périodiques ne convient qu'à quelques-unes. De plus, ces deux moyens s'excluent très fréquemment l'un l'autre, tous deux s'adressant en principe au même lecteur. Le journal politique, quotidien, de circulation certaine, est surtout indiqué pour la publicité de la première période : suggestive et directe, à effet immédiat (1). L'action immédiate de la publicité du journal tire une grande puissance de la brièveté de son existence. Elle paraît aujourd'hui, et le lecteur sait que le lendemain lui apportera un nouveau journal, avec de nouveaux sujets d'intérêt, qui lui feront oublier celui de la veille. On épuise donc la lecture d'un quotidien, et l'on se détermine, après sa lecture, bien plus rapidement à l'achat qu'après la lecture d'un périodique, qu'on sait avoir à sa disposition pendant huit jours, quinze jours, un mois même. Aussi, le rendement du quotidien est-il rapide, pour toutes les entreprises fondées sur le principe de la publicité suggestive et directe : huit jours suffisent pour qu'une insertion, grande ou petite, ait donné tout son effet, et encore, est-ce dans les quatre premiers jours que le résultat sera vraiment large et actif. Bien entendu, ces résultats

1. Voir volume I, p. 23 et suiv.

sont proportionnés aux dimensions, à l'espace occupé par l'annonce, à la place qu'elle aura par rapport au texte et aussi à la valeur intrinsèque de cette annonce.

La presse périodique.

Les publications périodiques sont particulièrement indiquées pour tout ce qui se rapporte à la publicité sous sa seconde forme : obsédante, indirecte et à effet différé (1). Elles peuvent convenir aussi pour des articles de luxe, vendus par correspondance, mais seulement à défaut du quotidien, car leur action est beaucoup plus lente. Ce que nous disons en ce moment est en contradiction avec une opinion très répandue et qui voudrait que la publicité des périodiques fût meilleure que celle des quotidiens. On prétend expliquer cette théorie en raison de ce que, pendant un temps plus ou moins long, cette publicité se tient sous les yeux du lecteur et qu'elle est, en quelque sorte, à répétition, en vertu même de sa permanence. Cette opinion, qui est surtout défendue par les agents des magazines illustrés et autres publications hebdomadaires, semi-mensuelles ou mensuelles, est foncièrement inexacte. D'abord, la publicité des périodiques participe pour un peu de la publicité fermée (2), car ces feuilles disposent généralement leurs annonces et réclames sur plusieurs pages d'un format réduit et les réunissent soit à la fin, soit au commencement, soit à ces deux endroits de leurs exemplaires, ce qui permet au lecteur de supprimer de son champ visuel toute la partie où il *sait* ne devoir rencontrer que de la publicité.

Or, qu'on retienne bien ceci, *on ne lit pas la publicité pour la lire*, il faut qu'on LA VOIE D'ABORD. On ne la voit pas, donc on ne la lit pas. Mais la lirait-on dans les périodiques, qu'elle ne serait pas plus efficace, plus productive, pour la raison inverse de celle qui la fait si rapidement opérante dans les quotidiens. Quand on reçoit et qu'on ouvre un périodique, on a le sentiment très net qu'on a devant soi huit, quinze, trente jours même pour en effectuer la lecture. Rien ne presse. A ce propos, combien de périodiques demeurent sous leur bande pendant nous ne savons combien de jours et de semaines, simplement parce qu'on sait qu'on a le temps de les lire, jusqu'au moment où le numéro suivant

1. Voir volume I, p. 28 et suiv.
2. Voir ci-après, p. 247.

survient et... fait oublier le précédent, sans qu'il soit démontré qu'on ne l'oubliera pas, lui aussi, ce nouveau numéro, comme on a fait pour l'autre.

Et si le texte d'un périodique est lu avec cette nonchalance, qu'en sera-t-il de la publicité, en admettant qu'elle soit lue? Le lecteur ou la lectrice, s'intéressant à une annonce, saura néanmoins qu'elle la retrouvera le lendemain, le surlendemain et les jours suivants, dans cette revue qui reste sur la table du bureau ou de la chambre. Cela lui laisse, de plus, le loisir d'attendre, d'atermoyer, avec l'espoir de trouver mieux, d'apprendre l'existence d'une chose, d'un produit, d'un article, plus avantageux, de meilleure qualité, plus moderne. Le périodique paie ainsi une prime à la remise au lendemain, et il pourrait escompter l'oubli à beaucoup moins de quatre-vingt-dix jours.

Par conséquent, le périodique est très rarement indiqué pour la période de publicité que nous appelons suggestive et directe. Il n'en est pas ainsi pour la publicité de la seconde période (obsédante), où il peut rendre de très bons services dans certaines conditions de durée et de temps.

☙ ☙ ☙

DEUXIÈME MOYEN

L'affiche et l'affichage.

L'affiche est un procédé plaisant qu'on ne pratique guère sous sa forme illustrée que depuis trente-cinq ans. Autrefois, on se contentait de simples affiches composées, lithographiquement ou typographiquement, de lettres, et il a fallu la venue de quelques artistes comme Chéret et Willette, pour qu'une transformation de l'affiche se produise en France. C'est une sorte de publicité qui enjôle, qui séduit, — mais qui enjôle et séduit surtout l'Annonceur. Ce moyen, auquel on recourt trop volontiers et souvent mal à propos, ne peut être utilisé qu'avec *énormément de sagesse et de circonspection*.

Il comporte dans la pratique des aléas beaucoup plus nombreux qu'on ne suppose, et il ne convient pas à toutes les opérations.

On peut faire des affiches pour la publicité des deux périodes, suggestive et obsédante (1). Dans la première forme, on doit ranger les affiches de ventes de propriétés, celles qui annoncent des expositions spéciales pour les magasins de nouveautés, ainsi que les affiches de spectacles. Leur caractère suggestif leur vient uniquement des conditions de temps auxquelles elles sont soumises : on sait qu'une vente par-devant notaire, par exemple, est fixée pour un jour dit, une exposition de nouveautés de même et une exhibition également. Dans ce cas, le potentiel d'intérêt (2) est sous l'unique dépendance de l'heure, et c'est cette dépendance qui donne à l'affiche son action suggestive et directe qu'elle n'aurait pas autrement. Les affiches annonçant des spectacles sont également susceptibles d'effets suggestifs, ainsi que celles d'une compagnie de chemins de fer qui fait savoir qu'elle mettra en marche, à une certaine date, des trains spéciaux pour des destinations auxquelles le public s'intéresse : trains de plaisir, d'excursions, etc.

Dans la majorité des cas, l'affiche est par excellence le moyen, le procédé qui s'adapte aux besoins de la publicité obsédante et indirecte. Alors elle est, généralement, illustrée et elle met en valeur un produit quelconque de consommation ou d'entretien, une marque de fabrique. Le plus grand défaut qu'elle puisse avoir, dans ces conjonctures, est de faire de la publicité là où il n'en est pas besoin et de ne pas en faire là où il serait nécessaire qu'il en fût fait.

Nous ne parlerons pas de marques connues déjà mises en vente partout ou à peu près; pour celles-là, on peut faire de l'affiche partout ou à peu près. Mais pour les marques qui se lancent, qui abordent, inconnues ou presque, le public, une affiche, où qu'elle soit placée, ne peut et ne doit être *que le prolongement de l'enseigne du détaillant qui tient l'article.* Poser une affiche dans un lieu, dans une localité où le produit annoncé n'est pas en vente et en escompter des profits est une utopie, car, en admettant même que certaines personnes, rien que pour avoir vu une affiche qui leur a plu, vont se précipiter chez l'épicier, le coiffeur, le quincaillier ou le marchand de couleurs, pour se procurer immédiatement ce produit, encore faudrait-il que ce produit s'y trouvât; s'il ne s'y trouve pas, l'action de l'affiche est instantanément périmée.

1. Voir volume I, p. 23 et suiv.
2. Voir volume I, p. 45 et suiv.

Quant à l'emplacement où l'affiche sera posée, c'est encore un des points délicats de ce mode de publicité. C'est très bien d'afficher, mais il faut savoir où l'on affiche. Il n'est question ici que de l'affiche ordinaire, produite par l'imprimerie lithographique ou typographique, tirée sur papier. Afficher sur un mur devant lequel il ne passe personne est évidemment une folie. Afficher à une hauteur où l'affiche devient presque invisible, ou encore afficher au moyen de petits papiers d'un format restreint

Fig. 1. — Hommes-sandwichs à Berlin.

là où il passe un grand nombre d'individus en est une autre. Il y a une loi de proportion, comme une équation, à établir entre le format d'une affiche et la somme de gens qui seront amenés à la voir.

L'affiche peinte sur panneau, sur métal, présente les mêmes avantages et les mêmes inconvénients, avec cette restriction qu'elle ne convient généralement qu'à des produits, à des marques déjà connues et répandues. Les panneaux de plein air, poursuivis de la haine féroce des amis des sites et des monuments, sont d'ailleurs souvent soumis à des restrictions qui leur enlèvent une partie de leur efficacité.

Hommes=sandwichs.

A côté de l'affiche fixe, il faut compter l'affiche ambulante, soit qu'elle circule à dos d'homme — hommes-sandwichs — soit qu'elle décore un tramway ou un autobus. Dans le premier cas, elle participe des qualités de la publicité sous sa première forme, si elle a pour but d'annoncer un fait sur le point de s'accomplir : représentation théâtrale, exposition, mise en vente, etc. Dans le second cas, elle est surtout obsédante et indirecte, et convient au lancement et à l'entretien des marques. Ses avantages lui viennent surtout de ce qu'il n'est pas nécessaire de la répéter à un aussi grand nombre d'exemplaires que l'affiche fixe pour atteindre le même nombre d'individus, puisqu'elle est vue sur les différents points d'une ville. Elle bénéficie en outre d'une autre propriété : le mouvement. *On porte plus d'attention aux choses qui bougent qu'à celles qui sont immobiles*, c'est ce que nous apprend la psychologie. Nous reproduisons ici une photographie représentant des hommes-sandwichs circulant dans une rue de Berlin (fig. 1).

TROISIÈME MOYEN

L'imprimé sous ses différents aspects.

L'imprimé, la brochure, le catalogue, participent également des deux formes de la publicité, mais avec moins d'ampleur pour la première que pour la seconde. L'imprimé suggestif sera celui qui annoncera, comme l'affiche, un spectacle, une mise en vente, une fête, toujours parce que ces événements ou ces attractions doivent se produire à jour dit, et que, par conséquent, le public admet tacitement qu'il lui en faut prendre connaissance dans le temps où sa lecture peut lui être de quelque intérêt.

Distribué par la poste à domicile, ou à la main, l'imprimé de publicité, quelle que soit son importance, sa présentation, n'agit, le plus souvent, que d'une manière obsédante, car son but est forcément généralisé. Il n'a pas, comme le journal, l'avantage de se présenter comme un accessoire, le texte d'information ou de littérature de la feuille publique étant le principal. Il est « publicité » d'un bout à l'autre et ressemble un peu à un médicament solide qu'on voudrait faire avaler au patient, sans le véhicule liquide, sirop d'écorce d'oranges amères ou vin de Samos, qui en facilitera l'absorption et la digestion.

Le prospectus, sous la forme de catalogues et de brochures documentaires, peut encore avoir une action suggestive lorsqu'il s'adresse à une minorité positive d'acheteurs, qu'il intéresse spécialement, tel, par exemple, le catalogue d'un fabricant de pétrins mécaniques adressé à tous les boulangers de France. Là, le potentiel d'intérêt est élevé, parce que l'imprimé ne touche absolument que ceux qui ont souci d'en avoir connaissance; c'est une question de technique, de métier qui s'agite, et à laquelle tous les boulangers sont également intéressés.

QUATRIÈME MOYEN

Objets-réclame et échantillons.

Le quatrième moyen (échantillons, objets de publicité, etc.) est celui qui renferme la moins forte dose de publicité suggestive. Il n'est même pas obsédant, au sens exact du mot. Et des deux moyens, c'est encore l'échantillon qui aura l'action la plus énergique. Mais aucun n'aura pour effet, la plupart du temps, de faire acheter immédiatement; on peut presque dire que, pour apprécier ce moyen de publicité, le public doit déjà connaître le produit, la chose annoncée, et que l'échantillon, l'objet, la prime ne font que lui rappeler un nom, une marque qu'il connaît déjà et qu'il apprécie. Cette publicité a surtout pour effet de sauvegarder une clientèle, elle est inopérante pour la constituer. Réserves faites cependant pour l'échantillon, qui peut concourir au lancement d'une marque inconnue, mais à la condition que la vente de ce produit soit très solidement organisée.

Nous n'avons étudié cette question que dans ses très grandes lignes au cours de ce chapitre; les diverses lois que nous venons d'ébaucher seront complètement exposées par la suite.

CHAPITRE II

Les Modes de Publicité

◇ ◇ ◇

Les quatre moyens de publicité que nous venons de définir dans leurs différentes applications n'ont pas nécessairement les mêmes modes d'emploi.

LE PREMIER MOYEN (la publicité des journaux et des périodiques) comporte les modes suivants :

1º L'*annonce*, c'est-à-dire tout texte composé ou cliché qui, par sa disposition typographique, se distingue de la composition ordinaire, habituelle, d'un journal. Elle occupe plusieurs positions suivant les journaux et publications où elle paraît. (Nous laissons les « Petites Annonces » de côté.)

2º La *publicité rédactionnelle*, qui se présente sous la même forme, avec le même aspect que les articles, les nouvelles et les informations, et qui est composée et imprimée dans les mêmes caractères que la composition ordinaire et habituelle du journal. Elle se mêle au texte, au lieu de s'en isoler comme l'annonce.

Le DEUXIÈME MOYEN comprend les deux modes suivants : l'*affichage* soit dans les villes, soit dans les campagnes, selon le but poursuivi par l'Annonceur, et l'établissement de *panneaux fixes*, soit peints, soit imprimés, sur tôle, sur verre, sur toile, sur bois, et, en général, toute forme de publicité exposée aux regards du public dans les lieux fréquentés ou les voies passantes.

Le TROISIÈME MOYEN est l'*envoi* ou la *distribution* d'imprimés de toute nature. Il comporte les procédés suivants : la distribution sur la voie publique, à la main; la distribution à domicile, soit par la poste, soit par facteurs privés, avec ou sans adresses.

Le QUATRIÈME MOYEN, celui qui a trait à la remise, par toutes sortes de voies, à la main ou à domicile, d'échantillons et d'objets de publicité. C'est le moins important, et il ne comporte que des modes assez vagues, que nous passerons en revue en temps et lieu.

LES MODES DU PREMIER MOYEN

L'Annonce dans la presse politique ou périodique.

Nous ne parlerons que pour mémoire de la petite annonce, qui n'a pas besoin, pour se faire lire, des inventions, des artifices plus ou moins ingénieux qu'emploie l'annonce proprement dite.

Le caractère même de la publicité est, en effet, d'éveiller l'attention, de susciter l'intérêt du lecteur pour une affaire, pour un produit, alors qu'il n'y songeait pas et que son esprit n'était en aucune façon porté vers l'examen d'une telle proposition. La petite annonce offre un caractère tout à fait opposé, car c'est, par définition, l'annonce que l'on cherche, l'annonce qu'on a besoin de connaître. La meilleure preuve, c'est que le jour où les feuilles publiques insèrent des petites annonces, leur tirage augmente dans une proportion sensible, du fait même des lecteurs spéciaux qui ne recherchent dans la presse que les petites annonces, afin de satisfaire un besoin dont ils ont le sentiment et qui est, par conséquent, préexistant. Il s'ensuit que l'art et la science de la publicité ont peu de chose à voir avec la petite annonce, laquelle n'a pas besoin, pour être lue, de solliciter le regard par une disposition typographique originale, une illustration, un titre, incisifs et alléchants. En fait, la petite annonce est remarquée pour elle-même, et c'est ce qui lui permet d'être si mal habillée, si mal construite. Elle n'a pas besoin de parure pour plaire.

Dans ces conditions, nous estimons qu'il n'y a pas lieu de s'appesantir davantage sur cette forme de publicité et nous passons à l'étude de la grande annonce, c'est-à-dire de l'annonce ordinaire.

La première condition que doit remplir une composition typographique destinée à frapper les regards et à se faire lire par le plus grand nombre d'individus est, essentiellement, la visibilité d'abord, la lisibilité ensuite, quelle que soit sa dimension.

Les peuples occidentaux possèdent tous le même système fondamental d'écriture, système qui consiste, quelle que soit la langue qu'on parle et qu'on lise, qu'il s'agisse de l'allemand, de l'anglais, de l'italien, de l'espagnol, du portugais, du hollandais ou du français, à figurer les signes de l'écriture de gauche à droite sur un espace variable qu'on appelle la ligne, et du haut en bas sur un espace qu'on est convenu d'appeler la page. Par conséquent, nous sommes accoutumés à lire toutes sortes d'écrits placés sous nos yeux dans le sens idéal d'une ligne qui partirait de la partie supérieure gauche pour aboutir à la partie inférieure droite. Si nous essayons de déchiffrer un écrit de droite à gauche ou de bas en haut, nous n'arriverons qu'à des combinaisons cryptographiques parfaitement incohérentes et inintelligibles.

Le philosophe Alfred Fouillée l'a remarqué excellemment dans son ouvrage : *La Liberté et le Déterminisme.* Il dit : « Nous sommes habitués à lire de gauche à droite, et ce mouvement nous est devenu très familier... Le lecteur aura peu d'efforts à faire pour lire à rebours la formule suivante : $a\,a\,a$; il lui en faudra davantage pour lire à rebours le mot : $t\,o\,i$, qui devient $i\,o\,t$. Pour épeler à rebours $a\,a\,a$, je n'ai qu'à répéter trois fois le même effort ; pour lire $i\,o\,t$, j'ai trois efforts différents à faire. De plus, quand nous lisons, c'est l'œil gauche qui commence. Ma volonté a donc toujours suivi la loi de la moindre action ou d'économie. »

Notre système d'écriture étant immuable, dans la direction que nous venons d'indiquer, de gauche à droite et de haut en bas, c'est en suivant ce principe, pour le développement des idées et des arguments, qu'une annonce devra être conçue. Les Japonais et les Chinois, dont l'écriture se trace de bas en haut et de droite à gauche, les Arabes et les Turcs, qui écrivent de haut en bas, mais de droite à gauche, ne sauraient évidemment lire une annonce ainsi conçue, mais ici nous n'avons en vue que la publicité des peuples ayant notre système d'écriture.

LE TEXTE DE L'ANNONCE

Les trois phases du discours.

La rhétorique nous a appris de tout temps qu'un discours comportait trois phases successives, les trois points du discours, qui sont : l'exposition, le développement, la conclusion. Cette loi, qui régit les compositions littéraires, peut aussi bien régir les compositions typographiques d'annonces. Elle a l'avantage d'être très claire et de ne prêter à aucune fausse interprétation.

Fig. 2.

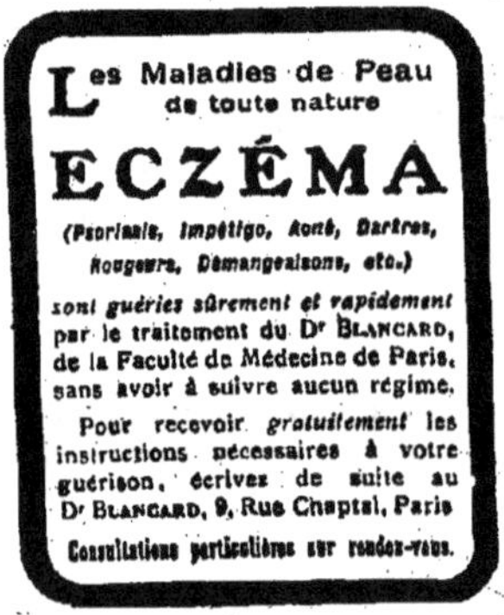

Sentiment provoqué : pusillanimité.
Potentiel d'intérêt individuel : élevé.
Majorité relative : faible.
Période : suggestive et directe, à effet immédiat.

Fig. 3.

Sentiment : pusillanimité.
Potentiel d'intérêt individuel : élevé.
Majorité relative : faible.
Période : suggestive et directe.

Voici, par exemple (fig. 2), une annonce très simple conçue suivant ce principe.

Cette autre (fig. 3) découle du même procédé, mais elle est plus compliquée, plus chargée de texte. Elle a le défaut de nommer en tête le produit pour lequel elle est faite, alors qu'il aurait été préférable que le nom de ce médicament vînt après, après le mot « Maigrir ». C'est, en effet, ce mot qui attire toute l'attention ; c'est par lui qu'on éveille l'intérêt, le mot « Obésité » venant à la fin comme soutien du titre, qui devrait être « Maigrir ».

Fig. 4.

Sentiment : pusillanimité.
Potentiel d'intérêt ; moyen.
Majorité relative   moyenne.
Période : suggestive et directe.

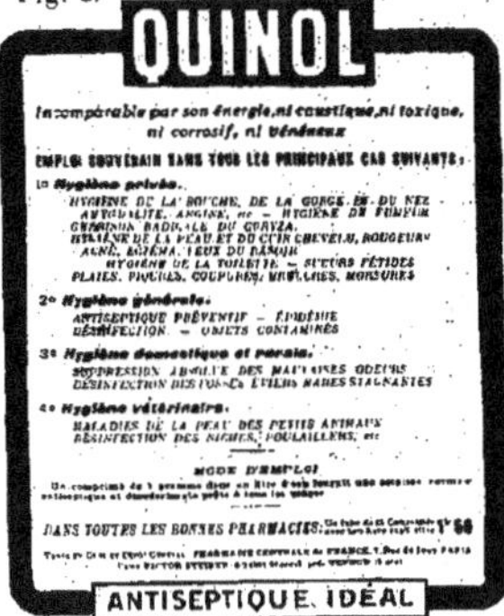

Sentiment : intérêt.
Potentiel d'intérêt : faible.
Majorité relative : moyenne.
Période : obsédante, indirecte et à effets différés.

En voici une troisième (fig. 4) qui ne s'adresse guère qu'aux femmes et qui montre également une certaine recherche, en raison du fond noir qui occupe le début du texte et sur lequel est écrit le texte, c'est-à-dire l'exposition.

Voici celle du Quinol (fig. 5) qui cherche bien à être claire et à se conformer à la loi que nous venons d'exposer, mais qui n'y parvient pas, car elle met un peu la charrue avant les bœufs, puisque c'est par le nom du produit annoncé qu'elle débute, alors que ce n'est pas ce nom qui peut intéresser le public, d'autant plus que rien, par la suite, n'attire son attention. Il eût fallu ici commencer par nous dire qu'il s'agit d'un antiseptique.

L'annonce suivante (fig. 6) observe bien la division du texte

Fig. 6.

Sentiment : pusillanimité.
Potentiel d'intérêt ; moyen.
Majorité relative : moyenne.
Période : suggestive et directe.

en trois points, mais on y a omis de graduer l'effet de l'argumentation suivant le principe que nous venons d'exposer, si bien qu'elle a l'air de commencer par la fin. Il y a aussi trop de texte inutile dans cette annonce, et l'on appuie trop sur un point qui n'a qu'une importance relative pour le lecteur : on lui dit : *pas de duperie, pas de tromperie*. Il est inopportun de parler de corde dans la maison d'un pendu. L'auteur aurait dû se rappeler ce sage précepte.

Fig. 7.

Sentiment : intérêt et confiance.
Potentiel d'intérêt : faible.
Majorité relative : élevée.
Période : obsédante et indirecte.

Toutes les annonces ne se présentent pas, toutefois, sous la forme d'un discours. Il en est qui ne comprennent qu'un mot, qu'une phrase. C'est qu'elles n'ont pas besoin, justement, d'un argument pour agir. C'est le propre des annonces relatives à des produits de marque, des articles de consommation ayant atteint déjà une notoriété suffisante pour se dispenser de tous commentaires.

C'est, par exemple, le cas de l'annonce de la figure 7, qui se borne à fournir la reproduction de la marque de fabrique, sans aucun argument. Cela ne prouve pas, du reste, que l'annonce soit excellente, car, SI CONNUE QUE SOIT UNE MARQUE, IL Y

Fig 8.

Sentiment : intérêt et propriété.
Potentiel d'intérêt : faible.
Majorité relative : faible.
Période : obsédante et directe.

A TOUJOURS QUELQUE CHOSE A DIRE POUR LA FAIRE VALOIR.

L'annonce suivante (fig. 8) est encore celle d'une marque qui ne croit pas, en raison de sa notoriété, devoir fournir une argumentation en faveur de son article, puisque c'est entendu que c'est « le meilleur ». Oui, mais est-ce bien là parole d'évangile pour l'unanimité des consommateurs ? C'est plus que douteux.

Pour établir la différence entre ces deux formes de publicité, les deux annonces ci-dessus n'étant réellement que de la publicité d'entretien, voici, par opposition (fig. 9), le cliché d'un fabricant de cigarettes qui lance sa marque. Il déploie toute son éloquence pour compenser le défaut que présentent ses cigarettes, au moment où sa publicité commence, et qui est de ne pas être connues.

Mais l'Annonceur qui fera de la publicité sous la forme suggestive et directe ne peut pas s'en tenir à cette simplicité, à cette brièveté. Il faut qu'il PERSUADE, qu'il réfute par avance les objections possibles pour emporter la détermination du lecteur. C'est

Fig. 9.

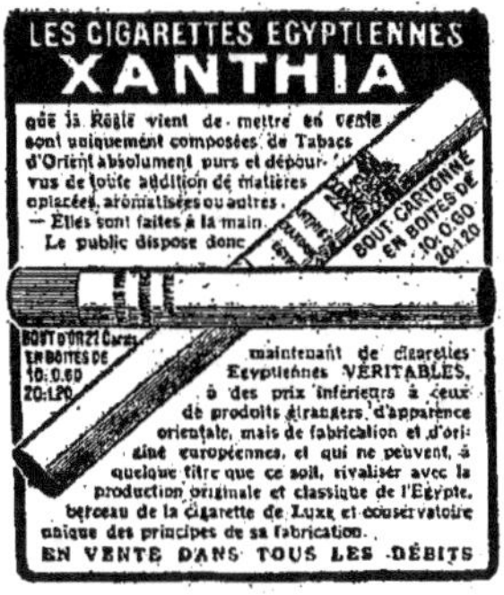

Sentiment : intérêt.
Potentiel d'intérêt : médiocre.
Majorité relative : moyenne.
Période : obsédante et indirecte.

Fig. 10.

Sentiment : pusillanimité.
Potentiel d'intérêt : faible.
Majorité relative : moyenne.
Période : suggestive et directe.

pour cet Annonceur que l'observation de ce principe fondamental sera indispensable.

En fait, ce principe est observé plus ou moins bien, très mal parfois, en usant d'arguments souvent douteux qui dépassent le but et qui le manquent, comme dans ce cliché réduit (fig. 10) où, à force de vouloir tout dire, on en est arrivé à ne rien dire d'intéressant.

A tout prendre, le plus grand mérite et la plus grande force d'une annonce sera D'ÊTRE VRAIE. Il est certainement plus difficile de rédiger une annonce mensongère dans laquelle on sera contraint de prêter à la chose annoncée des vertus, des

Fig. 11.

Sentiment : intérêt.
Potentiel d'intérêt : faible.
Majorité relative : moyenne.
Période : obsédante et indirecte.

Fig. 12.

Sentiment : crédulité et vanité.
Potentiel d'intérêt : faible.
Majorité relative : moyenne.
Période : suggestive et directe.

propriétés qu'elle n'a pas, que d'affirmer simplement la vérité, si cette vérité est bonne à dire et peut exercer une action utile, éveiller un sentiment favorable dans l'esprit du public.

Il est certain que l'annonce de la figure 11 est exagérée lorsqu'elle affirme que seul est bon le lait pour lequel elle est faite.

Cette autre annonce (fig. 12) contient certainement une forte dose d'exagération et de mensonge et ne persuadera que de vieilles coquettes qui croient que l'on peut réellement réparer des ans l'irréparable outrage. Cette forme de publicité trouve cependant de nombreuses lectrices qui y croient.

De toutes manières, ce qu'un Annonceur a à dire doit être énoncé avec clarté d'abord, avec force ensuite. Les mots choisis seront toujours empruntés au vocabulaire habituel, que tout le

monde comprend, et on n'y glissera aucune de ces expressions
prétentieuses et savantes qui rebutent le lecteur peu lettré, et
qui font que les autres considèrent l'auteur comme un pédant.

Voici une annonce (fig. 13) qui contient, à ce point de vue, un
gros défaut : la bizarrerie de son titre : « Ouètil ? » On ne
le comprend qu'avec effort.

Par opposition, voici

Fig. 13.

Sentiment : intérêt.
Potentiel d'intérêt : moyen.
Majorité relative : moyenne.
Période : obsédante et indirecte.

Fig. 14.

Sentiment : intérêt.
Potentiel d'intérêt : faible.
Majorité relative : élevée.
Période : obsédante et indirecte.

(fig. 14) une annonce claire,
où les mots employés sont
bien choisis, sans recherche,
et dont l'ordonnancement est
simple et logique. La phrase doit être courte, débarrassée de
toutes les incidentes qui auraient pu s'y glisser, et le ton général
doit être constamment affirmatif, mais toutefois avec dignité.
Quand nous disons affirmatif, nous ne voulons pas dire superlatif. Rien n'est fâcheux comme une affirmation poussée à cette
extrémité. Dites : Mon produit est bon, ne dites pas : c'est le
meilleur. On ne vous croirait pas. Mais, par contre, dites POUR-
QUOI IL EST BON, quelles sont les raisons qui doivent le faire

apprécier plus particulièrement et inspirer, à son profit, la confiance et la sécurité.

La disposition de la figure 15 est mauvaise, car elle est beaucoup trop longue à lire et rien, ni dans le titre, ni dans le texte, ne fait valoir le produit annoncé. La phrase est confuse, sans vigueur affirmative.

En comparaison, quelle simplicité, quelle concision dans l'annonce qui suit (fig. 16) !

Ne dites pas surtout que ce que vous offrez est supérieur à d'autres produits similaires, n'entrez pas dans le détail des considérations qui distinguent tel autre produit concurrent, que vous désigneriez ainsi implicitement. Si vous vous occupez de ce que disent et font vos concurrents,

Fig. 15.

N'OUBLIEZ PAS CECI...

Pour bien marcher, il faut être bien chaussé !
Le seul moyen d'avoir des chaussures toujours souples et confortables, c'est de leur donner de temps en temps une simple couche de « **XYLINE** », *seul liquide sans acide* qui permette d'imperméabiliser et d'assouplir toutes les chaussures sans les graisser et sans empêcher de les cirer.
La « **XYLINE** » n'a aucun rapport avec tout ce qu'on a essayé de faire de similaire jusqu'à présent
C'est un produit qui donne toujours satisfaction et que tout le monde *doit employer en toute confiance*
La « **XYLINE** » est le seul liquide adopté dans l'Armée, la Marine, les Compagnies de chemins de fer, P.-L.-M., Ouest, Midi etc, ainsi que par les premiers bottiers de France et d'Angleterre.
En vente partout et chez les Concessionnaires MM **DELAUNAY & C**º 1 rue Saint-Georges, Paris — TÉLÉPHONE **157-93**

Période : obsédante et indirecte.
Sentiment : curiosité.
Potentiel d'intérêt : faible.
Majorité relative : moyenne.

Fig. 16.

Sentiment : intérêt, propriété.
Potentiel d'intérêt : moyen.
Majorité relative : faible.
Période : suggestive et directe.

Fig. 17.

SEULS ! les Parfums **VIVILLE**
Sourire d'Avril
Etoile de Napoléon
Bacchanale
possèdent la finesse et la ténacité *si recherchées des Elégantes.*
34, Avenue de l'Opéra   PARIS

Sentiment : intérêt.
Potentiel d'intérêt : faible.
Majorité relative : moyenne.
Période : obsédante et indirecte.

n'en laissez rien paraître dans vos annonces, car vous seriez encore moins cru, et vous pourriez faire une publicité qui leur profiterait plus qu'à vous.

Peut-on croire, sur le vu de l'annonce figure 17, que vérita-

Fig. 18.

Sentiment : intérêt.
Potentiel d'intérêt : faible.
Majorité relative : très élevée.
Période : obsédante et indirecte.

blement ces parfums soient les seuls à posséder les qualités dont on les pare ?

Il en est de même de la suivante (fig. 18), rien ne pouvant démontrer que l'affirmation : *le meilleur*, soit exacte.

L'annonce du Goudron Klairjô offre le même défaut (fig. 19).

Le superlatif de l'exagération appartient sans conteste à la composition de la figure 20, qui nous fait lire que le pneu Goodrich est supérieur au meilleur. Veut-on faire entendre par là qu'il est le meilleur ? En ce cas, comme il ne peut être supérieur à lui-même, c'est donc qu'il est inférieur, et s'il est inférieur, il n'est pas le meilleur. C'est là une

Fig. 19.

Sentiment ; curiosité.
Potentiel d'intérêt : faible.
Majorité relative : moyenne.
Période : obsédante et indirecte.

exagération bien inutile. Depuis, la marque Goodrich nous a habitués à une publicité plus intelligente, parce que plus raisonnable.

Fig. 20.

Sentiment : possession.
Potentiel d'intérêt : élevé.
Majorité relative : faible.
Période : obsédante et indirecte.

En dépit de sa bonne disposition, le cliché de la figure 21 est encore à condamner, car il réduit les explications à si peu de chose, sous prétexte — prétexte fort louable en soi — de concision, qu'il se montre absolument incompréhensible pour toute personne qui ne serait pas initiée à tous les mystères de la chambre à air et à tous les secrets des enveloppes de pneumatiques pour bicyclettes. Autrement, la disposition de cette annonce est incontestablement très simple et très frappante.

S'il est malhabile d'affirmer que le produit que l'on vend est le meilleur, le plus pur, le plus sain, le plus sûr, le plus pratique, le plus économique, et autres superlatifs d'un usage déplorable, il n'est pas interdit de dire que la chose annoncée

Fig. 21.

OCCASION

POUR RIEN

A saisir de suite

Enveloppes 810×90...............	20 francs
Enveloppes 815×105...............	50 francs
Chambres 710×760, 810×90...	16 francs
765×815, 875×105...............	19 francs
820×880, 920×120...............	24 francs

A L'USAGÉ

123, boulevard Pereire — PARIS

Sentiment : curiosité.
Potentiel d'intérêt : moyen.
Majorité relative : moyenne.
Période : suggestive et directe.

est la moins chère ou la meilleur marché. On intéresse ainsi les gens qui ne s'attachent qu'au prix et pas à la qualité. Mais il faut qu'alors ce bon marché soit réel.

Indépendamment des lois relatives à la rédaction et à la construction d'une annonce, il est un principe dont il faut également tenir compte; c'est celui de la proportion. Une annonce pourra occuper l'espace le plus considérable, elle n'en est pas moins soumise à ce principe de proportionnalité qui la ren-

Fig. 22.

Fig. 23.

Sentiment : intérêt et curiosité.
Potentiel d'intérêt : moyen.
Majorité relative : moyenne.
Période : suggestive et directe.

Sentiment : intérêt.
Potentiel d'intérêt : moyen.
Majorité relative : moyenne.
Période : suggestive et directe.

dra sympathique à la vue et en facilitera la lecture. La tradition va nous fournir l'essence même de ce principe.

Les créations de l'esprit s'impriment ou s'écrivent d'après une règle de proportion qui veut que, d'une façon presque générale, la page d'un livre, la page d'un cahier, une feuille de papier quelconque s'offrent aux regards sous un aspect toujours plus haut que large. Nous sommes habitués à considérer tout ce qui sort des presses d'une imprimerie ou tout ce qui a été noirci scripturairement sous un aspect rectangulaire, le plus grand côté du rectangle étant vertical. C'est donc la proportion normale, régulière, qui plaît le mieux à nos yeux, puisqu'ils y sont accoutumés, et c'est généralement dans cette proportion que l'on composera les meilleures annonces. Il n'en découle pas qu'on ne puisse adopter utilement d'autres mesures, mais nous sommes certain que celle-là est incontestablement la plus rationnelle et qu'un Annonceur aura beaucoup plus de chances de faire lire ses annonces, s'il les dispose suivant cette loi de proportion fort simple.

Voici deux annonces (fig. 22 et 23) dont la proportion est parfaite ; elles se voient et se lisent facilement.

Les deux suivantes (fig. 24 et 25), au contraire, sont (abstraction faite de la réduction que nous avons dû leur faire subir) manifestement trop larges par rapport à leur hauteur.

Fig. 24.

Sentiment : intérêt.
Potentiel d'intérêt : assez élevé.
Majorité relative : moyenne.
Période : suggestive et directe.

Fig. 25.

Sentiment : intérêt et pusillanimité.
Potentiel d'intérêt : moyen.
Majorité relative : faible.
Période : suggestive et directe.

Les colonnes des journaux l'indiquent très exactement, et font valoir cette théorie, en dehors des considérations que nous venons de mettre en lumière. L'œil du lecteur suit naturellement les colonnes du journal qu'il parcourt ; il aime, par instinct, à rencontrer, sous son regard, des mots intelligibles, des phrases complètes, et il lit mal une annonce qui chevauche sur deux ou plusieurs colonnes, car il est obligé de détourner ses yeux de la ligne qu'ils suivaient, et qu'une telle composition vient rompre malencontreusement. Cette observation n'a pas toute sa rigueur pour les dernières pages des journaux, où l'ordre en colonne est rarement respecté, où des placards de toutes dimensions s'offrent aux regards ; mais si la disposition sur une colonne n'est pas indispensable pour cette position, c'est encore par une disposition plus haute que large qu'on obtiendra le maximum de visibilité harmonieuse. Pour les annonces placées dans le texte, la disposition sur la simple largeur de la colonne est alors absolument indiquée.

La construction d'une annonce étant sous la dépendance du principe de rhétorique que nous avons précédemment indiqué (1), voici la méthode rationnelle qui devra y présider :

La première partie, qui est l'exposition, sera constituée par un titre. Le choix de ce titre, qui sera tantôt un seul mot, tantôt une phrase courte et incisive, est de la plus grande importance. C'est lui qui frappera et qui retiendra l'attention, puis qui incitera à la lecture de la suite de l'annonce. C'est assez dire que ce titre doit être significatif, et qu'il doit avoir un rapport immédiat avec la chose annoncée.

La seconde partie de l'annonce, qui est le développement, contiendra les arguments et les commentaires indispensables. Toutefois, il est essentiel de ne pas accumuler, dans un même texte, un trop grand nombre d'arguments, de points de discussion. Qui veut trop prouver ne prouve rien, et ce proverbe est particulièrement exact pour ce qui est de la publicité, Trois arguments, convenablement exposés, avec force, avec netteté, et du ton le plus convaincant qu'on pourra prendre, suffiront. Si l'on en a davantage à présenter, il convient de les réserver pour une annonce suivante. On pourra alors classer ces arguments par séries et traiter d'abord de la qualité, en disant, par exemple, de la chose annoncée qu'elle est pure, naturelle et d'une fabrication très soignée. Cela fait trois arguments. Ensuite, on dira qu'elle est économique, on indiquera ses différents usages, on ajoutera qu'elle est la moins chère, cela fait encore trois arguments.

L'annonce de la figure 26 donnera une idée assez exacte de cette façon de procéder ; mais il est bien entendu que le principe s'applique à toutes les affaires basées sur la publicité.

Il est impossible de fournir des exemples s'appliquant à

1. Voir page 16.

toutes les contingences, mais nous croyons nous être fait suffisamment comprendre.

La troisième partie de l'annonce, qui est la conclusion, contiendra les renseignements complémentaires sur le prix de l'article et les endroits où il est en vente, et elle donnera le nom et l'adresse du fabricant, si cela est nécessaire.

Telle est la formule d'établissement des annonces *qui ne sont pas lues pour elles-mêmes,* mais qui doivent, en quelque sorte, aguicher le lecteur pour l'obliger à s'intéresser d'abord, et à prendre ensuite connaissance. Par contre, la formule des annonces *qui sont recherchées en raison de leur caractère spécial* sera toute différente et d'une plus grande simplicité. Elles énonceront un fait en une seule phrase ; elles n'ont point d'ingéniosité à déployer, puisque leur auteur sait que le lecteur les recherchera de lui-même.

Fig. 26.

VOUS BOIREZ DU BON VIN ET A d'EXCELLENTES CONDITIONS

si vous voulez bien me donner simplement votre adresse

Aussitôt, un intéressant opuscule, ainsi qu'un prix courant, vous seront adressés franco et vous pourrez y choisir le vin qui vous convient, au prix que vous pouvez le payer.

Dès que vous m'aurez dit ce que vous désirez, je vous enverrai échantillons des différentes qualités qui répondent à votre goût, et cela gratuitement, et vous pourrez ainsi acheter, en connaissance de cause, un vin qui vous plaira, et qui, dans tous les cas, sera toujours garanti comme qualité, provenance et sincérité.

Ecrivez-moi. Voici mon adresse : Jules PHILIPPON, à Montpellier.

Sentiment : intérêt et propriété.
Potentiel d'intérêt : élevé.
Majorité relative : faible.
Période : suggestive et directe.

Un titre placé immédiatement en tête d'une annonce est moins apparent que lorsqu'il est placé dans le premier tiers du texte. C'est là une question d'optique. On pourra fortifier le titre en visibilité en le faisant précéder d'un court préambule.

De même qu'une affiche ne doit pas être chargée en texte, de même une annonce ne doit pas présenter ses lignes en masses compactes. L'utilisation du blanc est de la plus grande

importance. Un texte massif, même s'il est convenablement
précédé d'un titre alléchant, rebute l'œil, car pour lui la lecture devient presque une peine, un trouble. L'art de composer,
de disposer une annonce ne consiste pas seulement dans la
façon dont la rédaction sera établie, distribuée, dans un espace
déterminé ; il dépend également de la manière dont les phrases
essentielles sont mises en valeur, les phrases moins utiles étant
ramenées à des proportions modestes, qui permettront d'employer des réserves blanches dans diverses parties de la composition.

Fig. 27.

Sentiment : intérêt.
Potentiel d'intérêt : moyen.
Majorité relative : faible.
Période : suggestive et directe.

Fig. 28.

Sentiment : curiosité et intérêt.
Potentiel d'intérêt : moyen.
Majorité relative : moyenne.
Période : suggestive et directe.

Voici deux annonces (fig. 27 et 28) dans lesquelles on semble
avoir semé les espaces blancs comme à plaisir, et certains
Annonceurs pourraient penser qu'il eût été plus économique de
les faire tenir en moitié moins d'espace. C'est ceux qui ne
savent pas qu'une annonce vaut autant par son texte que par
l'espace qu'elle occupe, et qu'une annonce claire est bien mieux
vue, dans une page, lorsqu'elle comporte des blancs abondants,
surtout lorsqu'elle est entourée de phrases chargées et compactes.

L'exemple suivant est encore plus frappant, car il oppose
à une composition massive (fig. 29), dans laquelle aucun mot
n'est mis en valeur, une composition claire et très largement

aérée (fig. 3o), obtenue par les moyens les plus simples. On aurait pu faire beaucoup mieux, mais nous nous en sommes tenu

Fig. 29.

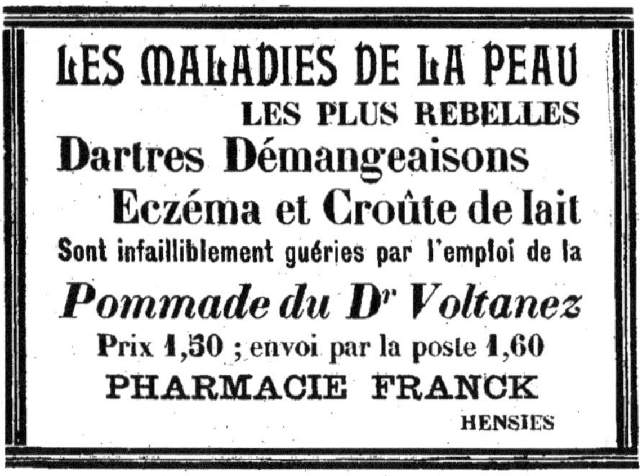

Fig. 3o.

au texte même de l'annonce initiale qui nous a servi de point de
départ.

C'est un faux calcul, de la part d'un Annonceur, de chercher
à réduire la dimension d'une annonce, en diminuant la grosseur

des lettres servant à sa composition, uniquement dans un but d'économie. S'ingénier à faire tenir dans le plus petit espace une annonce, par une sorte de concentration de la composition, est aller à l'encontre d'une loi de visibilité stricte, qui veut que, toutes choses égales d'ailleurs, ce soit l'annonce qui occupe le plus de place qu'on voie et qu'on lise le mieux.

D'autre part, la majorité des annonces insérées dans les journaux étant établies suivant le principe de la condensation à outrance, une annonce dans laquelle on aura réservé des espaces blancs convenables sera d'autant mieux remarquée, à cause, précisément, de ces blancs ; elle repose l'œil, elle fixe le regard, et acquiert ainsi son maximum d'action.

Dans l'annonce de la figure 31, il y a un préambule constitué par la première phrase : Un aliment précieux. L'exposition, l'argument et la conclusion viennent après. On remarquera que, par une ingénieuse utilisation du pointillé, on a réussi à faire entrer dans cette annonce la marque de fabrique, sans qu'elle tienne de place.

Dans les exemples précédents, nous nous sommes surtout adressé aux Annonceurs qui commencent, et nous n'y avons visé que des produits encore inconnus du public et auxquels il faut qu'on l'initie, pour l'amener à l'acte d'achat. Il arrive un moment, dans la carrière d'un Annonceur, où il ne lui est plus nécessaire de discuter et d'argumenter avec les consommateurs.

Fig. 31.

Sentiment : intérêt.
Potentiel d'intérêt : faible.
Majorité relative : élevée.
Période : obsédante et indirecte.

Ce moment arrive quand les consommateurs auront contracté l'habitude de se fournir de telle marque. Leur siège est fait, leur libre arbitre a décidé, et, l'accoutumance aidant, ils en sont arrivés à penser Dubonnet quand on leur parle d'un apéritif au quinquina et Menier si l'on prononce le mot chocolat.

Mais avant d'en être à ce point culminant où la publicité a le pouvoir d'amener une marque, un produit, il a fallu au propriétaire de cette marque, au fabricant de ce produit, des années de travail, de vulgarisation et de dépenses accumulées, pendant lesquelles il a dû faire exactement ce que nous conseillons aux Annonceurs qui entrent dans la lice : préciser, développer les qualités de la marque, fournir les arguments précis qui emportent la détermination et conduisent les consommateurs à CET ÉTAT DE PRÉFÉRENCE qui les dispense de toute discussion sur la question de savoir si cette marque est réellement la meilleure : ils l'ont adoptée. Cela suffit.

Fig. 32.

Sentiment ; propriété et vanité.
Potentiel d'intérêt : élevé.
Majorité relative : faible.
Période : suggestive et directe.

L'annonce illustrée.

Nous n'avons traité jusqu'ici que de l'annonce de texte ; il nous reste à nous occuper de l'annonce illustrée, car on peut et souvent on doit illustrer une annonce.

Étant entendu qu'on ne lit pas la publicité pour le plaisir de la lire, qu'il faut, avant tout, qu'elle soit vue, d'un coup d'œil, avant que le lecteur ait été amené à s'y intéresser, l'image vient au secours du texte pour éveiller précisément cette attention et susciter cet intérêt, pour peu surtout qu'au moment où l'annonce est placée sous le regard errant de ce lecteur, le sentiment d'un besoin latent tend à se préciser dans sa conscience. Un homme

Fig. 33

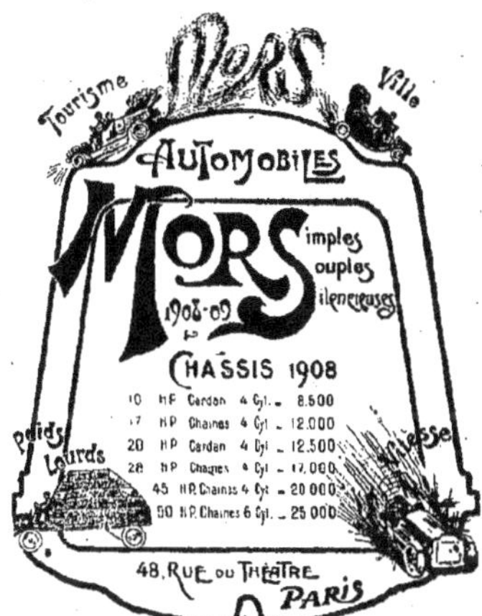

Sentiment : intérêt et propriété.
Potentiel d'intérêt : élevé.
Majorité relative : faible.
Période : suggestive et directe.

Fig. 34

Agent régional pour la Bretagne :
Constant Martin, Grand Garage de Dinard.

Sentiment : intérêt et propriété.
Potentiel d'intérêt : élevé.
Majorité relative : faible.
Période : suggestive et directe, avec une tendance à la forme obsédante par la vulgarisation de la marque (forme du capot).

n'a pas d'automobile, mais il a songé déjà à en acheter une. A ce moment, quoique n'étant pas encore résolu à l'acquisition de cette machine, le lecteur s'intéressera à toute annonce qui lui parlera d'automobile. Le potentiel d'intérêt est donc élevé dans cet instant et l'image d'une automobile arrêtera l'attention du lecteur et l'incitera à lire le texte.

Voici une annonce (fig. 32) qui comporte une illustration et qui attirera l'attention. Mais elle a le défaut de ne donner que très peu de détails sur l'automobile elle-même, comme si tout le monde la connaissait.

L'annonce de la figure 33 est également illustrée, mais d'une manière un peu rudimentaire. Elle se contente de donner une vague idée de la forme du capot de la voiture Mors, et d'y faire figurer, aux quatre coins, des indications sur les diverses utilisations de cette automobile. Ces détails sont, du reste, fâcheusement noyés dans l'ensemble.

Encore une autre annonce illustrée pour voiture automobile (fig. 34) où on a cherché à combiner de façon originale l'image de l'objet annoncé avec le texte ; mais on l'a fait d'une manière trop recherchée, qui fait que le lecteur voit bien une tête de chauffeur, mais ne se rend pas immédiatement compte que les yeux du personnage figurent les roues de la voiture ainsi bizarrement placée.

C'est encore la forme du capot qui constitue la base de l'illustration de l'annonce suivante (fig. 35).

Cette annonce, toutefois, présente une différence avec les précédentes : elle vise à être comique. Ce n'est pas interdit pour cet objet.

Il est permis dans la publicité de viser au comique, au burlesque même ; mais il ne faut le faire *que pour des affaires qui n'ont pas à craindre d'en être discréditées.*

Fig. 35.

Sentiment : curiosité, intérêt et propriété.
Potentiel d'intérêt : élevé.
Majorité relative : faible.
Période : suggestive et directe.

COMMENT SERAIT-ON PRIS AU SÉRIEUX, pour une affaire sérieuse, si l'on semble n'avoir d'autre but que de faire rire ?

On peut être comique dans une annonce destinée à vanter une marque d'automobile, parce que le sujet est lui-même gai. Pour un produit d'entretien, on pourra faire encore des annonces comiques. La question devient délicate dès qu'il s'agit d'une publicité destinée à vulgariser un article qui se mange, qui se boit. On ne doit pas plaisanter avec le tube digestif de ses contemporains. Qu'on soit badin, léger, passe encore, mais comique, — burlesque encore moins, — il n'y faut pas songer ; l'on aurait foncièrement tort, car une publicité grotesque pour un produit d'alimentation ne s'assurerait pas la sympathie du public. Et si l'on lance un produit pharmaceutique, d'hygiène, c'est encore pis : ce sont de ces choses avec lesquelles on ne doit jamais plaisanter ; en publicité, on doit toujours ÊTRE SÉRIEUX.

L'annonce de la figure 36 est une belle annonce illustrée. Elle

Fig. 36.

Sentiment : curiosité, intérêt et propriété.
Potentiel d'intérêt : élevé.
Majorité relative : faible.
Période : suggestive et directe.

a des qualités incontestables d'originalité et, par conséquent, de visibilité.

Cependant, l'illustration dans laquelle on recherche l'étrange et le bizarre risque d'être difficilement compréhensible ; il y faut beaucoup de talent, sans compter la visibilité, qui s'impose comme une des premières conditions. Il est bon de faire de la publicité aussi bien pour les accessoires d'automobile que pour les marques d'automobiles elles-mêmes, mais c'est une erreur que de la pratiquer à la manière de l'annonce de la figure 37, car, malgré toute son ingéniosité, cette image est inexplicable à première vue.

Fig. 37.

Fig. 38.

Sentiment : curiosité et intérêt.
Potentiel d'intérêt : moyen.
Majorité relative : faible.
Période : suggestive et directe, avec une tendance vers la forme obsédante, par le nom Blériot.

Sentiment : intérêt et propriété.
Potentiel d'intérêt : moyen.
Majorité relative : faible.
Période : suggestive et directe. (Remarquer qu'il y a une *clé* dans cette annonce : catalogue R ; voir volume I, le chapitre « les annonces marquées et les clés ».)

L'annonce de la figure 38 est bien meilleure : on voit ce qu'elle signifie ; dans l'annonce précédente, on avait peine à le deviner.

Figure 39 : illustration parfaitement adéquate, très démonstrative. (Ce cliché a dû être sensiblement réduit.)

Fig. 39.

Sentiment : intérêt et propriété.
Potentiel d'intérêt : moyen.
Majorité relative : faible.
Période : obsédante et directe, avec une tendance vers la forme suggestive par l'indication du nom et de l'adresse du fabricant.

Voici, maintenant, une annonce pour un chocolat (fig. 40). La femme qui lira le journal, le jour où elle paraîtra, pourra avoir l'intention d'acheter du chocolat. Elle y sera même absolument déterminée, car sa provision est épuisée. L'annonce banale d'un chocolat n'éveillera chez elle aucune velléité de lecture ; le mot *chocolat* pourra la faire penser au chocolat X, qu'elle a l'habitude de prendre, et comme elle sait qu'il lui suffit d'en faire la commande à son épicier pour que son besoin — besoin existant dans ce cas — soit satisfait, rien ne l'incitera à lire plus particulièrement cette annonce. Mais si l'annonce est illustrée, il n'en sera pas toujours ainsi ; cette femme s'intéressera à l'image, si cette image est gaie, humoristique, plaisante ou démonstrative, en somme frappante. Et, en regardant l'image, c'est bien le diable

Fig. 40

Sentiment : intérêt.
Potentiel d'intérêt : faible.
Majorité relative : élevée.
Période : obsédante et indirecte.

si elle ne lit pas le texte par surcroît, et comme sans le vouloir. Dès ce moment, elle saura, confusément peut-être, mais elle saura, que le *Chocolat Richard* existe, et elle aura vu, pour aussi fugitive qu'ait été sa vision, que ce chocolat se dit pur cacao et sucre et qu'il s'affirme de qualité supérieure. Puis elle n'y pensera plus. Mais que, huit jours après, une autre annonce du chocolat Richard revienne sous ses yeux et que, par hasard, elle ait trouvé mauvais le chocolat X dont elle se sert d'ordinaire, elle sera bien près de renoncer à cette marque pour essayer la nouvelle. Cette possibilité sera, sûrement, favorisée par l'image ; c'est l'image qui aura fait reconnaître l'annonce par l'œil indifférent de cette personne, car l'image, par le phénomène bien connu de l'association des idées, signifiera pour elle *chocolat Richard*. Ce détournement de la préférence ne se produira pas nécessairement au bout de huit jours, ni de quinze, ni de trente, ni même de trois, six ou douze mois. Il peut ne survenir que fort longtemps après l'apparition de la première annonce. Mais il peut s'accomplir. C'est par là, et à tout moment, que la publicité des marques, de toutes façons, mérite d'être appelée obsédante, indirecte et à effet différé. Mais c'est, incontestablement, par l'image qu'elle obsédera le mieux, le plus rapidement et de la façon la plus sûre.

L'illustration de l'annonce de la figure 41, par exemple, manque de la qualité nécessaire. C'est une bonne composition illustrée pour un guide de voyage, pour un indicateur de chemin de fer, mais cet express ne signifie rien, si on veut en associer l'idée à un magasin de teinture, même si ce magasin livre rapidement.

Fig. 41.

Sentiment : curiosité.
Potentiel d'intérêt : moyen.
Majorité relative : moyenne.
Période : suggestive et directe.

Fig. 43.

Sentiment : curiosité
Potentiel d'intérêt : faible.
Majorité relative : assez élevée.
Période : obsédante et indirecte.

Fig. 42.

Sentiment : curiosité.
Potentiel d'intérêt : faible.
Majorité relative : moyenne.
Période : obsédante et indirecte.

Dans la figure 42, tout est obscur. Il s'agit d'une clé de sûreté. Comment peut-on se figurer une clé, dans cette annonce, et où voit-on le mot : clé? Pour le voir, il faut de la bonne volonté. Son texte est pourtant bien disposé; la lumière n'y manque pas. Mais on a oublié, comme le singe de la fable, d'éclairer la lanterne.

Encore une illustration (fig. 43) qui manque de rapport avec la chose annoncée, ou, si elle en a un, ce rapport est très mal

Fig. 44.

Sentiment : intérêt, vanité.
Potentiel d'intérêt : faible.
Majorité relative : moyenne.
Période : suggestive et directe (mais sans chances de succès, eu égard au prix de l'article).

choisi : il est question d'un amer, d'un apéritif, et l'image montre un gentleman en état d'ébriété, pour en avoir trop bu sans doute.

L'image suivante (fig. 44) n'est pas non plus adéquate au texte de l'annonce, quoiqu'elle soit meilleure que la précédente. On ne s'explique pas le sablier, et il y a un non-sens dans la rédaction, car, puisque « le Temps ne laisse pas de trace sur un visage rafraîchi journellement par la Floréine », il n'y a aucune raison pour que cette jeune femme, qui fait ostensiblement usage de la Floréine, s'inquiète du temps et consulte anxieusement le sablier.

Ainsi que nous le verrons pour l'affiche, dont elle peut reproduire fréquemment les lignes principales, l'illustration d'une annonce doit être *en corrélation intime avec son objet,* dans le même temps et dans les mêmes proportions que pour l'affiche illustrée.

La théorie de la *tache* a donné naissance à de nombreuses illustrations qui ne sont simplement qu'évocatoires. Ce sont celles où l'image, n'ayant aucun rapport avec l'article à vendre, tend, toujours en vertu du phénomène de l'association des idées, à faire penser à la chose annoncée par la représentation d'une figure quelconque. Nous en donnons quelques exemples (fig. 45 à 48). C'est la forme la plus lente à opérer, puisque c'est seulement par la répétition, l'obsession incessante, qu'elle pourra produire l'effet cherché. Par conséquent, cette forme d'illustration n'est pas à recommander. Le principal facteur de succès d'une telle illustration est le temps. Mais en publicité, si on ne peut violenter le temps, on doit toujours chercher à le ramener au minimum de durée.

Fig. 45.

Période : suggestive et directe.
Sentiment : curiosité.
Potentiel d'intérêt : faible.
Majorité relative : faible.

Dans la figure 45, l'illustration n'agit que par l'allure comique du dessin. Elle n'a rien de commun avec la chose annoncée, de sorte qu'elle peut attirer l'attention de tout le monde, sans éveiller particulièrement celle des gens qui s'intéressent aux vins et spiritueux ; or, c'est cela seul qui eût été intéressant.

Même observation pour l'annonce suivante (fig. 46), sauf qu'ici, l'image n'est même pas comique et n'éveille pas la curiosité, et encore moins l'intérêt.

Rien, non plus, dans l'annonce de la figure 47 qui éveille l'intérêt quant à son objet : un savon. C'est uniquement l'effet burlesque qui est escompté pour attirer l'attention. Aucun rapport immédiat entre l'illustration et la chose annoncée.

Il en est de même de la figure 48. L'illustration n'est ici que du décor ; et aussi agréable qu'il soit, ce décor n'a rien à voir avec l'article à vendre. Dans l'espace qu'il occupe, que de bonnes choses on aurait pu dire !

Fig 46.

Sentiment : ?.....
Potentiel d'intérêt : faible.
Majorité relative : moyenne.
Période : hybride, à la fois suggestive et obsédante.

L'illustration peut être encore « démonstrative » ; dans ce cas, elle aura forcément un rapport très étroit avec son objet, puisque son action sera d'en commenter graphiquement l'usage, les applications, et d'en démontrer, par le geste ou l'attitude, les qualités et les propriétés. Elle est, incontestablement, plus rapidement opérante que l'illustration qui n'est qu'évocatoire.

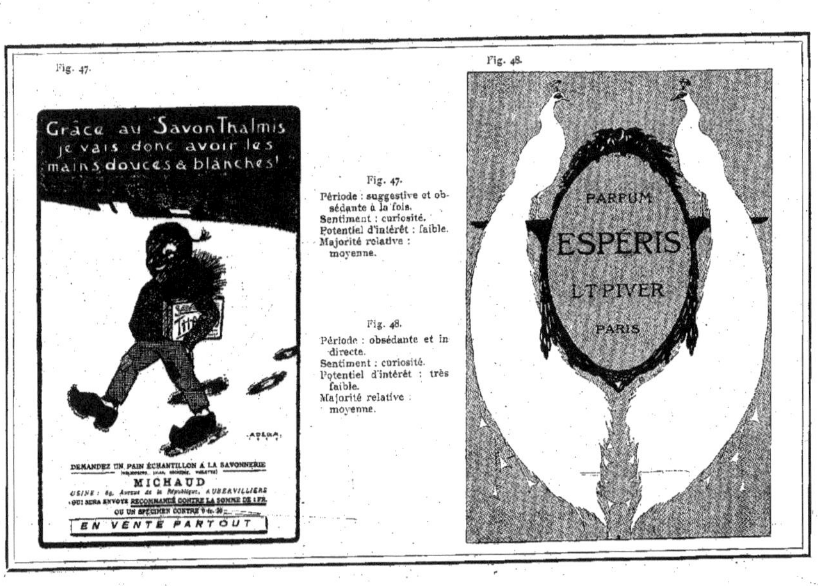

Fig. 47.
Période : suggestive et ob-
  sédante à la fois.
Sentiment : curiosité.
Potentiel d'intérêt : faible.
Majorité relative :
  moyenne.

Fig. 48.
Période : obsédante et in-
  directe.
Sentiment : curiosité.
Potentiel d'intérêt : très
  faible.
Majorité relative :
  moyenne.

Dans la figure 49, l'action « démonstrative » est faible, car elle se borne à la reproduction de la bouteille, en donnant une idée, assez vague, de la marque.

Fig. 49.

Sentiment : curiosité.
Potentiel d'intérêt : faible.
Majorité relative : élevée.
Période : obsédante et indirecte.

Fig. 50.

Sentiment : curiosité.
Potentiel d'intérêt : faible.
Majorité relative : élevée.
Période : obsédante et indirecte.

De même, pour l'annonce du cacao Suchard (fig. 50). Mais il faut bien dire que la marque est connue, et que la publicité qu'elle fait n'est qu'un rappel, une publicité d'entretien, que les propriétaires de la

Fig. 51.

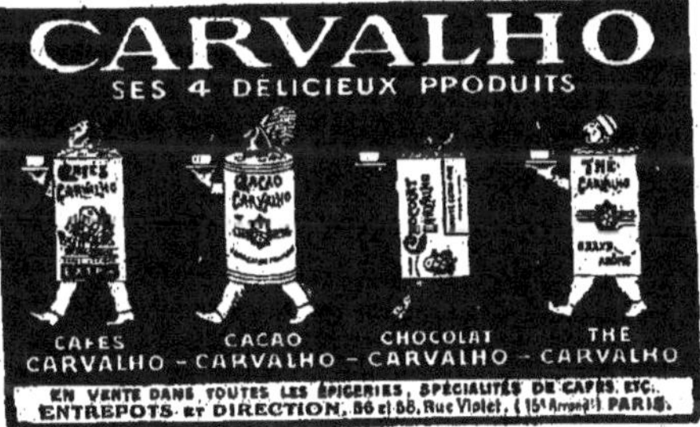

Période : obsédante et indirecte.
Sentiment : curiosité.
Potentiel d'intérêt : faible.
Majorité relative : élevée.

marque savent rendre intéressante, amusante, par les petits tableautins que sont leurs clichés d'annonces.

« Démonstratif » encore, le cliché des produits Carvalho (fig. 51). Il est permis, cependant, de dire combien cette annonce est trop noire, et l'on doit se demander si l'on n'aurait pas mieux fait de figurer les personnages sur un fond blanc au lieu de ce fond noir qui assombrit tout.

Ensuite (fig. 52), nous avons affaire à une illustration sans signification, et qui, par conséquent, occupe beaucoup trop de place, par rapport à l'espace utilement employé. Un gamin dans une boutique, se faisant servir, est vraiment quelque chose de

Fig. 52.

Fig. 53.

Sentiment : curiosité.
Potentiel d'intérêt : faible.
Majorité relative : moyenne.
Période : suggestive et directe, avec
une tendance obsédante.

Période : suggestive et directe.
Sentiment : intérêt.
Potentiel d'intérêt : moyen.
Majorité relative : moyenne.

très banal. Cela n'est ni une illustration « évocatoire », ni une illustration « démonstrative ». De plus, on ne peut savoir de quel produit il s'agit qu'en lisant attentivement le texte. Cette forme d'illustration est à déconseiller.

Voici (fig. 53) une illustration très sobre, mais très frappante en raison de l'utilisation des blancs. C'est une excellente image « démonstrative ».

Dans un ordre un peu spécial, l'annonce suivante est aussi un type d'illustration démonstrative (fig. 54).

Le cliché du Kodak est dans le même cas (fig. 55).

Fig. 54.

Sentiment : intérêt et possession.
Potentiel d'intérêt : moyen.
Majorité relative : moyenne.
Période : suggestive et directe.

Fig. 55.

Sentiment : intérêt.
Potentiel d'intérêt : moyen.
Majorité relative : moyenne.
Période : à la fois suggestive et obsédante.

Fig. 56.

Période : obsédante et indirecte.
Sentiment : pusillanimité.
Potentiel d'intérêt : moyen.
Majorité relative : élevée.

Fig. 57.

Sentiment : intérêt, vanité.
Potentiel d'intérêt : faible.
Majorité relative : élevée.
Période : obsédante et indirecte.

Également très démonstrative, l'annonce de la figure 56 présente un rapport exact entre son illustration et le but poursuivi. Il ne peut être ici question que d'une personne malade, et le titre commente heureusement le dessin.

Très démonstrative aussi, cette annonce des Dentifrices du Docteur Pierre (fig. 57). Il faut regretter que le noir y domine peut-être trop. Elle manque d'éclairage, mais il faut songer, toutefois, que le but est ici de montrer une belle denture ; et toute la lumière est effectivement concentrée sur les dents de cette jeune femme.

Renouvelée d'une affiche, dont elle n'est que la para-

Fig. 58.

Période : obsédante et indirecte.
Sentiment : curiosité.
Potentiel d'intérêt : faible.
Majorité relative : élevée.

phrase, l'annonce de la figure 58 est pourvue de très solides qualités démonstratives, et même de quelque valeur suggestive.

Encore une annonce démonstrative (fig. 59). Elle a un défaut : celui de rendre ridicule le patient qui, affligé de cors aux pieds, peut avoir besoin du produit annoncé.

C'est encore un point qui mérite d'être commenté. Pour tout ce qui touche à la santé, à l'état physique ou moral des individus, il faut se garder de tomber dans le comique et le grotesque (1). Chaque annonce devient alors un coup d'épingle — et quelquefois un coup de poignard — pour les lecteurs qu'on cherche à attirer à soi. On les vexe, on les égratigne, tout au moins, dans leur amour-propre, et l'on risque de s'en faire des ennemis, bien plutôt que des clients, des acheteurs. Ce n'est pas cela qu'on souhaite.

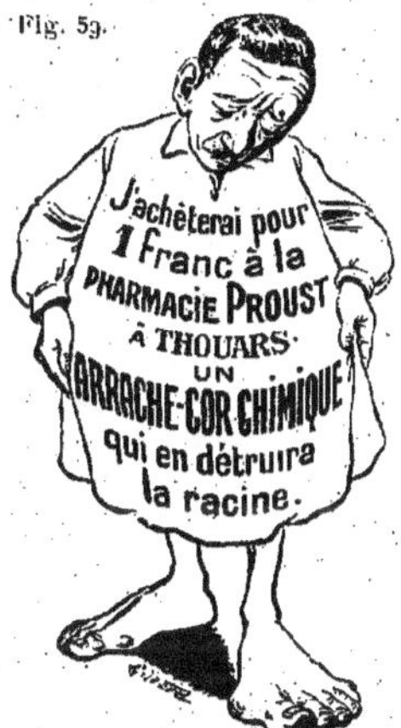

Sentiment : intérêt et pusillanimité.
Potentiel d'intérêt : moyen.
Majorité relative : moyenne.
Période : suggestive et directe.

Tout malade, tout infirme, quel que soit le degré de sa maladie, de son infirmité, veut être plaint, mais non pas ridiculisé. C'est une condition psychologique de toute publicité s'adressant à des êtres disgraciés par la nature ou malmenés par leur constitution, leur tempérament. C'est, en effet, à leur pusillanimité qu'on s'adresse et non à leur propension à la plaisanterie ; les malades ne comprennent pas la plaisanterie ; ils sont taciturnes et hypocondriaques par destination.

On touche beaucoup mieux ceux qui souffrent en s'apitoyant sur leur sort, en feignant de partager leur peines et d'en apprécier douloureusement l'acuité, qu'en plaisantant, plus ou moins spirituellement d'ailleurs. De tels sujets ne peuvent jamais inspirer de gaieté ni d'humour, et c'est particulièrement vrai, s'il s'agit d'affections graves, de maux incurables.

L'illustration peut enfin être « suggestive ». Sous cette forme,

1. Voir pages 34-35.

elle synthétise avec précision la chose annoncée, concentre l'attention sur elle, et laisse dans les mémoires une trace profonde en réunissant, dans un même souvenir, et l'image et le nom de

Fig. 60.

Sentiment : curiosité, propriété.
Potentiel d'intérêt : élevé.
Majorité relative : faible.
Période : obsédante et indirecte.

la chose ; son action est, par conséquent, la plus prompte, puisqu'elle doit positivement suggérer — nous ne disons pas, bien entendu, suggestionner (1). L'image de Bibendum (fig. 60), employée par un pneumatique connu, est une réalisation à peu près parfaite d'illustration suggestive.

1. Voir volume 1; p. 4.

Fig. 61.

Le lumbago et les douleurs du dos sont guéris instantanément avec une simple friction au Baume Omega. Cette merveilleuse huile, en arrivant par les pores de la peau jusqu'aux régions atteintes, en arrête vivement la douleur. Flacon d'essai, 50 cent.

Sentiment : pusillanimité.
Potentiel d'intérêt : faible.
Majorité relative : élevée.
Période : obsédante et indirecte.

Fig. 62.

Sentiment : pusillanimité.
Potentiel d'intérêt : élevé.
Majorité relative : faible.
Période : suggestive et directe.

Fig. 63.

Période : obsédante et directe, avec une petite dose suggestive.
Sentiment : pusillanimité.
Potentiel d'intérêt : faible.
Majorité relative : élevée.

Voici maintenant une annonce dont l'illustration est purement suggestive, sans cependant manquer de qualités démonstratives. On se rend compte que cette femme, simplement figurée en quelques traits, souffre des reins (fig. 61).

Les deux annonces suivantes (fig. 62 et 63) sont également très démonstratives; on comprend, du premier coup d'œil, que cet homme réjoui digère comme il le pense et comme il le dit ; on saisit, rien qu'à le voir, que le cliché du Vin de Vial cherche à montrer que la chose annoncée donne du nerf, de la force.

La valeur de cette forme d'illustration s'explique notamment par ce fait qu'elle possède les trois qualités requises pour une illustration, ainsi que nous le verrons à propos de l'affiche (1), car elle est parfaitement *évocatoire* et *entièrement démonstrative*, indépendamment de sa propriété *suggestive*.

Il est, dans tous les cas, une illustration qui ne saurait man-

Fig. 64.

Période : obsédante et indirecte.
Sentiment : pusillanimité.
Potentiel d'intérêt : faible.
Majorité relative : très élevée.

quer de trouver place dans une annonce destinée à vulgariser un produit de marque, quel qu'il soit : c'est la reproduction de la marque elle-même, la représentation du produit tel qu'il est conditionné, tel qu'il se présente à l'acheteur et tel que ce dernier doit l'exiger du détaillant qui le lui vend. Faire de la marque l'unique objet de l'illustration serait, pourtant, une erreur, car il faut bien se dire que le lecteur n'est pas immédiatement intéressé à savoir sous quel aspect se présente le produit qu'on lui vante. Ce n'est qu'ensuite qu'il s'accoutume à l'imaginer sous un certain aspect, toujours le même, et qu'il en retient la disposition, les couleurs et les signes distinctifs. La représentation unique du produit, tout conditionné, n'est donc pas de nature à

1. Voir page 127.

éveiller l'attention, premier pas à faire dans la conquête des acheteurs possibles : de plus, une telle image manque totalement
de mouvement, d'animation, et c'est bien plutôt par une figure,
par un personnage animé d'un geste précis, qu'on frappe, d'abord,
l'imagination, l'attention ensuite. On fera donc figurer, chaque

Fig. 65.

La Malaceine est la propriété exclusive de la Parfumerie Monpelas, Paris — En vente partout.

Sentiment : intérêt.
Potentiel d'intérêt : faible.
Majorité relative : moyenne.
Période : obsédante et indirecte.

fois qu'on le pourra, la reproduction de la marque dans les
annonces, mais sur un plan secondaire, sans en faire l'illustration principale. Ce ne sera, dès lors, qu'une sorte de témoin qui
prendra toute sa valeur par la suite, c'est-à-dire le jour où le
consommateur se décidera, sous des influences diverses, à acheter la marque, le produit.

C'est le cas de l'annonce de la figure 64, où apparaît, en bonne
place, la bouteille qui contient le produit et dont la forme est

spéciale. Toutefois, nous reprocherons à ce cliché son obscurité, car il donne trop de place, précisément, à la bouteille et pas assez à l'argument, tandis que les deux personnages de droite et de gauche n'ont qu'un rapport insuffisant avec la chose annoncée.

Également dans la figure 65, l'argument fait presque entièrement défaut. On ne voit que la marque, mais encore la voit-on mal.

Dans la figure 66, la marque est, à elle seule, par la bouteille

Fig. 66.

Fig. 67.

Sentiment : curiosité.
Potentiel d'intérêt : faible.
Majorité relative : moyenne.
Période : obsédante et indirecte.

Sentiment : intérêt.
Potentiel d'intérêt : faible.
Majorité relative : élevée.
Période : obsédante et indirecte.

d'une forme spéciale et par la reproduction de l'étiquette, toute l'annonce. L'argument fait également défaut.

Enfin, voici un cliché (fig. 67) où la marque tient sa place, et s'impose aux yeux, sans que l'argument ait été négligé. Ce n'est sans doute pas une formule à imiter servilement, mais on peut s'inspirer des caractères généraux de cette annonce pour une annonce de marque.

Maintenant, il nous faut dire que tout ce que nous venons d'exposer, comme une thèse générale, n'exclut pas l'originalité. Au contraire. Supposons que tous les Annonceurs, s'inspirant des quelques principes que nous avons posés, s'y conforment avec une docilité telle que, dans un avenir rapproché, toutes les annonces soient établies scrupuleusement sur ces données. Elles en arriveraient à se ressembler également toutes. La vue d'une page d'annonces deviendrait insipide, monotone, et n'aurait, certes, rien d'engageant. Tout en se dirigeant d'après ces lois générales, un Annonceur ne doit pas perdre de vue qu'une annonce est d'autant plus remarquée *qu'elle diffère*, dans son ensemble, des annonces qui lui sont voisines.

Il s'ensuit que l'originalité, dont nous n'avons pas parlé jusqu'ici, passe au premier plan des conditions que doit remplir une annonce pour être lue. Cela n'infirme en rien les règles énoncées plus haut; cela en élargit le cadre. On peut parfaitement, tout en respectant ces règles, trouver des procédés d'application nouveaux, des moyens d'adaptation inusités qui, sans leur enlever leur force, les assouplissent assez pour permettre à un Annonceur adroit de les renouveler.

Le procédé de composition de

Fig. 68.

Sentiment : vanité et intérêt.
Potentiel d'intérêt : moyen.
Majorité relative : faible.
Période : suggestive et directe.

Fig. 69.

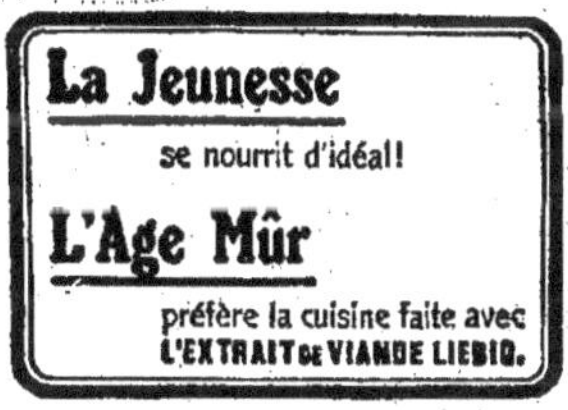

Sentiment : curiosité.
Potentiel d'intérêt : faible.
Majorité relative : élevée.
Période : obsédante et indirecte.

Fig. 70

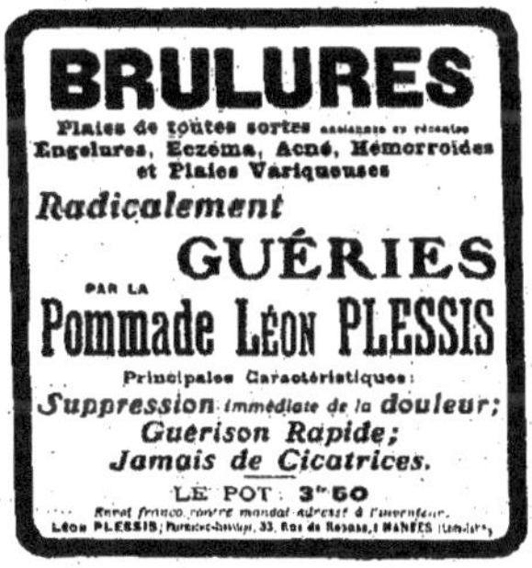

Sentiment : pusillanimité.
Potentiel d'intérêt : moyen,
Majorité relative : très faible (on ne se brûle pas tous les jours).
Période : suggestive et directe. (Incompatible avec la faiblesse du potentiel et de la majorité relative.)

la figure 68 n'est pas à dédaigner, quoique étant des plus simples. Il est clair, net et ne vise à rien d'autre que d'être lu; il manque simplement de précision, quoi-

Fig. 71.

Sentiment : intérêt.
Potentiel d'intérêt : faible.
Majorité relative : moyenne.
Période : obsédante et indirecte.

qu'il soit capable d'intéresser toutes les femmes, puisqu'on y parle des plus jolies femmes de Paris. Les femmes s'intéressent toujours aux *autres* jolies femmes.

Les deux compositions suivantes (fig. 69 et 70) se classent parmi les plus simples, par leur cadre, par leur disposition, par leur texte. Elles n'en sont pas moins très visibles et très lisibles.

La figure 71 montre une heureuse combinaison de cadres ; mais les caractères adoptés sont mal choisis, parce qu'ils sont peu lisibles.

Il en est de même de la figure 72. Les caractères choisis sont d'une lisibilité contestable, quoique le cadre soit d'une certaine originalité.

Le cliché suivant (fig. 73) offre

Fig. 72.

Sentiment : curiosité et vanité.
Potentiel d'intérêt : moyen.
Majorité relative : faible.
Période : obsédante et indirecte en même temps que suggestive et directe.

Fig. 73.

Sentiment : curiosité, pusillanimité.
Potentiel d'intérêt : faible.
Majorité relative : moyenne.
Période : suggestive et directe en même temps qu'obsédante et indirecte.

un exemple de recherche dont la valeur est assez incertaine : les traits dont l'annonce semble avoir été barrée, comme si on avait voulu l'annuler, ne lui ajoutent rien, parce qu'ils sont trop réguliers. Cette disposition manque, en outre, de force suggestive.

Exemple détestable d'encadrement (fig. 74). Un cadre

Fig. 74.

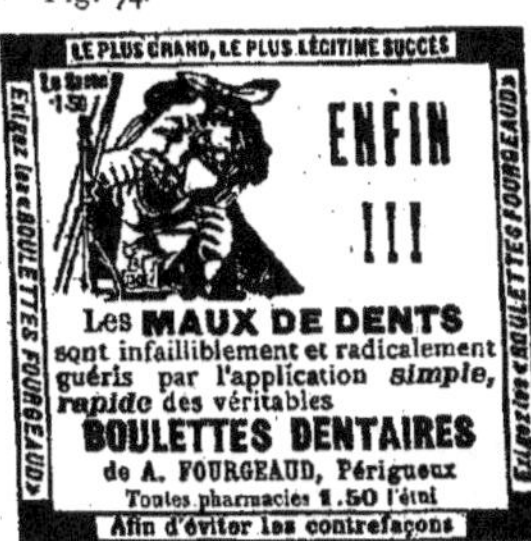

Période : obsédante et indirecte.
Sentiment : pusillanimité.
Potentiel d'intérêt : élevé.
Majorité relative : faible.

ne doit pas servir à contenir du texte, mais, bien au contraire, à faire ressortir le texte qu'il entoure. On ne lit pas, du reste, ce qui est écrit dans un cadre, *surtout ce qui est écrit de haut en bas ou de bas en haut.*

Les trois clichés que nous reproduisons ensuite ont été

Fig. 75.

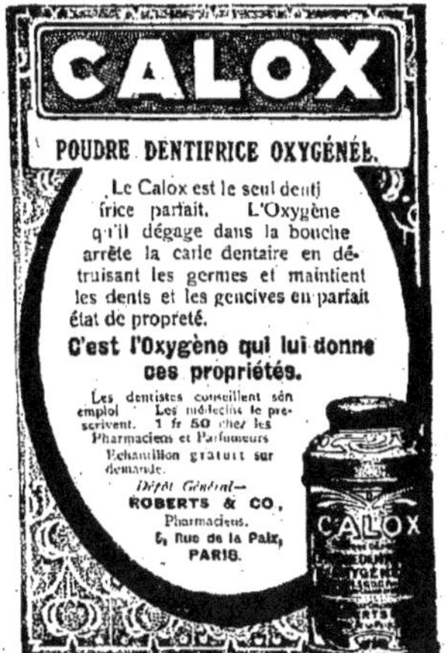

Sentiment : intérêt.
Potentiel d'intérêt : faible.
Majorité relative : moyenne.
Période : suggestive et obsédante à la fois.

Fig. 76.

Sentiment : intérêt.
Potentiel d'intérêt : moyen.
Majorité relative : moyenne.
Période : suggestive et directe.

Fig. 77.

Sentiment : intérêt.
Potentiel d'intérêt : faible.
Majorité relative : moyenne.
Période : obsédante et indirecte.

conçus d'après un principe identique au point de vue du cadre et de la composition. Ils se reproduisent un peu, et il serait fâcheux qu'ils figurassent tous les trois dans une même page de journal. Le prèmier créé (fig. 75) avait de l'originalité, les suivants (fig. 76 et 77) n'en ont plus et ils se nuisent mutuellement, quoique, à les prendre séparément, chacun d'eux soit intéressant.

Fig. 78

Sentiment : propriété.
Potentiel d'intérèt : élevé.
Majorité relative : faible.
Période : suggestive et directe.

Nous trouvons dans la figure 78 une combinaison de cadre et de texte très simple, mais très frappante, malgré l'exagération du noir. Cette composition possède réellement une très forte visibilité.

Le cadre dans les annonces.

Une annonce gagne généralement à être encadrée. Cela l'isole mieux, et le cadre limite très exactement l'espace duquel ne doit pas sortir le regard du lecteur. C'est donc souvent par les diverses combinaisons que la formation du cadre permet, qu'on trouvera les éléments d'originalité d'une annonce, en dehors, bien entendu, de ceux qui lui sont acquis par l'illustration, par l'image.

La composition typographique permet encore de créer des éléments d'originalité, soit par la disposition des caractères, soit par leur variété, soit encore par leur forme. Qu'on n'oublie pas, à ce sujet, que le plus mauvais juge, le plus détestable appréciateur, dans ces matières, c'est le typographe lui-même. Il possède bien des connaissances techniques le plus souvent parfaites, mais ce sont des connaissances *purement classiques, ou, du moins, traditionnelles.* La composition d'une annonce devant avoir pour but de faire ressortir une composition typographique quelconque dans un ensemble d'autres compositions, il tombe sous le sens que *le classique et la tradition n'ont rien à faire avec les procédés à utiliser dans la composition des annonces.* C'est, au contraire, en rompant franchement avec toutes les lois, tous les errements de l'art typographique traditionnel qu'on

Fig. 79.

MÈRES DE FAMILLE ::

Voulez-vous fortifier vos enfants ?
Leur éviter Rhumes, Bronchites
et Humeurs ? Donnez-leur

L'Huile de Foie de Morue

"ALPHA"

Pas d'autres, pourquoi ? :: ::
Parceque la marque Alpha est, non seulement d'une provenance directe et d'une pureté absolue, mais encore et surtout : parceque cette huile est la plus riche en principes actifs, la meilleure au au goût, celle qui se digère le mieux, et, somme toute, celle qui est le meilleur marché, puisqu'elle est, de par son efficacité, dix fois supérieure aux huiles du commerce.

L'HUILE DE FOIE DE MORUE ALPHA n'est vendue qu'en bouteilles cachetées.

Dans toutes les pharmacies exigez la marque **ALPHA.**

Le litre, 2.50 ; le ½-litre, 1.40 ; le ¼ de litre, 0.85

Fig. 80.

:: MÈRES ::
DE FAMILLE

VOULEZ-VOUS

FORTIFIER VOS ENFANTS

LEUR ÉVITER RHUMES BRONCHITES & HUMEURS ?

DONNEZ-LEUR

L'HUILE DE FOIE DE MORUE

"ALPHA"

Pas D'AUTRE, POURQUOI?

Parce que

la marque ALPHA est non seulement de provenance directe et d'une pureté absolue, mais encore et surtout PARCE QUE cette huile est LA PLUS RICHE en principes actifs, la MEILLEURE AU GOUT, celle qui se DIGÈRE LE MIEUX, et, somme toute, celle qui est le **meilleur marché**, puisqu'elle est, de par son efficacité, DIX FOIS SUPÉRIEURE AUX HUILES du commerce.

L'Huile de foie de morue ALPHA n'est vendue qu'en bouteilles cachetées.

Dans toutes les pharmacies demander la marque ALPHA

Le litre, 2.50. — Le 1/2 litre, 1.40
Le 1/4 de litre, 0.85

donnera à une annonce ce cachet d'originalité qui lui est nécessaire. Il ne faut pas, certes, que cette qualité se trouve déformée jusqu'à la bizarrerie, jusqu'à l'étrange, l'échevelé, l'absurde; mais on peut et il faut même transgresser ces habitudes dans une mesure raisonnable, pour atteindre ce point précis où l'annonce qu'on aura créée cessera de ressembler à une autre, ou à toutes les autres.

Prenons l'exemple de la figure 79.

Voilà, incontestablement, une annonce parfaitement conçue, typographiquement parlant. Elle est disposée selon toutes les règles admises en typographie. Néanmoins, comme elle est froide, incolore, disons le mot : banale !

Laissons-nous aller à notre fantaisie et disposons-la autrement, comme par exemple, dans la figure 80.

N'est-elle pas toute différente, et n'a-t-on pas l'impression très nette que, placée dans une page d'annonces, elle tranchera sur ses voisines, par conséquent, qu'elle sera vue? Qu'est-ce que demande, avant tout, un Annonceur, sinon que son annonce soit vue, puisqu'il est bien entendu qu'une annonce vue est déjà une annonce à moitié lue ?

Certains Annonceurs sont si vivement frappés de cette vérité qu'après avoir remarqué une annonce particulièrement frappante, par sa disposition, par son illustration, ils n'ont plus de cesse qu'ils n'aient réussi à la reproduire pour leur propre usage. Et ils s'imaginent sincèrement faire ainsi une excellente opération. Nous ne discuterons pas la question au point de vue du droit, car cela sort de notre sujet, quoique la propriété d'une composition typographique soit aussi bien acquise à celui qui l'a créée que la propriété d'une photographie. Mais simplement au point de vue utilitaire, pratique, cette imitation est bien plus nuisible qu'utile. L'annonce qui aura été ainsi copiée, plagiée, ayant été vue par un grand nombre de gens, avant que son sosie apparaisse, il s'ensuit que la copie, le plagiat, quand il surviendra, sera pris

Fig. 81.

Sentiment : pusillanimité.
Potentiel d'intérêt : élevé.
Majorité relative : faible.
Période : obsédante et indirecte.

pour l'original, le modèle, et qu'ainsi on s'expose à faire de la publicité pour une autre affaire, même si les deux annonces sœurs ne sont pas destinées à vanter la même marchandise. Cela n'est pas, en tous cas, de l'originalité. Ce n'est que le reflet de l'originalité d'un autre.

L'annonce de la figure 81 est incontestablement d'une belle venue.

Celle de la figure 82 ne fait que la paraphraser de la façon la plus servile et la plus blâmable. L'idée est la même ; les personnages sont semblables ; seul, l'accessoire change.

Fig. 82.

Sentiment : pusillanimité.
Potentiel d'intérêt : élevé.
Majorité relative : faible.
Période : obsédante et indirecte.

Les imitations et les copies.

Si l'on doit étudier la publicité de ses concurrents, ce ne doit jamais être pour les imiter, mais, au contraire, pour s'en distinguer, pour que, entre la personnalité que revêt la publicité d'un produit concurrent du sien, et celle qu'on donnera à sa propre publicité, il y ait, vraiment, l'écart qui existe — ou qu'on veut faire supposer — entre ce produit et le sien, les produits que l'on fabrique étant, indiscutablement, les meilleurs, ou, du moins, le public devant être convaincu qu'il en est ainsi.

L'imitation, par la publicité, des procédés d'un concurrent est, d'ailleurs, parfaitement capable de faire supposer au public que le produit offert *est lui-même une imitation*. Où serait la personnalité, dans un tel cas ? En publicité, la meilleure manière serait de faire comme les autres, pour ce qui est de la méthode, mais de le faire autrement, sinon mieux.

Surtout ne compliquons pas. Est-il rien de choquant comme l'annonce ridiculement illustrée de la figure 83 ?

Fig. 83.

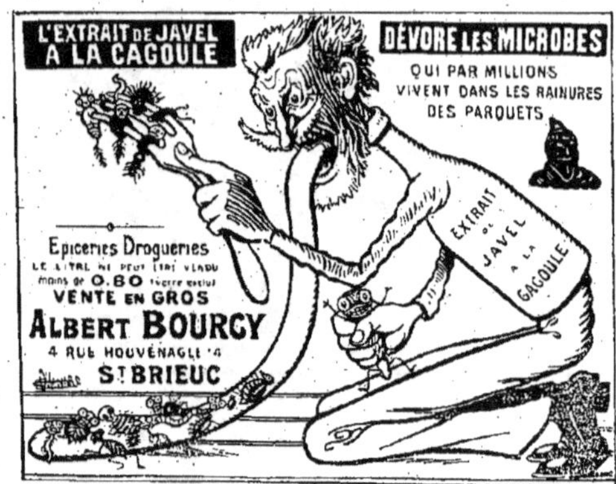

Sentiment : curiosité.
Potentiel d'intérêt : faible.
Majorité relative : moyenne.
Période : obsédante et indirecte.

Et celle-ci. Y comprend-on quelque chose (fig. 84) ?

Fig. 84.

Sentiment : curiosité et pusillanimité.
Potentiel d'intérêt : moyen.
Majorité relative : moyenne.
Période : suggestive et directe.

Et que penser de la suivante (fig. 85)?

Cette image pourrait être, à la rigueur, une bonne illustration pour un prospectus, parce qu'alors on provoque l'attention volontaire. Dans une annonce, elle ne peut avoir d'action parce qu'elle est trop compliquée et que, quelle que soit la force de l'attention spontanée qu'on suscitera, elle ne sera jamais assez puissante pour amener le lecteur à déchiffrer ce rébus, en dépit de ses prétentions démonstratives et de ses intentions suggestives.

On voit peut-être cette annonce ; on la regarde, *on ne la comprend pas...* et l'on passe.

Ajoutons, en passant, que toutes ces compositions ont été photographiquement réduites dans une mesure variable pour pouvoir prendre place dans cet ouvrage.

Fig. 85.

Immunité contre contagions, épidémies, infections ; Captage des insectes, des odeurs et émanations nuisibles ; Liberté du cœur et du poumon ; Asepsie permanente ; Maintien de la flamme vitale.
Exposition . MAGASINS BRIFFAULT, 22, avenue de l'Opéra, PARIS.

Sentiment : curiosité.
Potentiel d'intérêt : moyen.
Majorité relative : faible.
Période : suggestive et directe,

L'incohérence.

Enfin, sans entrer dans le vif de la question de la composition de ces annonces, nous mettons sous les yeux de nos lecteurs quelques compositions, quelques dispositions, que nous leur montrons simplement, comme à Sparte on promenait les ilotes ivres, pour dégoûter les citoyens de l'ivrognerie et les mettre en garde contre les tentations qu'ils auraient pu avoir de s'y abandonner (fig. 83 à 96).

Encore un défaut dans lequel il ne faut pas tomber : celui de composer des annonces autrement que sur des lignes horizontales. Nous lisons aisément tout ce qui est écrit, imprimé selon les conditions d'écriture de notre langue ; cela devient une difficulté lorsque ces conditions ne sont pas observées comme, par

Fig. 86.

Fig. 87.

Fig. 88.

Fig. 89.

Fig. 90.

Fig. 91.

Fig. 92.

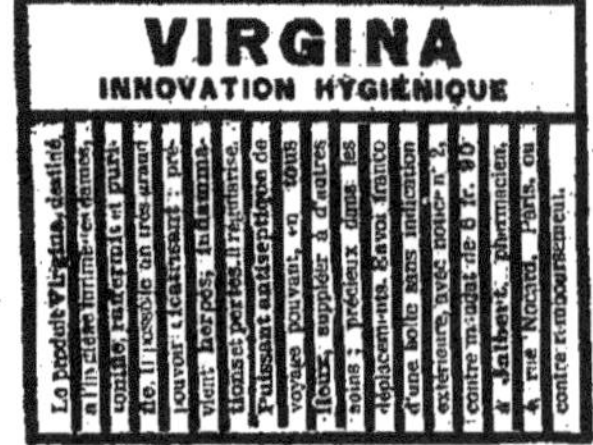

Fig. 93.

Fig. 94.

Sentiment : curiosité et pusillanimité.
Potentiel d'intérêt : faible.
Majorité relative : élevée.
Période : obsédante et indirecte (avec ten-dance suggestive par l'offre d'échantillons).

Fig. 95.

Sentiment : intérêt.
Potentiel d'intérêt : moyen.
Majorité relative : faible.
Période : obsédante et indirecte.

exemple, dans les quelques annonces suivantes où les principaux mots sont inscrits en diagonale, et encore, en caractères d'une lecture incommode.

Nous nous rendons parfaitement compte que ces dispositions d'annonces partent d'une bonne intention : celle de frapper le regard par l'étrangeté, la bizarrerie de la composition typo-graphique. Mais elles ont le tort de pécher contre la lisibilité.

On peut être parfaitement persuadé, pour passer de la bizarrerie simplement typographique à la bizarrerie du sujet,

Fig. 96.

Sentiment : curiosité.
Potentiel d'intérêt : faible.
Majorité relative : moyenne.
Période : obsédante et directe.

Fig. 97.

Sentiment : curiosité.
Potentiel d'intérêt : élevé.
Majorité relative : faible.
Période : suggestive et directe.

qu'une annonce comme celle de la figure 98, qui fait appel à la pusillanimité du lecteur dans des termes particulièrement sombres et funèbres, ne sera lue qu'avec répugnance, tant il est vrai qu'on n'aime pas entendre parler de la mort, même si c'est de celle d'autrui.

On peut adresser le même reproche à cette autre annonce (fig. 99) qui, sous prétexte de faire valoir une boisson, nous montre la mort avec son corollaire obligé : le croque-mort et le cercueil. Voilà, certes, un singulier moyen que nous ne recommandons pas pour les choses gaies, ni même — *a fortiori* — pour des choses tristes.

Fig. 98.

MILLIONS
de **DÉCÈS**
dus à la **TUBERCULOSE, BRONCHITE, LARYNGITE, ASTHME, EMPHYSÈME,** etc
QUE DE VICTIMES !! Si ces malades avaient demandé à la Fculté scientifique de France, 5, rue du Pré-aux-Clercs, à Paris, ses appareils brevetés *(en location payable après guérison)* qui distribuent et font pénétrer au plus profond des voies respiratoires l'*oxygène* pur chaud et médicamenteux à l'état gazeux, beaucoup seraient en bonne santé, c'est l'avis des spécialistes. — Adr. 0,20 en timb. pour recev. la Broch.

Sentiment : pusillanimité.
Potentiel d'intérêt : élevé.
Majorité relative : moyenne.
Période : suggestive et directe.

Sentiment : curiosité et pusillanimité.
Potentiel d'intérêt : faible.
Majorité relative : moyenne.
Période : obsédante et indirecte.

Les arguments inutiles ou dangereux.

Nous revenons encore sur un point que nous avons effleuré précédemment (1) et qui a, à notre avis, une grande importance : les Annonceurs doivent se garder de tomber, sous le prétexte de se faire, à eux-mêmes, de la publicité, dans le travers d'attaquer leurs concurrents ; c'est aussi dangereux que de les imiter. Ce système est absolument déplorable. Généralement, d'abord, les attaques qu'on peut diriger contre autrui ne sont justifiées que par des sentiments personnels de ressentiment ou de jalousie, sans que, réellement, la valeur du produit opposé y

1. Voir p. 22.

entre pour quoi que ce soit. C'est purement du dénigrement,
car, dans la majorité des cas, l'article de tel Annonceur est aussi
bon que celui du concurrent qui l'attaque et le rabaisse, et vice-
versa.

Le public n'a pas à prendre parti dans les querelles qui
divisent des commerçants. Son esprit, quoi qu'on dise, est généralement imbu de beaucoup de droiture et de bon sens, et il n'apprécie les attaques qu'un commerçant dirige contre un autre
que pour éprouver en faveur de cet autre un sentiment de géné-
rosité qui l'amène à le considérer comme un calomnié. De là
à lui suggérer l'idée que l'article dont on dit tant de mal est
peut-être, au contraire, meilleur que celui de l'Annonceur qui
déblatère contre lui, il n'y a qu'un pas. Les dispositions d'esprit qu'on a créées chez le lecteur, en voulant lui présenter
comme inférieur ou nuisible un produit qui n'a d'autre défaut
que de se vendre concurremment avec celui qu'on annonce, l'in-
citent parfois souvent à une sorte d'indulgence latente. Cela peut
le conduire jusqu'à trouver supérieur ce produit qu'on lui représente comme si mauvais.

La formule d'une bonne annonce étant trouvée, l'Annonceur
prudent ne doit pas s'en tenir à cette création de son cerveau, —
si remarquable soit-elle. Une annonce qui a déjà été vue est
bien près d'être une annonce qu'on ne regardera plus. On la
connaît ; et le lecteur d'un journal, de même qu'il sera fâché s'il
retrouve dans sa gazette telle information, tel récit qu'il aura
déjà lus la veille, n'aime pas revoir constamment la même annonce, le même cliché. Ce qu'il cherche, dans son journal préféré,
c'est du nouveau, et le déjà vu l'excède. La forme, la disposition
d'une annonce doit donc *constamment changer*, sinon dans son
aspect général, du moins dans son texte, dans sa disposition, de
manière à se montrer *constamment sous une apparence nouvelle qui lui ramène l'attention et l'intérêt*.

Cela est d'autant mieux indiqué que, au bout de quelques
semaines, ou de quelques mois, les précédentes annonces auront
été complètement oubliées par le public, et qu'il sera possible
alors de faire reparaître les annonces primitives, avec la certitude que ce sera, à ce moment, du nouveau pour un grand nombre de gens. Ce ne serait pas le cas, cependant, si la première
annonce a été si remarquable que toutes les mémoires l'aient
enregistrée, et, dans ce cas, ce que l'on fera de mieux sera de la

laisser oublier, pour profiter, une nouvelle fois, de ses qualités exceptionnelles.

On conçoit certainement, maintenant, avec quelle circonspection un Annonceur doit choisir ses mots et disposer ses phrases. Il doit, littéralement, peser ses expressions, soit pour éviter celles qui seraient nuisibles à ses intérêts, soit pour écarter celles qui ne seraient pas comprises du public.

Le temps de la réflexion.

Le texte d'une annonce établi aujourd'hui ne devra jamais être remis immédiatement à la composition. Il est prudent de le laisser jusqu'au lendemain sur le métier, pour que, vingt-quatre heures après, les dispositions d'esprit s'étant modifiées, les défauts qui n'apparaissaient pas la veille soient sensibles, surtout si, la veille, l'auteur était de mauvaise humeur, irrité contre soi-même ou contre ses concurrents, ce qui aurait pu l'inciter à tomber dans l'erreur que nous signalons plus haut (1). Concentrez toutes vos facultés sur la rédaction de vos annonces, pour en faire des choses absolument concises, nettes, éloquentes, PERSUASIVES, et défiez-vous des inspirations de la colère et de l'orgueil, toujours mauvais conseillers.

La même annonce peut être insérée dans la presse politique et dans la presse périodique et illustrée, nous entendons par là le même texte, le même cliché.

Toutefois, l'expérience nous apprend que la même annonce, le même cliché ne doit pas passer fréquemment dans un même journal. Le mieux serait que la physionomie en soit constamment changée, afin d'éviter les fâcheux effets de l'accoutumance.

Nous tenons à le redire encore : une annonce qu'on a vue une fois, lue une fois, a perdu toute son action sur le public, qui, l'ayant déjà vue et lue, ne se résigne pas aisément à en recommencer la lecture. C'est un flacon d'essence de roses qu'on a débouché : son parfum, c'est-à-dire la somme d'intérêt que le public lui accorde, s'est évaporé.

La nature de la publicité entreprise peut être nettement obsédante ; son action n'en doit pas moins être constamment suggestive. Il faut donc que chaque annonce possède un pou-

1. Voir p. 64.

voir suggestif qui lui soit absolument propre ; ce n'est pas le cas
d'une annonce qu'on a vue passer sous ses yeux dix fois et plus.
La condition essentielle d'une publicité bien conduite, indépendamment de l'originalité, est donc LA VARIÉTÉ, car une
annonce qui ne suggère plus est bien près d'excéder, tout en

Fig. 100.

Photographie d'un paysage reproduite en cliché
par la similigravure.

Fig. 101.

Le même paysage traité simplement au trait.

obsédant ; tant il est vrai que l'homme n'aime que le changement.

C'est surtout par le texte et par la disposition typographique
qu'on variera l'aspect constamment renouvelé d'une annonce.
On peut, naturellement, y faire figurer, en permanence, certains
mots, certaines images ; par exemple, une phrase incisive, dont
on fera le *leit-motiv* de sa publicité, ou bien la marque de fabrique qu'on aura adoptée. Mais le reste gagnera toujours à changer ; et nous ne sommes pas éloigné de penser que la meilleure
annonce, lorsqu'elle est constamment la même, finit par ne plus
avoir autant d'action qu'en aurait une autre, moins bonne,

moins bien conçue, mais qui aurait le mérite d'être nouvelle et de ne pas lui ressembler.

Nous avons déjà dit ailleurs ce qu'il faut penser de la théorie de la répétition des annonces ; nous n'y reviendrons pas (1).

Les annonces destinées aux journaux politiques peuvent être illustrées et nous avons dit quels avantages on pouvait retirer d'une illustration (2)? Seulement, il y a illustrations et illustrations. Les feuilles politiques et certains journaux périodiques sont imprimés ordinairement sur un papier assez mauvais, rugueux, non satiné, et tout à fait impropre à recevoir des images soignées et d'une reproduction délicate. La nature des illustrations qu'on donnera à ces journaux doit tenir compte de cette circonstance. On se bornera à des images traitées au trait, simplement, ou comportant des oppositions de blanc et de noir, sans pousser les détails et les dégradés. Les divers procédés de la photogravure permettent d'obtenir des clichés de cette sorte, sans trop de frais. On pourra encore utiliser la gravure sur bois, plus fine, plus artistique, qui s'accommode des plus mauvais papiers. Voici un exemple de dessin au trait (fig. 102).

Toutefois, cette illustration a un défaut. Nous avons expliqué que, la lecture se faisant de gauche à droite, toutes les phrases, toutes les images qui entrent dans la composition devaient se présenter dans ce sens (3). Ici, c'est le personnage de droite qui parle ; il devait être à gauche, comme dans le cliché suivant (fig. 103). Ce n'est là, d'ailleurs, qu'un tout menu défaut.

L'illustration dans la presse périodique.

Mais, depuis déjà longtemps, la presse périodique illustrée s'est accrue de bon nombre de publications imprimées sur des papiers glacés, ou couchés, qui supportent des illustrations beaucoup plus fines, comme, par exemple, des reproductions de photographies dégradées, ou de dessins au lavis, semblables, du reste, à celles qui servent à illustrer la partie originale de ces publications. Il convient de dire, à ce propos, que, si ces procédés d'illustration ont presque partout remplacé l'ancienne gravure sur bois, ce n'est pas absolument par un souci de perfectionne-

1. Voir volume I, p. 24 et suiv.
2. Voir p. 33.
3. Voir p. 15.

Fig. 102.

Fig. 103.

nement artistique. La gravure sur bois est de l'art, ou peut en être, la photogravure n'en est pas. Mais elle a l'avantage de coûter beaucoup moins cher, et c'est tout ce qu'il faut y voir.

C'est donc encore à la gravure sur bois, toute considération de prix mise à part, que nous donnerons la préférence, pour l'illustration des annonces dans les publications périodiques imprimées sur papier de luxe. Mais comme ce procédé a le défaut d'être lent et que l'une des vertus — ou des défauts ! — d'un Annonceur est d'être toujours pressé, nous admettons parfaitement qu'on ait recours à la similigravure pour l'illustration des annonces destinées aux illustrés de cette catégorie. Les similigravures seront plus ou moins fines, selon que le réseau de points dont elles sont formées est plus ou moins serré ou plus ou moins large. Nous indiquons, dans la planche ci-après, les diverses sortes de *trames* qu'il faut employer pour obtenir des simili-gravures de la finesse qu'on désire.

Nous ne prétendons pas, cependant, que toutes les annonces paraissant dans les illustrés doivent être composées suivant ce procédé. Nous verrons au chapitre sur l'affiche (1), que, d'après des expériences qui ont eu pour objet l'étude de la visibilité des couleurs, le noir sur blanc est plus visible que le blanc sur noir. Or, l'illustration par les procédés de la similigravure oblige à utiliser, très fréquemment, surtout quand tout l'espace occupé par l'annonce est une image, l'impression en blanc, ou, en réserves blanches, sur fond noir, association, comme on dit, de couleurs qui ne possède que des qualités de visibilité assez faibles, quoi que certains puissent en penser.

De plus, il y a de nombreux cas où l'illustration n'ajoute rien au texte, où elle est parfaitement inutile, et c'est alors à la composition typographique simple qu'on recourra avec les plus solides chances d'être vu et lu. Nous avons déjà dit dans quelles circonstances une annonce a besoin de l'image pour se faire lire (2).

Le dessin de lettres.

Quoique la gamme des types de caractères typographiques soit des plus variées, un Annonceur peut, afin de donner une

1. Voir p. 127.
2. Voir p. 33 et suiv.

Fig. 104.

Trame
65
Lignes.
Trame
80
Lignes.
Trame
100
Lignes.
Trame
133
Lignes
Trame
150
Lignes.
Trame
175
Lignes.

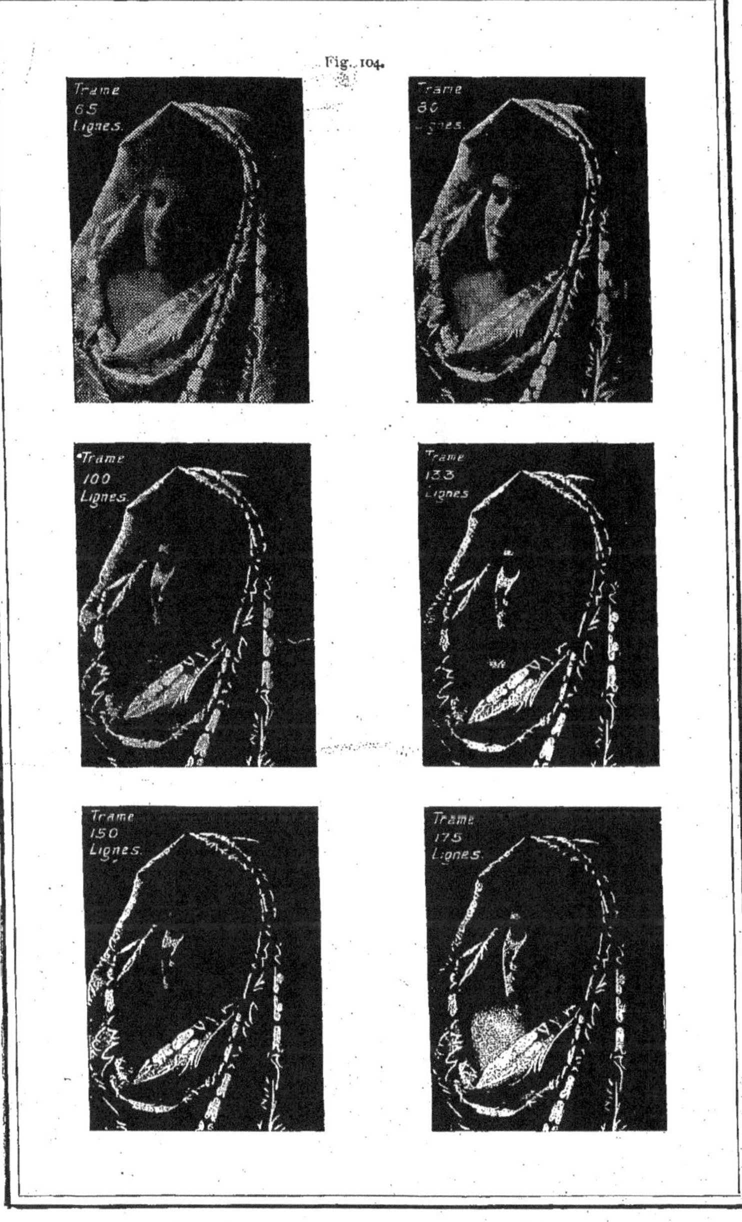

certaine originalité à sa composition, tirer parti du procédé qui consiste à faire dessiner les lettres de son annonce par un artiste spécial. Il en est de fort habiles en cette branche. Toutefois, ce moyen présente parfois des inconvénients, lorsque, pour ne citer qu'un cas, le dessinateur donne à ses caractères des formes tellement arbitraires, tellement fantaisistes que la lecture en devient difficile. Sous le prétexte de faire quelque chose qui se distingue de toute la typographie déjà existante, des dessinateurs de lettres vont jusqu'à composer des annonces en lettres qui ne ressemblent à rien et qui, par l'étrangeté voulue des carac-

Fig. 105.

tères imaginés, rebutent le lecteur — à qui, ne l'oublions jamais, il ne faut pas poser de rébus ou d'énigme.

C'est par le procédé du dessin des lettres qu'on obtient ordinairement les lettres blanches sur fond noir. Cette manière a de nombreux partisans, mais nous doutons qu'ils se rendent bien compte de l'effet ainsi obtenu. Ce procédé peut être défendable lorsqu'il s'agit d'annonces destinées à des journaux bien imprimés, sur un papier glacé, capable de donner toute leur valeur aux fonds noirs ; par contre, s'il s'agit de quotidiens, tirés sur du papier non glacé, le résultat est généralement piteux, à moins d'occuper de très larges espaces, où la lettre blanche peut se déployer en largeur et en hauteur au point de ne faire subsister autour d'elle que très peu de noir. Autrement, la lisibilité de ces lettres blanches sur noir est tout à fait défectueuse. Le cliché ci-dessus, réduit, de l'Anisette Marie Brizard est un type parfait de lettres dessinées sur fond noir.

CHAPITRE III

La Publicité rédactionnelle

dans la

Presse politique quotidienne

❋ ❋ ❋

Cette forme de publicité peut être utilisée dans toutes les pages où le journal lui-même place de la matière utile. On la fait sous forme d'échos en première page, d'articles ou d'entrefilets en seconde ou en troisième pages ; on la glisse au milieu des faits-divers ou à la suite des rubriques spéciales qui sont consacrées, dans la grande presse, à la mode, au tourisme, aux sports, etc.

Sans se départir des règles que nous avons indiquées pour l'élaboration du texte des annonces, l'Annonceur pourra, dans la publicité rédactionnelle, pousser jusqu'à l'extrême l'énergie de l'affirmation et la puissance des arguments. Cependant certains Annonceurs, qui n'hésitent pas devant les expressions les plus laudatives et les plus outrées dans une annonce, n'osent plus les adopter dans leur publicité rédactionnelle. Il en résulte que, comparées à la littérature de toute sorte qui encadre ou accompagne leurs insertions, celles-ci paraissent ternes et languissantes. Il ne faut pas perdre de vue, lorsqu'on adopte cette méthode de publicité dans le texte, que le ton actuel de la presse est lui-même exagéré, pour ne pas dire davantage. Les journaux ne sont plus conçus dans le sentiment de discrétion et de réserve qu'y mettaient les journalistes d'autrefois. Les articles, les informations, rédigés dans la fièvre de l'improvisation, par des nouvellistes ou des reporters avides de donner à leur prose une portée souvent plus grande que n'en ont les faits, sont écrits dans un style presque toujours outrancier.

Le style qui convient.

Il faut donc que l'Annonceur se hausse — ou s'abaisse ! — à l'emploi de ce style violent, s'il ne veut pas que sa publicité paraisse monotone et sans intérêt. Nous avons, d'ailleurs, remarqué que les choses les plus énormes, celles qui, à l'écriture, semblaient extravagantes ou simplement trop audacieuses, perdaient complètement ce caractère lorsqu'elles étaient imprimées. Nous ne voulons pas dire par là qu'un Annonceur sérieux doive se livrer, dans ses rédactions, à cette débauche d'hyperboles et à cette orgie d'épithètes pour le plaisir ; mais un peu d'exagération verbale ne messied pas lorsqu'on fait de la littérature dans un but commercial. Il faut savoir prendre le ton convenable. Le propre, d'ailleurs, de cette littérature utilitaire est, lorsqu'elle est réussie, qu'elle paraît émaner du journal lui-même, qui semble en avoir accueilli l'auteur dans un but presque désintéressé, de sorte que les lecteurs sont moins portés à en critiquer la forme enthousiasme. Ils mettront sur le compte du journal et de sa rédaction les exagérations qu'ils y découvriraient.

Le public n'est pas entièrement dupe de la sincérité des journaux qui reproduisent des articles rédactionnels, ou des échos, ou des entrefilets se confondant avec les informations, les nouvelles et les articles documentés, voire documentaires. Il n'est pas assez sot pour s'illusionner quant à l'intérêt que le commerçant à qui profite cette publicité — qui semble émaner de la rédaction du journal — peut avoir à la publication de l'article ou de l'entrefilet. Il comprend très bien que cette publication n'est pas faite absolument pour rien. Mais il ne suppose pas que c'est, la plupart du temps, l'Annonceur lui-même qui tient la plume, ou qui la fait tenir par un rédacteur à ses gages. Sa conception est tout autre : il croit que c'est un journaliste — tout n'est-il pas permis aux journalistes ? — qui a écrit, sur le mode ordinaire, les lignes si élogieuses consacrées à la découverte, par M. Tartempion, de cette nouvelle teinture capillaire, ou aux bienfaits de ce merveilleux produit contre les rhumatismes ; il admet — parbleu ! — que le journaliste en a bien été récompensé ; il conçoit même que le journal a pu en recevoir « quelque chose » ; mais la personnalité du journaliste supposé, et interposé, sauve la face, et laisse le lecteur penser que tout ce qu'il lit comporte une certaine part de vérité, embellie par l'imagination d'un écrivain enclin à magnifier les choses les plus simples, comme à horrifier les choses les moins tragiques. Il en reste, chez lui, l'impression d'une bonne foi relative ; il se dit : tout n'est peut-être pas vrai dans toute cette histoire, mais, pour que le journal la reproduise, il faut qu'il y ait tout de même quelque chose d'exact.

Telle est, plus ou moins, l'attitude, non pas certes, de l'élite ou de la minorité renseignée, mais du gros public, et c'est ce dernier que vise ce genre de publicité.

Pourquoi le lecteur croit à la publicité rédactionnelle.

C'est ainsi que s'établit, entre le lecteur et son journal, un accord tacite par lequel le premier accepte de lire les articles rédactionnels de publicité, s'il y trouve de l'intérêt, sans que la sincérité du second soit soupçonnée. Il a pu en être jadis autrement, lorsque tout ce qu'insérait, tout ce que publiait un journal était, pour ses lecteurs, paroles d'Evangile ; mais, je le répète, il en est ainsi aujourd'hui, pour ceux qui ne sont pas en état d'être suffisamment informés pour tout savoir de ce qui se passe dans les coulisses d'un journal. C'est encore heureux, car si le public, tout le public, savait, il ne croirait plus rien de tout ce que racontent les gazettes et cela serait, sinon la mort de la publicité, du moins une révolution complète dans les moyens qu'elle emploie pour se manifester. Cette révolution deviendra peut-être nécessaire — surtout si les tarifs de publicité des journaux ne deviennent pas plus modérés, — mais nous sommes encore loin d'en être là.

Certains écrivains — M. Émile Gautier, pour ne citer que le plus connu et le plus brillant de tous — se sont spécialisés si bien dans la rédaction des articles et des textes rédactionnels de publicité, que plusieurs de ceux-ci sont, positivement, des sortes de chefs-d'œuvre.

La rédaction de ces articles et de ces textes de publicité destinés à paraître dans le corps même des journaux exige, bien entendu, beaucoup de soin et de jugement : c'est un peu une arme à deux tranchants, car, par la force même de vulgarisation que présente ce moyen de publicité, une erreur se propage avec autant de rapidité qu'une vérité, et les conséquences d'une fausse manœuvre sont aussi redoutables que peut être favorable une manœuvre adroite. Cette rédaction doit réunir les conditions suivantes : ne pas être trop longue ; être nettement affirmative ; surtout être conçue dans un style simple et persuasif.

Un article trop long, à notre époque, n'est pas lu. Il rebute, à moins de présenter un intérêt exceptionnel. Des formules vagues, dubitatives, n'ont aucune prise sur l'esprit public, habitué à prendre les opinions toutes faites dans les journaux et évitant de s'en faire une par la réflexion. Enfin, il faut qu'une telle littérature puisse être assimilée par le plus grand nombre : on devra donc en éloigner les expressions scientifiques peu usitées, qui ne seraient pas comprises.

Il faut intéresser le lecteur.

Mais la principale des qualités que doit posséder cette forme de publicité est d'être impersonnelle. L'Annonceur ne doit pas y parler de soi, car sa personnalité n'intéresse en aucune manière le lecteur ; c'est du lecteur qu'il parlera, ou, tout au moins, du lecteur auquel il s'adresse. S'il propose un remède nouveau aux rhumatismes, c'est des rhumatisants qu'il traitera, en s'apitoyant sur leurs souffrances, en dénombrant les inconvénients et les conséquences graves d'une telle maladie. Si l'Annonceur offre un sous-vêtement hygiénique en laine ou en toute autre matière textile, il dénombrera les dangers auxquels on s'expose en ne portant pas ce vêtement, les risques de rhumes, de bronchites, de rhumatismes que l'on court, pour en arriver, bien entendu, à montrer comment le produit de sa fabrication met à l'abri de tous ces inconvénients. Il faut, en un mot, que cette publicité ait une forme absolument objective et non pas subjective.

Il est encore indispensable d'aborder très franchement la question, aussi bien par le titre que par le développement. Il a paru habile à certains Annonceurs de faire de la publicité rédactionnelle dans laquelle ils commençaient par parler de la pluie et du beau temps, pour en arriver à recommander un sous-bras hygiénique, par exemple. D'autres commençaient par quelque récit comique, pour en venir à affirmer que les pastilles Girandol étaient les meilleures qui soient contre la toux. Ce procédé est blâmable, mais il est plus inefficace encore. Il faut que cet accord tacite dont nous parlions tout à l'heure s'établisse immédiatement entre le lecteur, le promoteur et l'auteur de l'article, de manière que le premier, sachant parfaitement qu'on va lui parler de ses rhumatismes ou de la meilleure manière de se vêtir, *n'ait ensuite aucune surprise.* Il faut qu'il admette, dès le début, que c'est de cela qu'on va lui parler et non pas d'autre chose. Autrement, le désappointement qu'il ressent lorsqu'il s'aperçoit qu'on a voulu le tromper en l'intéressant à un sujet qui n'est pas celui-là même sur lequel on souhaite attirer son attention, fait naître chez lui le dépit, et ce qui succède au dépit, c'est de l'antipathie pour l'objet ou le produit annoncés. Ce procédé, malheureusement, a été si fréquemment employé que nombre de lecteurs sont en constante méfiance contre cette forme de publicité, et commencent à lire les articles de journaux *par la fin*, afin d'y surprendre l'intention cachée, — bien résolus à ne rien lire si la publicité se révèle à l'abri de quelque trompeuse littérature ou de quelque conte de la Mère l'Oie.

La publicité rédactionnelle est exceptionnellement suggestive et particulièrement propice aux entreprises qui se proposent la vente par correspondance. C'est, par excellence, de la publicité directe et à rendement immédiat. Cependant, des produits de marque, surtout au début de leur lancement, en tireront, également, de très utiles profits, en ce sens que, précisément, parce que l'effet de cette forme de publicité est rapide, elle leur permet de gagner du temps et d'atteindre plus rapidement le point exact où la publicité aura donné son maximum d'effets.

Pour le lancement des marques.

Toute publicité étant, en effet, suggestive, à des degrés et avec des potentiels d'intérêt différents, il n'y a aucune raison pour que la publicité rédactionnelle n'ait pas aussi bien son action pour le lancement des marques que pour l'écoulement, du producteur au consommateur, de marchandises diverses. C'est incontestablement le moyen le plus efficace, parce qu'il touche, d'un coup, la plus importante des majorités relatives — laquelle est représentée par les lecteurs d'un journal, notamment dans la presse quotidienne qui, par la multiplicité de ses pages, est tenue de s'occuper de tout, — et même d'autre chose. Nous voulons dire par là qu'aucun texte rédactionnel, de nos jours, n'est déplacé dans un grand organe d'information.

Cependant, les fabricants des produits de marque n'ont guère employé la publicité rédactionnelle. Ils lui ont presque généralement préféré la publicité des dernières pages où il leur était possible de faire d'imposantes manifestations, en occupant de grands espaces, pages, demi-pages, quarts de pages. Il nous semble, au contraire, qu'au début d'une campagne, un industriel sans reproche — et sans peur — aurait intérêt à signaler ses produits par une énergique affirmation d'existence. Ce n'est que par des articles que ce résultat peut être rapidement obtenu. C'est beaucoup plus facile qu'on le croit. Des articles rédactionnels, bien placés, dans les principaux journaux, peuvent relater une visite à l'usine où se fabrique le nouveau produit ; rendre compte des procédés de fabrication modernes qui y sont appliqués, insister sur le choix des matières premières employées, sur la manière particulièrement aseptique dont le conditionnement est fait, donner les chiffres de la production, etc., etc. Une campagne de publicité organisée sur ces bases, pour un produit inconnu la veille, aurait, certainement, pour résultat d'accélérer la demande chez le détaillant, avec une force, une énergie et surtout une autorité qu'une série de clichés ne pourrait fournir.

La publicité rédactionnelle peut être très modeste, et ne se manifester que par quelques lignes, aussi bien qu'elle peut affecter l'allure de grands articles de reportage ou d'information ou de documentation vulgarisatrice. On la place partout où il existe, dans un journal, de la matière originale, du texte rédactionnel proprement dit, puisque sa première condition de succès est de se confondre avec celui-ci.

Les journaux connaissent si bien la valeur de cette forme de publicité que, depuis qu'elle est pratiquée dans leurs colonnes, ils n'admettent plus qu'un nom, une adresse soit mentionnée, tant dans leurs faits-divers que dans leurs pages éditoriales, s'ils ne donnent pas lieu à une insertion payante. Autrefois, on pouvait lire encore, dans les feuilles publiques, des notes de ce genre :

« Hier soir, vers cinq heures, un cheval attelé à une voiture de laitier s'est emballé rue Lafayette, à la hauteur du numéro 90, en face du magasin de modes tenu par Mlles Adrienne sœurs ; il a parcouru environ deux cents mètres à une allure désordonnée pour aller s'abattre devant la boutique de M. Radigois, pharmacien, au numéro 55 de la même rue, défonçant la devanture et détériorant les bocaux coloriés de cet honorable commerçant... etc. »

Aujourd'hui, si M. Radigois et Mlles Adrienne sœurs voulaient que leurs noms et leurs adresses fussent citées, il leur faudrait payer la citation à tant la ligne, car c'est de la publicité, et, aujourd'hui, il n'y a plus de publicité gratuite dans les journaux. Le papier coûte trop cher, et l'on sait trop aussi que la publicité, quelle que soit sa nature, paie, paie, toujours, si faiblement que cela soit.

CHAPITRE IV

Les divers organes de Presse

o   o   o

Les Journaux Quotidiens
et Périodiques

o   o   o

LA PRESSE POLITIQUE

C'est après la chute du Second Empire, vers 1875, que la
presse politique se développa et prit l'extension que nous lui
connaissons aujourd'hui. Auparavant, les procédés d'impression étaient relativement rudimentaires et ne permettaient pas
les tirages rapides qu'on commença à réaliser vers cette époque.

Aussi, jusque sous la Troisième République, la circulation
des journaux était-elle des plus restreintes. Chaque exemplaire
d'un journal coûtait cher, et ce n'était guère que par voie d'abonnements que les feuilles quotidiennes recrutaient des lecteurs.

Les prix élevés de ces abonnements privaient de nombreux
citoyens du plaisir de recevoir chaque jour leur gazette, quoique le désir d'être informé n'en existât pas moins dans leurs
esprits. Aussi, les journaux de cette époque avaient-ils beaucoup
plus de lecteurs que leur tirage ne le ferait supposer. Il y avait
d'abord les cafés et les cabinets de lecture où l'on pouvait lire les
journaux, et l'on ne s'en privait point. Il y avait surtout le système des abonnements collectifs qui permettait à trois, quatre
ou cinq personnes de lire, chaque jour, le même exemplaire d'un
journal. Un seul des membres de cette collectivité le recevait, et

payait, pour cela, le tiers ou la moitié du prix de l'abonnement. Lorsqu'il l'avait lu, il le repassait au second des souscripteurs, qui le conservait deux ou trois heures, le temps de le lire, et qui payait un peu moins; puis, celui-là le remettait au troisième, qui participait encore pour une faible part à l'abonnement, et ainsi de suite, jusqu'au dernier associé qui ne lisait la gazette que le soir ou le lendemain matin.

Un journal quotidien publiant chaque jour vingt-cinq mille numéros pouvait avoir ainsi cent ou cent cinquante mille lecteurs. Il faut bien que cela se soit passé ainsi, puisque c'est avec cette presse-là qu'on a fait en France deux Révolutions, qu'on a renversé le régime impérial et qu'on a constitué la forme actuelle du gouvernement.

A tirage égal, plus d'un journal de cette époque valait certes mieux que beaucoup de ceux que nous voyons circuler de nos jours.

Les premières machines rotatives à imprimer une fois mises en œuvre, la presse se transforma radicalement. Milhaud vint, qui créa *Le Petit Journal*, et à partir de ce moment, les journaux à cinq centimes se multiplièrent dans notre pays, et prirent l'extraordinaire expansion qu'on leur connaît, et que l'augmentation des prix résultant de la guerre de 1914 n'a nullement enrayée.

La guerre de 1870 ne fut pas étrangère à cette éclosion de feuilles conformes à la nouvelle formule. C'est ainsi, pour ne citer qu'un cas, que *La Dépêche*, qui paraît à Toulouse, est née uniquement de cette guerre. Les ouvriers d'une importante imprimerie de cette ville, ayant été licenciés par leur patron, vinrent, pour parer à leur chômage forcé, lui demander l'autorisation d'utiliser le matériel inoccupé de l'imprimerie pour composer et tirer une simple feuille, sur laquelle ils se proposaient de reproduire les dépêches reçues par la préfecture et les nouvelles du théâtre des opérations. Cette feuille devait être vendue en ville et dans les environs au prix de cinq centimes, et s'appelait, naturellement, *La Dépêche*. Le patron accéda à la demande de son personnel, et le journal parut. La guerre terminée, le maître imprimeur, ayant remarqué le succès qui avait accueilli cette feuille dans la population, s'entendit avec ses ouvriers pour reprendre à son compte le titre du journal, et il en fit, après des transformations successives, le grand quotidien régional que

l'on connaît et dont l'influence a été considérable dans la vie
politique de tout le Midi et même, par répercussion, dans celle
de la France tout entière.

Les premiers quotidiens à grand tirage.

A présent, non seulement Paris a de nombreux grands quotidiens, mais toutes les grandes villes de province en possèdent un
ou plusieurs, et même de simples chefs-lieux de département publient leur organe journalier. Tous ces journaux ont leurs
acheteurs et leur clientèle; on ne se met plus à quatre pour lire
un journal, mais on lit souvent, pour soi seul, deux journaux,
même s'ils coûtent quinze ou vingt centimes de notre monnaie
d'après-guerre.

Pour aller vite dans une campagne de publicité, ces organes
quotidiens, qu'ils soient parisiens, régionaux ou départementaux, sont incontestablement le meilleur, le plus sûr instrument
qu'on puisse employer.

D'abord, parce qu'il est impossible d'atteindre, *dans le même
temps*, un nombre égal de lecteurs par d'autres moyens, ensuite
parce que le quotidien se lit dans le court espace de temps qui
s'écoule entre le moment où la feuille du jour a paru et celui où
la feuille du lendemain viendra apporter à l'activité cérébrale
des foules un nouvel aliment. Cela revient à dire qu'un journal
se lit entièrement dans le temps qui correspond à la journée de
son apparition, et que c'est sans délai que le lecteur y puise, y
recueille toutes les impressions, tous les objets de réflexion et
d'intérêt qu'il renferme pour lui.

Intensité d'action des quotidiens.

Un journal qu'on n'a pas lu le jour où il a paru ne sera pas
lu le lendemain, à de rares exceptions près, qu'il s'agisse de la
publicité ou du texte. C'est pour cette raison que le quotidien est
le moyen supérieur à utiliser pour tout ce qui regarde la publicité suggestive et directe et dont les effets doivent être immédiats. C'est aussi par la presse quotidienne qu'on touche la
plus grande variété d'individus, car elle compte au nombre de
ses lecteurs les catégories les plus diverses de gens, depuis les
plus riches jusqu'aux moins fortunés; tout au moins il en est
ainsi pour les journaux à grande circulation.

Il y a journaux et journaux.

Cependant, on doit admettre que tous les journaux ne sont pas propres à recevoir toutes sortes de publicité. Si la presse quotidienne à grand tirage convient à toute publicité relative à des produits de consommation générale, les journaux moins répandus, mais qui recrutent leurs lecteurs dans certaines couches particulières de la société, seront mieux indiqués pour des produits, des marchandises d'un emploi moins répandu ou d'un prix particulièrement élevé.

C'est ici qu'intervient un facteur très important : le tirage des journaux et la nature de leur clientèle. Nous aurions bien indiqué aussi les opinions politiques, mais nous estimons que la politique n'a rien à voir avec la publicité, et quand nous disons : clientèle, nous estimons que ce terme suffit à définir ce qui nous occupe, quels que soient les rapports qui peuvent exister entre la situation sociale, les opinions politiques des lecteurs d'un journal, et leurs capacités d'achat. C'est même une considération qu'il faut absolument écarter du nombre de celles qu'on envisage au moment d'établir les bases d'une campagne de publicité. Le mieux, dans cette conjoncture, en fait d'opinion politique, serait de n'en pas avoir. On apprécierait avec plus de raison les circonstances, et on entendrait avec des dispositions plus favorables la voix de son intérêt commercial : il n'y en a pas d'autres à écouter.

Politique et publicité.

Nous avons souvent vu des Annonceurs ayant à lancer une marque revêtant un produit de large consommation, mais professant des opinions politiques quelque peu désuètes pour notre époque, quoique fort honorables d'ailleurs, se refuser à faire de la publicité dans des feuilles dont l'idéal était l'opposé du leur, simplement parce que ces journaux ne pensaient pas comme eux. Nous n'avons jamais manqué de leur faire observer qu'en donnant de la publicité à ces gazettes, ils ne faisaient pas seulement que leur donner leur argent, mais qu'en échange, toute publicité étant destinée à procurer des profits à celui qui la paie, ils obtenaient ainsi l'argent de ceux qui les lisaient, et qu'ils considéraient comme des adversaires au sens politique du mot. Cet argument a eu, généralement, raison des scrupules les plus enracinés. La publicité bien comprise n'a qu'à envisager le résultat, et non pas à se laisser influencer par l'esprit de parti ou les divergences politiques.

Le prix de la publicité
par rapport au tirage.

Nous devons maintenant élucider la question du tirage, ou plutôt de la circulation des journaux. Elle a une importance capitale. Elle ne l'aurait pas si ces tirages étaient exactement connus ou si les déclarations qu'en font les intéressés étaient toujours sincères.

La publicité se paie, ou plutôt devrait se payer, dans les journaux, en proportion exacte du nombre d'exemplaires vendus et lus. Or, l'expression *tirage* est imprécise à la vérité, car un journal peut tirer chaque jour cent mille exemplaires et n'en vendre que soixante-quinze mille. C'est pourquoi on devrait s'occuper bien plus de la *circulation* que du tirage, le chiffre de la circulation ayant seul une valeur, puisqu'il constitue seul une base solide d'appréciation : il représente exactement le nombre des abonnés et des lecteurs au numéro, et ne comprend pas les exemplaires invendus. En Angleterre, les Annonceurs se sont vivement émus de cette question et ils sont bien près, à l'heure actuelle, de l'avoir, dans la plupart des cas, résolue à leur entière satisfaction. Les directeurs des journaux les plus importants se sont prêtés de bonne grâce à leurs investigations (1). En France, la solution est beaucoup moins avancée, et, sauf un petit nombre d'exceptions, la circulation exacte de nos journaux reste officiellement un mystère qu'on n'arrivera à percer qu'à force d'expérience et d'habileté. Il faut cependant reconnaître que, grâce notamment aux campagnes entreprises par la revue *La Publicité*, la situation a tendance à s'améliorer. Et ne désespérons pas de voir le jour où l'Annonceur saura exactement quelle est la circulation pour laquelle il verse son bel argent.

Pour le moment, ne parlons donc pas de circulation, en ce qui concerne nos journaux, et ne nous occupons que de leur

1. Voir sur cette question de nombreux articles dans la revue *La Publicité*, et notamment dans les numéros de janvier, mai, juin, octobre et décembre 1921 et mai 1922.

tirage; c'est le seul objet à propos duquel les langues consentent parfois à se délier, non sans s'être tournées au moins sept fois dans la bouche de leurs propriétaires, — ce qui ne signifie pas, d'ailleurs, qu'elles disent toujours la vérité.

Faute de documents précis, les journaux se dérobant à les fournir, ou n'accusant que des chiffres le plus souvent fantaisistes, il faudra que l'Annonceur se renseigne différemment. En principe, les agents de publicité seraient qualifiés pour fournir de telles informations, mais s'il y en a qui y consentent, quelquefois très volontiers, il y en a d'autres qui s'y refusent ou qui donnent des chiffres encore plus exagérés que les journaux. En passant, nous conseillons aux Annonceurs de ne s'adresser qu'à des agents de publicité n'ayant aucun intérêt commun avec les journaux, comme c'est trop souvent le cas. L'agent qui n'est pas le représentant d'un ou de plusieurs journaux, qui n'est ni le régisseur ni le fermier de leur publicité, sera sincère, s'il le veut; un autre agent ne le sera jamais, ou presque jamais.

Ces difficultés n'existent que pour l'Annonceur habitant une grande ville, Paris, par exemple, et qui organise sa publicité sur tout le territoire du pays. L'Annonceur qui limite sa campagne à sa région sait assez exactement quel est le tirage des organes qui y sont publiés. Au contraire, dans l'impossibilité où il se trouve d'embrasser d'un coup d'œil l'ensemble de la grande presse française, l'Annonceur qui fait de la publicité à large expansion sera livré au doute et à l'incertitude. Il ne saurait trop se préoccuper de cette question et il devra rechercher des éléments d'information partout où il supposera qu'on peut lui en fournir, en s'attachant à ne payer ses insertions qu'au prix que justifie le tirage ou la circulation présumée dont il aura connaissance.

Base du prix de la publicité dans la presse.

Aujourd'hui, il n'est plus possible de donner une base exacte du prix de la publicité dans la presse. Depuis la guerre, il y a trop d'instabilité dans les tarifs. Mais jusqu'en 1914, la base sur laquelle on pouvait asseoir ses appréciations était la suivante : la ligne d'annonce, c'est-à-dire de dernière page, dans les journaux à large circulation et dont la clientèle se recrute dans les

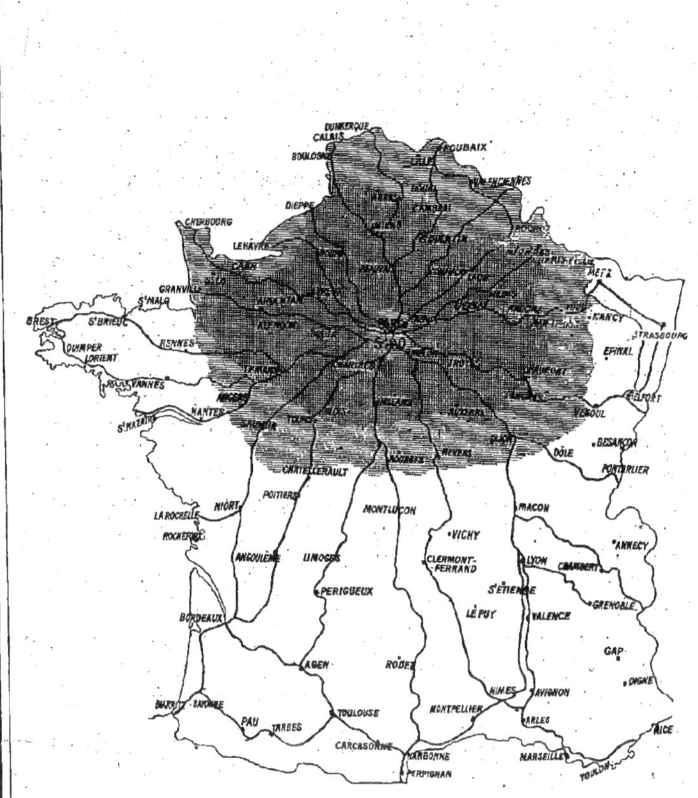

Carte A.

Les régions les plus fortement teintées sont celles où les journaux de Paris, à éditions multiples, sont presque exclusivement lus. Les régions figurées par de simples traits horizontaux sont celles où ces mêmes journaux ont encore une circulation active, quoique moindre.

Il va sans dire que ces journaux sont lus également dans les régions restées blanches dans la carte ci-dessus. Mais leur circulation ne vient que comme un appoint à celle des journaux régionaux quotidiens.

classes moyennes et inférieures, valait normalement un centime par mille exemplaires. Un journal dont le tirage approximatif était de cent mille numéros par jour valait donc un franc la ligne. Ce prix s'entendait pour la colonne ordinaire des journaux de Paris ayant une largeur de 65 millimètres, soit 14 cicéros et demi. Toutefois, on admettait que certains journaux, particulièrement répandus dans des clientèles riches et capables de grosses dépenses, valaient davantage, soit deux, trois et même cinq centimes par mille exemplaires. La ligne, dans les autres positions, valait, bien entendu, deux, quatre, six, huit, dix fois plus. Le prix de l'annonce n'est pris ici qu'à titre d'étalon. Nous nous empressons d'ailleurs d'ajouter que cette base n'était qu'une base très générale d'appréciation tout approximative.

Dans la pratique, elle n'était appliquée que par quelques rares journaux ayant une très large circulation. Pour les autres, voici ce qui se passait : un tirage réel de cent mille était porté fictivement à trois cent mille — nous en connaissons un exemple — et le prix était établi, non pas sur le tirage réel, mais sur le tirage majoré. C'était simple, comme on voit, mais cela était loin d'être d'une probité parfaite.

Si l'on voulait essayer de conserver la même base d'appréciation qu'avant la guerre, il n'y aurait qu'à multiplier par deux ou par trois l'ancien tarif étalon d'un centime par mille exemplaires. Mais cela a surtout un intérêt théorique. En fait, ce n'est que par l'expérience qu'on peut arriver à savoir ce que vaut *réellement* chaque journal au point de vue de son rendement publicitaire et si son tarif est avantageux ou non pour la publicité qu'on veut y faire.

Régions d'influence de la presse quotidienne.

Tous les journaux ne rayonnent pas sur la même partie du territoire. Certains grands quotidiens de Paris, ayant plusieurs éditions, sont organisés de manière à parvenir et à être mis en vente dans les départements, à la première heure du jour. Pour cela, il leur faut quitter la capitale, selon la distance, par les trains du soir ou de la nuit. Leur première édition est imprimée, avec la date du lendemain, dès cinq heures du soir, afin d'arriver dès le matin dans les départements les plus éloignés, ceux du

Un million
de lecteurs

Premier
partout

L'OUEST-ÉCLAIR

Possède le plus fort tirage de nos grands
régionaux. Il est le plus répandu dans nos
départements de l'Ouest grâce à la rapidité de
son service de livraison par auto. Il arrive le
premier partout, ce qui contribue à son succès
grandissant. Sa diffusion, la nature de son
public en font un véhicule indispensable pour
votre publicité.

Bureaux à Rennes :   Bureaux à Paris :
38, rue du Pré-Botté.   20, boulevard Montmartre.

Midi de la France, par exemple. Mais ce n'est pas là qu'est, à proprement parler, leur vente massive. Les informations qu'ils peuvent contenir sont forcément réduites aux nouvelles de la matinée et de l'après-midi, si bien que, lorsqu'ils arrivent entre les mains du lecteur, ils retardent presque de vingt-quatre heures sur les événements. Ils ne peuvent, notamment, donner ni le compte rendu des Chambres, ni les dernières communications ministérielles.

On comprend ainsi pourquoi il existe, dans toutes les grandes villes du Midi de la France, de très importants organes, notamment à Bordeaux, à Toulouse, à Montpellier, à Marseille, et aussi à Lyon. Ces journaux, reliés à Paris par des fils télégraphiques spéciaux, par le téléphone, sont alimentés de nouvelles jusqu'à deux et trois heures du matin et paraissent dans les départements qu'ils desservent, dès l'aube, avec les mêmes informations que les grands journaux de Paris imprimés à la même heure qu'eux. La région d'influence de ces journaux de Paris, à proprement parler, ne comprend donc pas le Midi, et elle ne s'étend guère au delà d'un rayon de trois cents kilomètres autour de Paris.

Journaux du matin.

Nous figurons sur la carte *A* (p. 89) la région d'influence effective de cette catégorie de feuilles quotidiennes Nous disons « région d'influence effective », ce qui ne signifie pas que ces journaux ne se lisent que dans cette partie de la France. Nous voulons dire que, si on les lit un peu partout, on les lit *surtout* dans les régions que nous indiquons ici.

Quant aux journaux qui s'impriment à Paris le matin et qui sont mis en vente vers sept heures, ils n'ont qu'une édition, la même pour Paris et les départements, de sorte qu'ils ne sont expédiés que par les premiers trains pour les diverses directions. Ils n'arrivent à Lille qu'à onze heures du matin, à Lyon qu'à cinq heures du soir et à Marseille qu'à dix heures. Ils parviennent à Nice le lendemain de leur publication. La région d'influence de ces journaux est donc essentiellement Paris, le département de la Seine, de Seine-et-Oise et les régions les plus rapprochées ou les plus promptement desservies. Pour le reste du territoire, où ils comptent cependant un nombre important de lecteurs — Parisiens en déplacement, provinciaux s'intéressant aux choses de la capitale, — leur circulation suit très exactement le parcours des express et des trains à marche rapide sur les différents réseaux de chemins de fer. La publicité dans les colonnes de ces journaux procure, en effet, des ventes dans toutes les villes de France, à l'exclusion presque complète des campagnes, où cependant ils pénétreront de plus en plus, en raison de la diffusion des moyens rapides de transport et de la généralisation de la lecture.

Journaux du soir.

Enfin, concurrençant les journaux à éditions espacées dont nous avons parlé précédemment, entrent en ligne les journaux de l'après-midi et du soir. Il en est qui parviennent dans certaines villes assez rapprochées de Paris dans la soirée même, alors que les autres n'y sont lus que le lendemain.

Certaine sorte de publicité s'accommode bien des journaux du soir, parce qu'ils ont une clientèle de lecteurs très spéciale. Mais il faut reconnaître qu'en général leur valeur est assez faible. On le constate aussi bien en France qu'à l'étranger, et les Américains en donnent cette judicieuse explication : « Si l'on fait de la publicité dans les journaux du soir, elle n'est lue que lorsque les magasins sont fermés, à l'heure où l'on ne vend pas, et le journal du matin survient le lendemain pour détourner la réalisation des résolutions qu'on aurait prises la veille, alors qu'on ne pouvait acheter. » Cette théorie vient, dans tous les cas, à l'appui de la nôtre se rapportant à l'action suggestive et immédiate de la publicité, et nous l'enregistrons d'autant plus volontiers qu'elle nous donne raison sur un point qui a été vivement discuté.

La presse régionale.

La question des régions d'influence se pose avec autant d'intérêt pour la presse régionale de province. L'Annonceur qui s'est déterminé, quelle que soit la forme qu'il ait adoptée pour sa publicité, à couvrir tout le territoire du pays, doit être instruit de l'étendue exacte dans laquelle circulent les organes des principales villes, étant donné que quelques-uns d'entre eux sont répandus dans plusieurs départements. Les journaux de

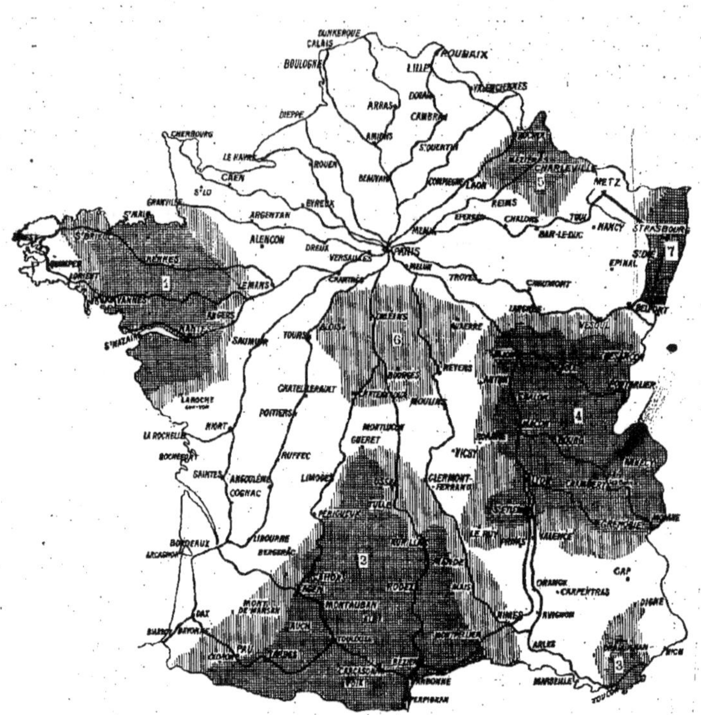

Carte B.

Les régions figurées par un quadrillé sont celles où la circulation des journaux quotidiens régionaux est la plus active.

Les régions figurées par un trait vertical sont celles où ces mêmes journaux sont encore lus en majorité, sans y être prépondérants.

1° Région d'influence des journaux de Rennes et de Nantes.
2° — — de Toulouse et de Montpellier.
3° — — de Toulon.
4° — — de Lyon, de Saint-Étienne, de Besançon, de Grenoble et de Dijon.
5° — — de Charleville.
6° — — d'Orléans, d'Auxerre et de Bourges.
7° — — de Strasbourg.

Nous avons figuré la 6ᵉ région en simples traits verticaux parce que les journaux qui y sont publiés sont nettement en concurrence avec les grands quotidiens de Paris à éditions multiples.

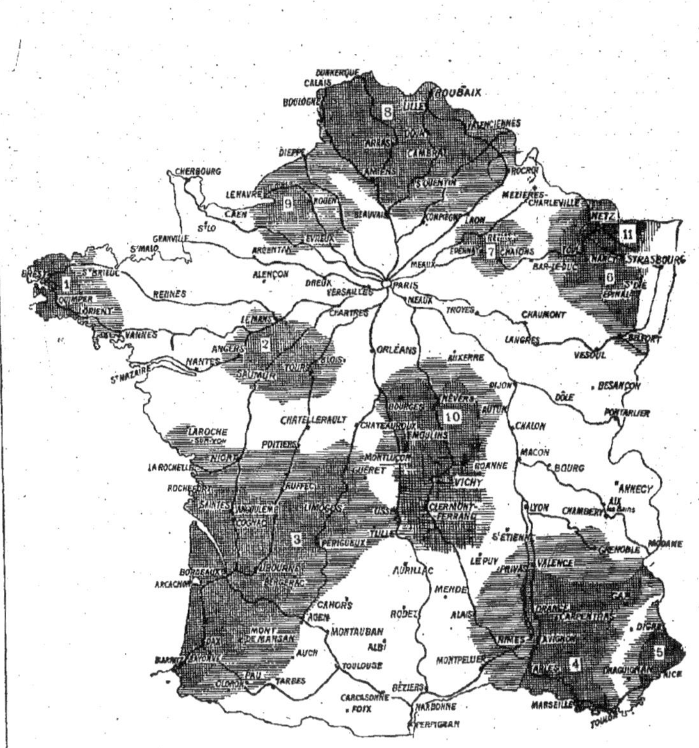

Carte C (complément de la çarte B).

1° Région d'influence des journaux de Brest.
2°   —   —   du Mans, de Tours et d'Angers.
3°   —   —   de Bordeaux et de Limoges.
4°   —   —   de Marseille.
5°   —   —   de Nice.
6°   —   —   de Nancy.
7°   —   —   de Reims.
8°   —   —   de Lille, de Roubaix, de Boulogne et
                            d'Amiens. (A noter que la presse de
                            Lille et surtout de Roubaix est aussi
                            répandue en Belgique.)
9°   —   —   du Havre et de Rouen.
10°   —   —   de Nevers, de Moulins, de Montluçon et
                            de Clermont-Ferrand.
11°   —   —   de Metz.

Bordeaux ne sont pas lus qu'à Bordeaux; les journaux de Lyon sont aussi lus dans les départements limitrophes du Rhône qu'à Lyon même.

C'est encore au moyen de cartes géographiques que nous croyons pouvoir figurer le mieux ces régions d'influence. L'établissement de ces cartes nous a demandé beaucoup de temps et nous a obligé à recourir à de nombreuses sources de renseignements. Nous y avons apporté le soin le plus attentif et nous espérons que notre travail est aussi complet qu'il est possible et qu'il rendra de réels services au public, un pareil travail étant entièrement original et n'existant pas ailleurs. Toutefois, nous nous défendons de nous l'imaginer parfait. Il peut renfermer quelques erreurs, mais elles sont de peu d'importance et, dans l'ensemble, nos cartes figurent avec une précision suffisante les régions d'influence des principaux organes publiés dans les grandes villes de France. Nous n'y avons fait entrer que ceux-là; certains organes départementaux, quoique quotidiens et pouvant prétendre au titre de journaux d'informations générales, ne nous ont pas paru avoir une circulation, une influence assez positives pour entrer dans le cadre de notre démonstration (*Cartes B et C*).

Cette partie de notre ouvrage serait incomplète, si nous ne signalions, au nombre des grands journaux régionaux de province, les journaux d'Algérie. L'Algérie n'est pas une colonie. Elle forme trois départements français, et il s'y publie, à Alger d'abord, à Oran et à Constantine ensuite, des organes ayant une circulation élevée et qui, au point de vue de leur rendement, se classent parmi les meilleurs. L'Algérie est un pays riche et, de plus, un pays où les familles européennes dépensent facilement.

La presse politique périodique en province.

Il n'y a pas, en province, que des grands journaux régionaux. Il y pullule des organes politiques, tantôt hebdomadaires, tantôt bi-hebdomadaires, qui paraissent dans les chefs-lieux de départements, d'arrondissements et même de cantons. Le nombre de ces feuilles peut être évalué à deux mille au moins.

Ce sont, généralement, des organes de politique locale, des tribunes accessibles aux doléances, aux discussions des partis, et leur tirage est forcément fort restreint. On en cite qui se

publient à cinq cents exemplaires par semaine, et les plus répandus ne dépassent que très rarement dix mille numéros par édition.

Cette presse est capable de rendre des services au commerce des habitants du petit coin de France où ils sont publiés; ce sont, par destination, les organes des détaillants de la petite ville et, aussi, les moniteurs des ventes locales, qu'elles soient faites par l'intermédiaire des officiers ministériels ou qu'elles soient volontaires. Pour ces sortes de transactions, le potentiel d'intérêt de la publicité faite dans ces journaux est très élevé; mais la majorité relative est très faible. Tant qu'il ne s'agit que de rabattre le client sur un bazar, sur le magasin d'un épicier, d'un marchand de nouveautés, d'un libraire habitant et faisant commerce dans le pays même, ils sont excellents. Ils le sont d'autant mieux qu'aucun autre moyen vraiment pratique ne s'offre, alors, pour organiser une publicité par la presse.

Il est plus contestable que cette presse locale puisse être d'une réelle utilité pour la vulgarisation d'une marque, ou pour la pratique serrée de la publicité sous sa forme suggestive. Non pas qu'elle ne compte des lecteurs, mais parce que le prix de revient de la publicité dans ces journaux, en proportion de leur circulation, est toujours trop élevé. A ce point de vue, ils ne peuvent supporter la comparaison avec les grands journaux. D'autre part, les documents relatifs à leur tirage sont des plus incertains pour l'Annonceur éloigné, qui se voit obligé d'admettre comme vrais des chiffres très fantaisistes et qui en arrive à payer la ligne d'annonce-type cinq ou dix fois plus par mille que dans un grand journal. C'est beaucoup trop cher.

Nous savons que les défenseurs de cette catégorie de journaux font valoir des arguments auxquels ils attachent beaucoup de prix. Ils disent : « Ces journaux sont lus pendant toute une semaine, dans les familles, dans les lieux de réunion des habitants du pays — lisez cabaret; rien n'échappe au lecteur de ce qui y est publié, et, par conséquent, la valeur intrinsèque de la publicité de ces journaux est beaucoup plus grande que celle des quotidiens qu'on lit hâtivement, et dont on néglige souvent une importante partie du texte. »

Ce raisonnement est contrecarré par ce que nous avons déjà dit de l'action des périodiques en général (1); un hebdomadaire

1. Voir p. 7.

de province n'est qu'un périodique. Il est politique, agricole ou d'intérêt local, au lieu d'être littéraire, illustré ou de modes, mais c'est un périodique tout de même. Il a donc, par rapport aux individus qui le lisent, les mêmes inconvénients que le périodique littéraire ou de modes. Mais il en a aussi d'autres : de deux choses l'une, ou bien sa clientèle est suffisamment aisée pour acheter chaque jour un journal d'information en même temps qu'elle parcourt le dimanche le journal local, et alors, la publicité de l'hebdomadaire local fait double emploi avec celle du grand quotidien; ou bien elle est trop pauvre pour acheter un journal tous les jours, et, s'il en est ainsi, la publicité des journaux locaux ne touche que des individus mal en point pour acheter, pour débourser de l'argent, puisqu'il est bien entendu que le but de la publicité n'est qu'une affaire d'*espèces*, — dans le sens où on ne l'entend pas au Palais.

Le rendement des journaux locaux.

Pour constater le faible rendement, comparativement à son prix, qu'on peut obtenir avec la presse locale, il faut se livrer à des opérations de vente par correspondance et pratiquer, pour cela, la publicité à sa période suggestive et directe. On est alors surpris, si l'on s'est laissé aller à utiliser cette presse, de sa presque totale impuissance. Le résultat régulier de cette forme de publicité étant de procurer immédiatement, c'est-à-dire dans un délai d'une semaine après l'apparition de l'annonce, des lettres de demandes de renseignements ou même des commandes, suivant le procédé pratiqué par l'Annonceur, on constatera que des journaux dont le tirage probable est de trois à quatre mille exemplaires ne donnent pas une seule lettre, et encore moins de commande, si ce moins est possible. Certains Annonceurs, pénétrés du principe controuvé de la répétition de l'annonce, persévéreront, répéteront leur annonce pendant trois mois, six mois et même une année et se trouveront fort marris, à la fin de l'expérience, d'avoir dépensé des sommes qui peuvent varier, suivant les dimensions des annonces ou la position occupée par la publicité, entre cinquante et deux cents francs, *sans en avoir ressenti le plus petit effet*.

Nous ne voulons pas condamner complètement les journaux locaux; il s'en trouve de bons, ayant vraiment une clientèle, une région d'influence et, par conséquent, une action ; mais nous ne saurions trop recommander aux Annonceurs de ne pas fonder sur eux *de trop grandes espérances*. S'ils y font de la publicité, qu'ils choisissent très soigneusement leurs organes, sans se laisser prendre à leur apparent bon marché. Le bon marché est, en effet, un des arguments qu'on fera valoir près d'eux pour les décider : cent journaux, à deux sous la ligne par journal, il semble que c'est pour rien. Cela n'en fait pas moins dix francs la ligne. Or, comme les cent journaux ne tirent guère, pour ce prix, qu'une moyenne de mille exemplaire chacun, cela fait tout de même une ligne qui coûte dix centimes par mille exemplaires. C'est beaucoup trop cher, — à moins d'annoncer une chose sur laquelle on gagne quatre-vingts pour cent.

Il faut remarquer que ces journaux sont toujours lus par les mêmes personnes, et que, par conséquent, avec deux ou trois insertions, on sera sûrement lu par tous les lecteurs habituels de ces feuilles. Cela suffit pour l'action de cette publicité. La publicité obsédante aura peut-être intérêt à pousser l'expérience plus loin, mais ce sera seulement en raison de ce que l'effet ne peut être obtenu dans un temps aussi bref, puisque le débit du produit, de la chose annoncée, est subordonné à la bonne organisation de sa vente locale.

La presse agricole périodique.

Une exception à cette règle peut être admise en faveur d'une certaine presse hebdomadaire que nous appellerons la presse agricole. Elle est surtout développée dans les départements du Nord, de l'Ouest, du Centre et de l'Est. Dans ces régions, le cultivateur lit peu, parce qu'il n'en a pas le temps, excepté l'hiver. Levé dès l'aube, couché au crépuscule, il se soucie peu d'un journal à lire tous les jours. Il ne lit que le dimanche. Aussi, toute une presse s'est créée, dans ces régions, pour répondre à ce besoin de lecture uniquement hebdomadaire. Ces feuilles résument les événements de la semaine, publient les cours des céréales et des bestiaux, contiennent une partie agricole technique importante et ont, effectivement, un tirage qui mérite d'être pris en considération. Certaines d'entre elles atteignent dix et vingt mille exemplaires pour le numéro du samedi. Elles sont très lues, et cela pour la raison excellente que leur clientèle n'a pas le loisir d'en lire d'autres. La publicité de ces organes a donc une valeur un peu plus élevée que celle des journaux locaux ordinaires. Ils sont peu nombreux, du reste, et ont, pour une bonne part, ce désavantage de se publier surtout dans des régions où la publicité a le moins d'action sur les masses (1).

Cette influence des préoccupations agricoles sur une bonne moitié des habitants de notre pays est si sensible que, lorsque la population des départements où la culture prédomine est plus activement occupée des soins de la terre et des récoltes, même si, en temps ordinaire, ces habitants ont accoutumé de lire un journal quotidien, cette lecture est complètement suspendue aux époques des semailles, des labours et des récoltes. Les journaux qu'ils lisent, ordinairement, quand la culture leur laisse des loisirs, sont les journaux de Paris à éditions successives, qui sont un peu faits pour eux, ou bien encore, le quotidien de la ville voisine. Eh bien! le tirage de ces feuilles diminue de vingt à vingt-cinq pour cent pendant les mois d'été, précisément ceux où les occupations, les travaux de leurs lecteurs habituels ne laissent pas à ceux-ci d'instants libres pour se tenir au courant des faits journaliers, lesquels ils trouveront résumés dans leur hebdomadaire, à la fin de la semaine. C'est encore pour cela que les journaux locaux agricoles qui paraissent deux fois par semaine tirent le double, et parfois le triple, le dimanche que le jeudi.

Ces considérations ont à nos yeux une très grande importance, car il ne faut pas perdre de vue que c'est en France, par suite d'un régime économique faussé à son origine, que la publicité dans les journaux coûte, par rapport à leur tirage, le plus cher. C'est, cependant, une marchandise comme une autre. Elle entre pour un tantième plus ou moins élevé dans l'établissement des prix de vente des produits et des marchandises dont elle pousse le débit, et dont elle vulgarise le nom. Si donc la publicité coûte cher chez nous, c'est une raison de plus pour ne pas la gaspiller et pour que les Annonceurs n'achètent que celle qui est de qualité reconnue et *qui peut logiquement leur donner des résultats*. Il ne saurait venir à un industriel l'idée d'acheter des matières premières avariées, parce qu'elles coûtent moins cher que d'autres qui sont saines. La publicité est soumise aux

1. Voir la carte *D*, p. 102.

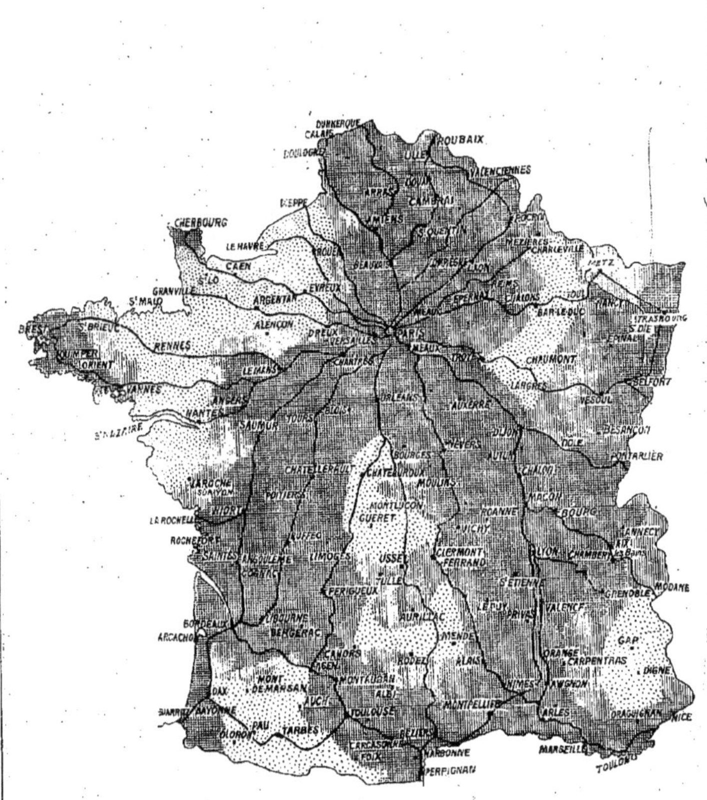

Carte D.

Régions figurées par un quadrillé : celles où la publicité donne les meilleurs résultats.

Régions figurées par des traits verticaux : celles où la publicité donne des résultats moyens encore satisfaisants.

Régions figurées par des points : celles où la publicité est d'une productivité faible.

mêmes exigences. N'est-elle pas, un peu aussi, une matière première, la matière première de la vente?

La production de la presse est sujette à des variations très sensibles suivant les régions où se publient les journaux, et ces variations seront constatées particulièrement par les Annonceurs se livrant à la pratique de la publicité suggestive et directe. On doit en tenir compte de toute manière, car, les mêmes causes engendrant les mêmes effets, il est tout à fait probable que ces différences de rendement se produisent aussi bien pour la publicité obsédante, dont le défaut est précisément de ne révéler ses effets qu'après un temps souvent fort long, et avec des manifestations beaucoup moins rigoureuses que celles qu'on obtient avec la publicité suggestive, à effet presque immédiat.

Le rendement de la publicité dans les diverses parties de la France.

Toutes les régions de France ne sont pas riches au même degré, la population n'y a pas partout la même densité, et les journaux n'y sont pas également nombreux et importants.

Nous indiquons sur la carte ci-contre (*carte D*) les régions où la publicité donne, proportionnellement à la dépense qu'elle entraîne, les résultats les meilleurs, les résultats moyens et les résultats insuffisants. Les régions où la publicité exerce l'action la plus puissante sont les plus fortement teintées; celles où les résultats sont les moins bons sont indiquées par les lignes les plus claires.

Ces différences s'expliquent aisément par le caractère, la mentalité, l'éducation des individus répandus dans les diverses régions du pays. Le Méridional est enthousiaste, tandis que le Normand est défiant. Le Breton est pauvre, peu cultivé, tandis que l'habitant du Nord est aisé et généralement instruit.

— Quant à Paris, creuset où viennent se fondre des espèces originaires de toutes les provinces, ses habitants ont une mentalité qui leur est bien propre. Mais, sous ses apparences sceptiques, le Parisien est un excellent terrain pour la publicité; il l'admet et il a en elle suffisamment de foi pour accueillir favorablement ses incitations. La publicité uniquement concentrée dans la région parisienne devrait donner d'excellents résultats; sa difficulté est dans la densité et dans le chiffre élevé de la population; elle oblige à de gros sacrifices et nécessite beaucoup de persévérance et de méthode, car on ne peut conquérir Paris et sa banlieue que lentement; mais quand on l'a conquis, c'est pour longtemps.

Un plan de publicité par la presse, pour s'adapter aux nécessités du milieu, devra être conçu en tenant compte de ces diverses mentalités. Un Annonceur qui dispose d'un budget très important pourra, du premier coup, s'attacher à la conquête du pays tout entier. Mais un autre dont le budget sera modeste, quoique les exigences de son affaire soient les mêmes que pour le premier, devra limiter son champ d'action, pour le début tout au moins, à la région qui lui semblera, après examen, la plus propice à son succès.

Les éléments d'appréciation ne manquent pas sur ce point. Ils se composent d'abord des indications que fournit l'étude de la consommation particulière de chaque région. L'Ouest et l'Est, frugaux, répondront mal à une publicité faite pour des articles d'alimentation d'un prix élevé, tandis que le Sud-Ouest et le Sud-Est, plus raffinés, sont particulièrement indiqués. Le Midi, peu soigneux, se laissera moins facilement toucher par la publicité d'articles de ménage, de nettoyage et d'entretien que le Nord, l'Est et le Centre.

Chacune de ces particularités et beaucoup d'autres encore qu'il serait trop long de relater ici doivent inspirer l'Annonceur dans l'établissement de son plan de publicité, dans le choix des régions où il opérera et dans la désignation des journaux auxquels il confiera ses insertions.

LES JOURNAUX ILLUSTRÉS, LES REVUES, LES MAGAZINES, ETC.

Cette presse a pris en France, depuis quelques années, un très large essor. On comptait peu de périodiques français il y a trente ans; ils sont légion aujourd'hui. La raison? En Angleterre, où la presse périodique est encore plus abondante que chez nous, on explique ce foisonnement par la coutume du repos dominical observée très strictement, — ce repos commençant en réalité dès le samedi à midi et caractérisant la semaine dite anglaise, qui, comme on le sait, a acquis aussi chez nous droit de cité. Ayant depuis longtemps plus de loisirs, l'Anglais a pris l'habitude de lire davantage. La loi qui en France a rendu obligatoire, pour toutes les professions et tous les métiers, le repos hebdomadaire pourrait fournir l'explication du nombre grandissant des feuilles périodiques, généralement hebdomadaires aussi.

La publicité de cette catégorie de journaux ne convient pas à toutes les entreprises. Ainsi que nous l'avons dit (1), leur action est beaucoup moins rapide que celle des quotidiens. On lit un journal quotidien dans l'espace d'une journée; on a huit, quinze jours, un mois pour lire et relire un périodique, que ce soit un simple organe littéraire, un journal à images ou un magazine touchant à toutes les matières. De plus, la disposition de la publicité, dans ces publications, l'apparente assez étroitement à la publicité fermée, dont nous indiquerons le caractère inopérant (2).

C'est l'Annonceur faisant de la publicité suggestive pour la vente par correspondance d'un article quelconque qui se rendra compte le plus facilement de la différence de rendement qui existe entre le quotidien et le périodique. Aussi, c'est presque toujours par la presse quotidienne qu'une publicité énergique fera ses débuts.

Qu'on passe en revue les affaires de tout ordre qui ont réussi en France, dans ces dernières années, par la publicité. On n'en trouvera pas qui aient atteint le but uniquement par les périodiques, tandis qu'on en comptera un bon nombre qui y sont parvenues uniquement avec les quotidiens.

Intéressant parallèle.

Il est vrai que quelques-unes de ces affaires ont utilisé simultanément les deux modes. Mais, alors, la publicité des périodiques n'a pu être qu'une publicité de soutien pour l'autre, quelque chose comme une publicité complémentaire. Cela démontre surtout que ces affaires avaient des budgets jouissant d'une heureuse élasticité, puisqu'il leur était possible, sans en

1. Voir p. 7.
2. Voir p. 247.

être embarrassées, de *doubler*, en quelque sorte, leur publicité de première ligne. En effet, tout lecteur d'un périodique est, en règle générale, un lecteur de quotidien ; par contre, tout lecteur d'un quotidien n'est pas toujours un lecteur de périodique. Les deux moyens employés simultanément constituent, pour l'un des deux tout au moins, une superfétation.

Toutefois, les Annonceurs qui pratiquent la publicité à sa période suggestive auront, à un certain moment, avantage à entreprendre la publicité des périodiques. Ce sera lorsque le rendement des quotidiens se sera raréfié à un point tel qu'ils n'en obtiendront plus de bénéfices. C'est, malheureusement, ce qui arrive. La publicité des quotidiens, en effet, à raison de sa puissance d'action même, s'épuise assez rapidement. Une première annonce procurera, supposons, cent demandes pour un catalogue ; une seconde, faite à un court intervalle de la première, n'en fournira plus que soixante-quinze ; une troisième, faite peu de temps après, n'en donnera plus que cinquante, et la dixième n'en provoquera plus que quelques-unes. C'est alors que, pour cette catégorie d'Annonceurs, la possibilité de faire usage des périodiques s'imposera, à la condition, toutefois, de laisser en repos la publicité des quotidiens. Qu'à cela ne tienne, ce repos lui sera salutaire, car, après quelques semaines ou quelques mois de mise au vert, elle aura retrouvé toute sa force opérante. —

A dépense égale, la publicité des périodiques procurera d'abord des résultats bien moins complets que la première annonce faite dans le quotidien, mais ils seront meilleurs, cependant, que ceux de la dixième, qui ne donnait presque plus rien. Ils s'épuiseront à leur tour, et lorsqu'ils seront épuisés, le moment sera venu, pour l'Annonceur employant la publicité suggestive, de revenir aux quotidiens.

Par ce qui précède, nous n'avons pas voulu, ce qui serait une erreur et une injustice, dénier toute action à la publicité des publications périodiques. Nous avons voulu simplement fixer les limites de cette action, en en signalant les imperfections.

La publicité des articles de luxe.

Il nous faut dire, en revanche, que les lecteurs des publications périodiques, et plus particulièrement des revues, des magazines et des grands illustrés constituent incontestablement

JOURNAL
de
ROUBAIX

la plus forte vente du Nord parce que seul lu dans la région la plus populeuse et la plus riche du département

Quatre éditions
par jour

BUREAUX :

ROUBAIX, 71, Grande-Rue.
TOURCOING, 35, rue Carnot.

La Publicité extra-locale est reçue aux bureaux du journal et dans toutes les Agences.

une élite, élite intellectuelle, élite aussi par la fortune, ou, du moins, l'aisance. Par conséquent, les articles de luxe, toutes les marchandises qui ne peuvent être achetées que par des individus appartenant à une classe sociale plus élevée que la moyenne, trouveront, dans les périodiques, un facteur supérieur de propagation et de vente. Alors que la publicité des quotidiens, avec leur clientèle bigarrée, ne conviendra pas à ces marchandises coûteuses, celle des périodiques sera éminemment opérante. Le quotidien, pour ces sortes d'affaires, offrira bien un potentiel d'intérêt certain, mais il ne pourra comporter qu'une majorité relative extrêmement réduite, tandis que le périodique présentera un potentiel d'intérêt élevé et, en même temps, une majorité relative très nombreuse.

Nous pouvons en découvrir la raison. Les individus appartenant à l'élite intellectuelle ont plus de goût pour la lecture que le *tout venant* qui constitue la clientèle des journaux quotidiens. L'élite fortunée est plus désœuvrée et, par suite, a plus de temps pour lire, d'un bout à l'autre, y compris la publicité, les publications littéraires ou illustrées. Elle s'intéresse aussi beaucoup moins aux faits journaliers, aux débats, aux discussions du forum, dont les journaux sont le vibrant écho.

Tout ce qui n'est que du superflu, tout ce qui est luxe, surcroît dans la vie, peut s'annoncer et doit s'annoncer dans les grands périodiques, car c'est la meilleure catégorie de journaux à cultiver pour obtenir des résultats, dans la vente de ces articles, le superflu étant pour les lecteurs de ces périodiques une partie intégrante du nécessaire : automobiles, villégiatures, articles de mode, parfums...

Pour toute cette publicité de luxe, la valeur d'un journal se calculera suivant son prix de vente au numéro, sans méconnaître ni négliger non plus l'importance de son tirage.

Quant aux périodiques dits « populaires », ils ne sont bons que pour les spécialités pharmaceutiques et les attrape-nigauds.

Restent les périodiques de modes. Ils sont nombreux et certains d'entre eux ont un tirage très important.

Malgré les efforts très louables que font les quotidiens pour attirer la clientèle féminine par l'ouverture de rubriques spéciales aux femmes, nous n'en sommes pas encore au temps où les femmes seront de ferventes lectrices des organes politiques, même si ces journaux condescendent à leur parler chiffons et rubans. Le journal de modes conservera encore longtemps tout son empire.

Dans l'impossibilité où se trouve l'Annonceur d'atteindre suffisamment les femmes, s'il a quelque chose à leur vendre, par l'intermédiaire des journaux quotidiens, le journal de modes reste le principal moyen de communication entre lui et elles. A noter aussi que certains illustrés sont capables de remplir le même office. Les femmes, en effet, n'aiment pas toujours lire, mais toujours elles adorent les images. Tous les illustrés, à condition qu'ils ne soient pas pornographiques, sont lus par une clientèle féminine très nombreuse, et l'on en a la preuve par les divers journaux illustrés, hebdomadaires ou bi-mensuels, qui paraissent actuellement et dont le tirage est considérable. Tous ces journaux sont très copieusement illustrés. C'est que la femme est surtout une imaginative et une impulsive. Elle n'aime pas lire, parce que cela force à réfléchir, mais elle adore voir ; cela laisse à son cerveau, à son imagination, le temps de vagabonder, d'errer dans la chimère et l'irréel. Pour toucher les femmes, non au cœur — on en toucherait trop à la fois — mais à la bourse, les publications illustrées et de modes sont formellement indiquées.

Pour la publicité des marques, les publications périodiques offrent un autre avantage : leur circulation est très générale. On les lit dans tous les départements, dans toutes les parties du territoire, et la publicité qu'on y fait participe un peu de l'affiche, car les mêmes exemplaires d'un périodique sont vus, lus — ou du moins feuilletés — par un grand nombre de personnes, de sorte qu'on ne peut pas considérer son tirage comme simplement égal au nombre de ses acheteurs, le même numéro passant par les mains de dix ou vingt personnes, dans la même semaine. Dans ce cas, c'est de la publicité obsédante et indirecte ; elle rappelle, mais elle ne suggère pas immédiatement. Un grand illustré, tirant cent mille exemplaires par semaine, étant lu par dix personnes par numéro, cela fait un million d'individus qui auront vu la publicité qui y est contenue ; c'est comme si on avait fait poser des affiches sur des murs devant lesquels on serait assuré qu'un million de personnes différentes passeront dans l'espace d'une semaine. Cette considération a certainement son prix. Il ne faut pas oublier, en effet, que beaucoup d'illustrés périodiques sont surtout lus dans les établissements publics : hôtels, cafés, cercles, etc. En supposant que chaque numéro, mis en lecture dans ces conditions, puisse être vu par dix personnes et même plus, nous n'exagérons certainement pas, et peut-être même sommes-nous au-dessous de la vérité.

LA PRESSE TECHNIQUE

Encore peu développée en France et, dans tous les cas, assez imparfaite, la presse technique jouit, au contraire, dans certains pays, notamment dans les pays anglo-saxons et germaniques, d'une grande notoriété. Cependant, chez nous aussi, des progrès ont été réalisés, et il convient d'étudier dans quelles conditions la publicité peut y figurer. Confinée aux seuls membres du corps industriel ou commercial auxquels elle s'adresse, la presse technique ne peut recevoir que la publicité relative aux objets ou aux marchandises qui intéressent ses lecteurs spéciaux. Ramenée à cette proportion, la publicité dans la presse technique équivaut à l'envoi d'un catalogue, avec cette différence que, tous les membres d'une corporation n'étant pas fatalement les lecteurs du journal technique, la publicité qui y est faite n'atteint qu'une partie du tout.

Le travail de vulgarisation accompli par le catalogue, par la brochure, par le représentant ou le voyageur est, généralement, préférable à celui qu'on est en droit d'attendre de la publicité dans les journaux techniques et professionnels, et nous sommes amené à la considérer plutôt comme une publicité de rappel et d'entretien que comme une publicité de rendement, lorsqu'elle s'offre aux yeux sous la forme d'une annonce ordinaire. Mais cette publicité peut acquérir la forme suggestive et directe, lorsqu'elle est faite, dans un ou plusieurs journaux s'adressant à une profession ou à une corporation déterminées, sous la forme d'articles de vulgarisation. Quoique les journaux techniques soient généralement lus d'un œil assez nonchalant, en France, il faut bien admettre, cependant, que ceux qui les lisent sont intéressés, professionnellement, aux questions qui y sont traitées. Si donc on a à vulgariser une découverte ou une invention dans le domaine d'une industrie ou d'une profession possédant son ou ses organes techniques, il est tout naturel d'admettre que ce soit dans les colonnes de cette presse que se réalisera le mieux cette vulgarisation. Au moyen d'articles, on sera tout à son aise pour expliquer, commenter la découverte ou l'invention, signaler les améliorations qu'elles apportent, et l'on sera certain de ne prêcher qu'à des individus instruits des questions que l'on traitera.

Malheureusement, la situation de la presse technique, en France, est assez précaire. Le nombre des journaux de cette catégorie est encore infime, surtout si on le compare aux publications techniques ou professionnelles publiées en Angleterre, en Allemagne et en Amérique, où elles jouissent d'une autorité enviable, peut-être parce qu'elles possèdent une compétence qui, le plus souvent, fait défaut aux journaux du même genre paraissant chez nous. Elle tend, cependant, à prendre une place, depuis quelques années, et nous avons vu naître, dans ces derniers temps, des organes techniques qui, sortant franchement de la routine et de la banalité, se sont imposés assez rapidement dans certaines corporations. Ce mouvement semblant s'accentuer, il est prudent d'envisager sérieusement la question pour l'époque, que nous espérons prochaine, où la presse technique répondra véritablement aux besoins de l'industrie et du commerce.

Pour cela, il faudrait que la publicité continue dans les organes professionnels et industriels constituât, comme dans la presse anglaise et allemande, voire belge — car les Belges ont une presse technique proportionnellement supérieure à la nôtre — constituât, disons-nous, une véritable source de renseignements utiles et même indispensables, afin que le goût de leur lecture se développe chez nos commerçants et nos industriels par l'intérêt qu'ils y trouveraient. Si on lit peu ou si on lit mal les journaux techniques français, c'est que la plupart de ces journaux ne contiennent rien ou presque rien qui soit vraiment intéressant. Le jour où le texte et la publicité seront devenus un secours véritable, on les lira, sinon avec plaisir, du moins avec profit. C'est ce qui est arrivé déjà pour un certain nombre de publications techniques créées depuis la guerre de 1914.

Nous avons souvent vu, dans des organes techniques, des choses tout à fait étrangères à l'industrie que ces organes touchaient. Nous ne l'avons jamais compris. Pourquoi des marques croient-elles utiles de faire des insertions dans des feuilles professionnelles, dont la circulation est restreinte et dont la clientèle de lecteurs est bornée de tous les côtés ? Cette clientèle ne lit-elle pas en même temps, avec autant d'intérêt que les autres lecteurs, la presse quotidienne, la presse illustrée? Pourquoi ce chocolat fait-il des annonces dans un journal destiné à des métallurgistes? Pourquoi ce cirage insère-t-il dans une feuille uniquement lue par des papetiers? Ils ont certainement mieux à faire.

Cela ne peut être que le résultat de sollicitations très pressantes, présentées par un agent particulièrement insidieux et persuasif. C'est, de toute manière, une faute, car si une publicité peut être superfétatoire, c'est bien celle-là, alors qu'il y a, avant de songer à ces organes, tous les politiques, tous les périodiques et tous les pans de murs à utiliser. Qu'on laisse les organes techniques à la publicité technique, elle y est à sa place; toute autre y est déplacée.

CHAPITRE V

Pratique de la Publicité par la Presse

o o o

DANS LES JOURNAUX QUOTIDIENS

La presse quotidienne française, parisienne ou départementale, a, depuis longtemps déjà, adopté un classement à peu près uniforme, pour le placement de la publicité. Ce classement comporte les catégories suivantes :

1° L'annonce proprement dite ;

2° La réclame ;

3° Le fait-Paris ou fait-divers ;

4° L'entrefilet ou l'article, désignés aussi, dans les journaux de province, sous le nom de chronique locale ou régionale ;

5° Les échos.

L'annonce.

L'annonce occupe presque toujours, dans la plupart des journaux français, la dernière partie du journal, c'est-à-dire la dernière page. Elle peut occuper également, suivant la quantité d'insertions qu'il y a dans le journal, la ou les pages qui précèdent la dernière. C'est aussi dans les dernières pages que sont insérées les Petites Annonces (1).

1. Voir vol. 1, p. 42.

Les réclames.

La réclame, au sens spécial et technique du mot, est la catégorie de publicité qui précède immédiatement l'annonce (1). Dans les journaux de Paris, elle est toujours séparée des annonces par une partie de texte, généralement d'un faible intérêt. Elle se trouve donc, suivant le nombre d'annonces insérées dans le journal, à l'avant-dernière page ou dans les pages qui la précèdent immédiatement. Quand les annonces sont nombreuses, il peut se faire que la réclame soit placée dans la partie presque médiane du journal. Ceci, avant la guerre, s'appliquait surtout aux journaux de Paris ayant six, huit et même dix pages, ainsi que cela se voyait alors assez fréquemment.

Dans les journaux de province quotidiens, l'annonce figure également à la fin du journal ; mais la réclame n'est pas toujours placée à l'avant-dernière page. On la rencontre souvent à la dernière page, immédiatement au-dessus des annonces, dont elle n'est séparée, alors, que par un filet. Dans ce cas, toute la différence entre l'annonce et la réclame réside dans la largeur des colonnes, qui sont plus étroites pour l'annonce que pour la réclame.

La justification.

A l'origine, il n'en était pas ainsi, tous les journaux ayant, du commencement à la fin, des colonnes d'égale largeur. Mais le développement constant de la grande presse régionale, l'accroissement de son tirage, a modifié la situation et voici pourquoi : les journaux de province reçoivent une quantité assez considérables d'annonces légales et judiciaires dont le prix, à la ligne, est fixé par les tribunaux. Or, le plus souvent, les magistrats n'ont pas tenu suffisamment compte de l'augmentation de circulation des journaux à grand tirage et continuent à leur appliquer des tarifs dont le taux de quotation n'a pas suivi la progression du tirage. Mais ces prix étant établis pour la ligne, sans que la longueur de cette dernière soit spécifiée, les journaux, au fur et à mesure que leurs tirages croissaient, ne recevant toujours, pour cette sorte d'annonces, que des prix très réduits, bien inférieurs à ceux qu'ils fixaient eux-mêmes pour la publicité commerciale,

1. Voir, pour l'acception générale du mot *réclame*, vol. I, p. 6.

compensèrent cet écart par la diminution progressive et correspondante de la largeur de leurs colonnes, partant, de la longueur de leurs lignes. Actuellement, la grande majorité des journaux de province composent leurs annonces sur la largeur de 42 millimètres, quelquefois même de 39, rarement de 50 millimètres, alors que le reste de la feuille est composé sur la largeur de 65 millimètres ou, quelquefois, de 62 millimètres seulement.

Une réaction s'est pourtant produite, dans ce rétrécissement continu des colonnes des journaux de province, et quelques-uns d'entre eux, notamment à Lyon, à Brest et à Toulouse, sont revenus pour les annonces, mais seulement pour les annonces non judiciaires ou légales, à la colonne normale de 65 millimètres.

La largeur d'une colonne de journal, de même que celle de n'importe quelle composition typographique, s'appelle la *justification*.

La *justification* des réclames, dans la plupart des journaux français, aussi bien à Paris qu'en province, est de 65 millimètres; cependant, quelques journaux de province conservent encore une *justification* de 62 millimètres seulement.

Le fait=divers.

Le fait-divers — que dans les journaux de la capitale on appelle aussi fait-Paris — est toujours placé avant la réclame, et se trouve toujours séparé d'elle par du texte rédactionnel.

Dans les journaux de Paris, le fait-divers répond exactement à cette appellation, en ce sens que les insertions payantes demandées pour cette catégorie de publicité sont réellement placées parmi les « faits divers », c'est-à-dire les nouvelles de peu d'importance que l'on groupe sous cette rubrique.

Dans la grande majorité des journaux de province, le mot fait-divers est improprement employé, car on désigne ainsi une position qui, précédant immédiatement la réclame, se confond souvent avec elle, sauf toutefois que, dans les feuilles où la réclame se trouve à la dernière page, le fait-divers est placé dans la ou les dernières colonnes de l'avant-dernière page. Nous avons tenu à établir cette distinction, afin que des Annonceurs ne s'imaginent pas, lorsqu'ils demanderont à faire paraître en *faits-divers* leurs insertions dans les journaux de province, qu'elles seront mêlées au texte ordinaire du journal. C'est seulement *après* le texte qu'elles figureront.

La publicité dans le texte.

L'entrefilet ou l'article prend place dans les diverses pages où les journaux disposent le texte rédactionnel, c'est-à-dire en sixième, cinquième, quatrième, troisième ou deuxième pages, suivant que les journaux ont huit, six ou quatre pages.

C'est dans ces positions, et aussi quelquefois en première page, que figurera toute la publicité rédactionnelle.

Dans les journaux de province, le véritable fait-divers, au sens propre du mot, se trouve placé dans la rubrique « chronique locale » ou « chronique régionale ». Ces journaux, dont la clientèle est répandue sur plusieurs départements, sont tenus, à l'encontre des journaux de Paris, d'informer les lecteurs de leur ville d'abord, puis de chacun des départements où ils circulent, de tous les faits locaux qui s'y passent. Ils ont, par conséquent, des rubriques locales et départementales très développées. Un grand nombre sont même obligés d'avoir des éditions différentes pour leur ville, leur département et chacun des départements où leur vente est organisée. Certains ont ainsi jusqu'à quinze éditions quotidiennes, différant entre elles par la chronique locale ou régionale. C'est donc bien dans cette chronique que se trouve la position qui correspond au fait-divers des journaux parisiens.

Comme leurs confrères de la capitale, les grands régionaux de province insèrent, avant leurs rubriques locales ou régionales, des entrefilets et des articles, qui figurent ordinairement en deuxième ou troisième pages, ces feuilles n'ayant pour la plupart que quatre pages.

Enfin, les journaux de Paris placent encore de la publicité dans les *échos*, qu'on trouve généralement à leur première page. Cette rubrique n'existe pas dans tous les journaux de province, ou elle s'y trouve reléguée à la deuxième page.

Les rubriques.

Les diverses rubriques d'un journal reçoivent encore de la publicité, par exemple, les articles de modes, les études scientifiques, les rubriques de sports, le courrier des théâtres, la nécrologie, les bulletins financiers, les articles économiques hebdomadaires, et jusqu'aux cours de la Bourse. On peut dire que dans un journal, on peut faire placer de la publicité dans toutes les positions, à toutes les pages et sous toutes les rubriques, *même en première page et en première colonne;* c'est, avant tout, une question de prix.

Ces diverses catégories d'insertions ont des tarifs différents, et qui vont en croissant depuis l'annonce, qui coûte le moins cher, jusqu'aux échos qui, avec la publicité financière, se paient au prix le plus élevé. Nous n'avons pas jugé utile de donner ici les tarifs des principaux journaux de France. D'abord, ils sont sujets à des variations constantes, — généralement à des augmentations; — ensuite, ils n'ont pas dans tous les journaux la même fixité. Alors que certaines feuilles appliquent leurs tarifs avec une grande fermeté, il en est d'autres dont l'échelle de prix est tout à fait incertaine, de sorte que fournir des tarifs dans un ouvrage comme celui-ci serait exposer les Annonceurs à des mécomptes, que nous tenons justement à leur éviter. Pour traiter une affaire de publicité quelconque, importante ou modeste, on peut s'adresser aux journaux, ou, ce qui est encore préférable, à une honnête et loyale Agence de publicité. Les Agences ont, en effet, des facilités pour consentir aux Annonceurs des accommodements avec tous les tarifs de journaux; elles sont mieux placées que quiconque pour obtenir des journaux les conditions d'insertion les plus favorables.

Le point de composition.

Si la justification des colonnes de journaux est une mesure linéaire, le point de composition en est une autre qu'il est important de connaître. On nomme *point de composition* l'espace en hauteur qu'occupent les caractères d'imprimerie. Cette mesure, qui n'a rien à voir avec le système métrique, a pour unité le *point.* Un point représente exactement l'épaisseur d'une lame du métal spécial avec lequel sont fondus les caractères d'imprimerie, lorsqu'elle a été amincie à un degré tel qu'elle n'est pas encore cassante, mais qu'elle est *sur le point* de l'être. Un rien de plus, elle le serait. Le point, qui est l'unité de mesure typographique, équivaut à 0,376 millimètre; en chiffres ronds,

0,38 millimètre. Le texte de cet ouvrage est composé en caractères de neuf points de hauteur.

Les journaux n'emploient pas de caractères aussi gros pour composer leurs annonces et même leur texte courant. On s'en apercevra en jetant un simple coup d'œil sur les diverses pages d'un quotidien. On y trouvera des caractères plus ou moins forts, et par conséquent mesurant un nombre de points différent, mais qui ne varie guère qu'entre six points et dix points, sans parler, bien entendu, des titres dont la hauteur varie entre dix et trente points, en général.

Le caractère employé pour les annonces ordinaires est, couramment, le point six ou sept, c'est-à-dire des caractères mesurant six ou sept points de hauteur. En province, le point sept domine, mais il y a des exceptions, notamment à Bordeaux, à Brest, à Orléans, à Nice, où certains journaux emploient le point six. A Paris, dans les grands journaux, c'est en six points qu'actuellement sont comptées et mesurées les annonces.

Les journaux de Paris emploient, d'habitude, le point sept pour composer les autres catégories de publicité; les articles et les entrefilets sont souvent composés en huit ou neuf points. Dans de nombreuses villes de province, le point de composition uniforme est le point sept. C'est la conséquence de l'obligation où sont ces journaux de fournir à leurs lecteurs, notamment pour la chronique locale et régionale, une somme considérable d'informations de toute nature. Toute leur puissance d'expansion ne leur vient-elle pas de là?

Les insertions dans les journaux sont mesurées et comptées pour l'espace qu'elles occupent, selon le caractère employé. Un journal *composant ses annonces en caractères de sept points* compte l'espace occupé par une annonce *d'après le nombre de lignes de sept points qu'elle occupe.* Un titre composé en caractère de quatorze points sera compté pour deux lignes. Un titre composé en caractère de vingt-huit points sera compté pour quatre lignes, et ainsi de suite pour les diverses hauteurs de lettres, et pour les encadrements.

Connaître dans quel point un journal compose et mesure ses annonces est une nécessité pour tout Annonceur qui veut diriger et contrôler lui-même l'organisation de sa publicité.

Le plus souvent l'Annonceur ne s'en remettra pas au journal du soin de composer ses annonces, surtout si elles comportent des illustrations, dont la place est calculée dans le texte, l'importance du texte étant également soumise à des lois de proportion qu'il ne faut jamais méconnaître. Les annonces seront donc remises toutes clichées aux journaux. Or, dans un cliché, il est possible de faire entrer des caractères d'un point bien inférieur à celui qui sert de mesure, d'étalon linéaire; mais il y a les blancs, les titres, les sous-titres et le cadre qui comptent, de sorte qu'un cliché ne peut pas être mesuré d'après le nombre de lignes *com-*

Fig. 106.

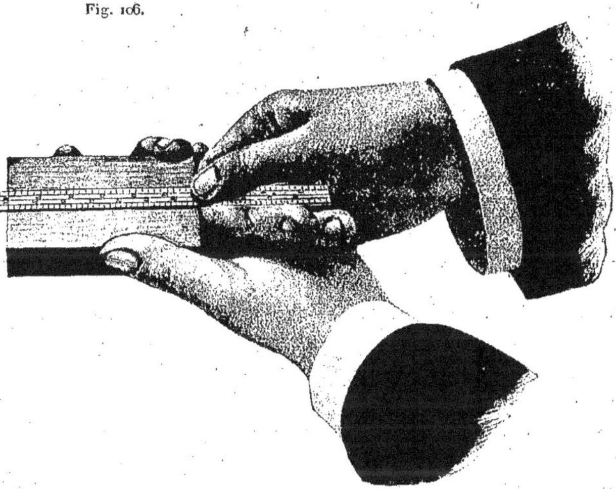

posées qu'il possède, mais seulement d'après le nombre de lignes *qu'il occupe*, ce nombre étant calculé d'après le point de composition employé par le journal qui l'insère.

Pour mesurer les clichés, on se sert d'un petit instrument appelé lignomètre, qui indique le nombre de lignes qu'il y aura à payer pour l'insertion du cliché. Les lignomètres les plus usités sont ceux qui ont pour base les points six, sept, huit ou neuf. Quelquefois aussi — ce qui est préférable — ils indiquent, dans une partie métrique, les millimètres, centimètres et décimètres; le lignomètre sert alors à deux fins : pour mesurer la hauteur des clichés et pour mesurer leur largeur. (Voir fig. 106.)

Une anomalie choquante.

Les tarifs de publicité des journaux de province, particulièrement des plus importants, présentent une anomalie singulière : ils sont, généralement, plus élevés pour les annonces étrangères au département où le journal est imprimé que pour celles qui proviennent de la ville ou du département où s'imprime le journal.

L'écart entre ces prix locaux et extra-locaux est considérable ; nous en savons qui atteignent cinquante et même soixante pour cent. Un Annonceur parisien devra payer, par exemple, deux francs la ligne pour un journal qui la fait payer couramment, dans sa ville, un franc, et même moins.

Pour justifier cette bizarrerie, les journaux fournissent évidemment une explication. Nous la donnons pour ce qu'elle vaut. Ils disent qu'ils se doivent d'accorder à leurs concitoyens des prix de faveur, pour les aider à résister aux concurrents du dehors, qui, s'ils bénéficiaient des mêmes conditions que les Annonceurs locaux, seraient aussi bien armés qu'eux pour les combattre commercialement. Enfin, les journaux font encore valoir pour leur défense les points suivants. Ils disent : La publicité que nous pouvons faire pour un commerçant de notre ville, ou d'une ville où notre feuille est largement vendue, ne profite à cet Annonceur que par rapport aux habitants de la localité où se trouve son commerce. Un chapelier de Lyon ne vendra ses chapeaux qu'à Lyon, et cependant les journaux publiés à Lyon circulent dans beaucoup d'autres villes, où la publicité de ce chapelier est inopérante. Par contre, un grand magasin de nouveautés de Paris qui ferait des insertions dans nos colonnes toucherait l'ensemble de nos lecteurs, dans les divers départements où notre journal circule, et sa publicité serait opérante pour toute notre circulation.

Présentée ainsi, cette raison semble plausible. Mais à la réflexion, on ne tarde pas à en apercevoir l'inanité. D'abord, il ne viendra jamais l'idée à un chapelier de Paris de vendre des chapeaux à des Lyonnais. L'argument porte donc dans le vide. Quant au magasin de nouveautés de Paris, il ne concurrence pas les magasins locaux ou régionaux dans une mesure égale aux transactions de toute nature que peut déterminer la publicité, pour l'un et pour l'autre. Ce magasin de nouveautés parisien n'obtiendra, par la publicité la plus active, dans les journaux de Lyon, qu'un dixième ou qu'un cinquième au plus de la totalité des ventes qui se feront, dans la zone de circulation de ces journaux, pour les articles qu'il tient concurremment avec les magasins de Lyon et des autres villes où les journaux de Lyon sont lus. Un habitant du Sud-Est ne s'adresse pas aux magasins de Paris tous les jours. Il faut une circonstance exceptionnelle pour qu'il fasse ses achats dans la capitale, soit que les magasins locaux ne tiennent pas l'article dont il a besoin — et, dans ce cas, il n'est plus question de concurrence — soit qu'il estime avoir un choix meilleur, des articles plus nouveaux, en s'adressant à Paris. L'élévation des prix de la publicité extra-locale apparaît donc injustifiée de toute manière. Mais il est des cas où l'inégalité de traitement est encore plus choquante. C'est, par exemple, lorsqu'un pharmacien lyonnais lance, dans sa région, en le mettant en vente partout, un produit pharmaceutique de son invention. Celui-là est sur place et il dispose de moyens bien plus actifs pour organiser sa vente que le spécialiste de Paris qui voudrait procéder au même lancement. Ici, c'est exactement la même clientèle qui est sollicitée, par le même moyen et dans une proportion égale. Le spécialiste parisien est ainsi nettement désavantagé par l'application des tarifs surélevés qu'on tient en réserve pour lui.

Il serait à souhaiter que le principe du potentiel d'intérêt et de la majorité relative, que nous avons précédemment exposé (1), soit pris en considération par les administrations de journaux de province, qui s'en trouveraient certainement fort bien, car les prix excessifs qu'ils appliquent aux affaires extra-locales rebutent et éloignent de nombreux Annonceurs, qui n'osent se jeter dans la lutte, armés d'une épée plus lourde, plus courte, ou d'un revolver d'une portée moins longue que l'épée ou le revolver dont dispose leur concurrent local.

Ces choses devaient être dites. Nous ne nous illusionnons pas, cependant, sur l'influence qu'elles auront. Il faut, quant à présent, constater simplement le fait, le signaler à l'attention des Annonceurs, sans pouvoir songer y apporter un changement quelconque. Cela est, cela sera longtemps. La cause de cette différence de traitement n'est pas, du reste, celle qu'on dit.

1. Voir vol. I, p. 45.

Elle est d'une tout autre nature et dérive de conditions économiques et financières qui se sont graduellement imposées aux journaux, sans presque qu'ils y soient pour rien. Ils les subissent, et sentant combien elles pèsent sur les transactions-publicité, ils en donnent, après coup, des raisons plus ou moins valables, et qui, en fait, n'ont jamais, dans le passé, influé sérieusement sur leurs déterminations.

DANS LES JOURNAUX ILLUSTRÉS ET LES PÉRIODIQUES

La publicité des périodiques et des illustrés n'est pas classifiée de la même façon que celle des journaux quotidiens. Ici, il n'y a plus guère qu'une catégorie de publicité : l'annonce. Cependant, les journaux de modes et certaines revues insèrent, indépendamment de l'annonce, des entrefilets composés en caractères courants et même des clichés dans une certaine partie du texte. Il en est même qui ont une position, dite « réclame », placée avant l'annonce et, par conséquent, plus rapprochée du texte. Mais il n'y en a presque aucun qui ait des faits-divers, ce genre de nouvelles n'intéressant guère les lecteurs de ces journaux. — D'autres classent et tarifent leur publicité bien plus d'après la position occupée par rapport au texte que selon des rubriques bien déterminées. Il en existe qui acceptent dans le texte des articles de publicité. C'est le petit nombre.

Les journaux illustrés ou périodiques, de modes, etc., composent leurs annonces sur la même justification (1) que les quotidiens, à peu d'exceptions près. Ils emploient également le caractère de six ou de sept points et admettent aussi la publicité clichée, sinon pour toutes les positions, du moins pour l'annonce, — et aussi pour la réclame, lorsqu'ils en ont.

Le régime de ces journaux est, du reste, extrêmement variable. Tantôt ils comptent leur publicité à la ligne, — et c'est la règle pour l'annonce, — tantôt ils la comptent à forfait pour un nombre de lignes approximatif. D'autres fois, ils établissent des tarifs à la page, à la demi-page, au quart de page, etc.

1. Voir p. 115.

Tarifs comparés des périodiques et des quotidiens.

Les tarifs appliqués par les illustrés et les périodiques varient comme celui des quotidiens, suivant la position occupée: Le prix de l'annonce est toujours le plus bas, puis vient celui de la réclame. Enfin se paient à un taux plus élevé les insertions dans la « petite correspondance », dans les rubriques rédactionnelles : conseils d'hygiène, flâneries d'une Parisienne, échos, entre-filets, etc.

Ces tarifs, si on les compare à ceux des quotidiens, en observant la somme du tirage réel, sont, généralement, quatre ou six fois plus élevés.

Si nous cherchons les raisons de ces différences, nous les trouvons telles que voici : les illustrés et les périodiques sont, aussi bien que les quotidiens, soumis aux difficultés que leur crée le prix du papier, des illustrations, de l'impression, etc. Il faut que la publicité assume une part importante des frais généraux, des frais de composition, de tirage, de papier, etc. Et comme il ne leur est pas possible d'insérer, dans un numéro, *autant de publicité qu'un quotidien*, c'est par l'élévation de leurs tarifs qu'ils compensent cette infériorité.

Ce n'est pas, du reste, la raison qu'on donne pour expliquer cette différence. L'argument le plus fréquemment employé est le suivant : le périodique, le journal illustré, reste, nous dit-on, huit, quinze jours entre les mains de son propriétaire ; il est toujours lu par plusieurs personnes dans la même semaine, dans la même quinzaine, et sa publicité porte plus de fruits parce qu'on a tout le temps de la lire, de s'en pénétrer, alors que celle des quotidiens passe en vingt-quatre heures et disparaît. Nous avons indiqué précédemment (1) ce qu'il fallait penser de cette théorie, qu'on peut dire uniquement inspirée par les nécessités d'une situation moins favorable que celle des quotidiens.

Comment apprécier la publicité des périodiques.

Certains journaux illustrés sont, indéniablement, lus par plusieurs personnes dans le cours de la semaine où ils demeurent en exercice. Ce sont surtout ceux qu'on trouve un peu partout, en

1. Voir p. 105 et la note 1 de la dite page.

France et à l'étranger, dans les cafés, les hôtels, les cercles. Le même exemplaire d'un de ces journaux est parfois lu par cinquante personnes, un autre, au contraire, ne sera vraiment lu que par deux ou trois individus. En fixant la moyenne de lecteurs, pour chaque numéro, à dix, nous ne croyons pas nous tromper, et nous tirerons de ce fait la conclusion suivante : la publicité dans les illustrés sans spécialité ressemblant plutôt, dans ses effets, *à l'affichage qu'à l'annonce*, il convient, pour faire un choix, dans l'organisation d'une campagne de publicité, de comparer le prix que coûte une insertion dans un illustré de cette sorte — en multipliant son tirage connu par dix — avec le prix de revient d'un affichage pouvant porter sur la même quantité d'individus, et durant le même temps.

Nous ne donnerons pas non plus les tarifs de publicité dans les illustrés et les périodiques, une telle documentation ayant, comme pour les quotidiens, le défaut d'être imprécise, — sans compter qu'elle serait, forcément, inexacte.

o   o   o

DANS LA PRESSE LOCALE

La publicité se dispose, dans la presse locale, généralement hebdomadaire, ou bi-hebdomadaire — rarement tri-hebdomadaire ou quotidienne, — de la même façon que dans la presse quotidienne régionale, mais avec beaucoup moins d'ordre et de méthode. Il est des journaux dans lesquels il n'existe pour ainsi dire aucun classement. Ce sont les moins importants.

La justification de leurs colonnes varie à l'infini, de même que leurs formats, — dont, du reste, la justification découle. Certains justifient sur 42 millimètres, d'autres sur 50, d'autres encore sur 62, 65, 70 et même 75. D'ailleurs, le nombre de ceux pour lesquels on traite à la ligne est très restreint. Ce sont les meilleurs, ou les plus adroits, car la plus profonde incertitude règne quant au tirage de ces feuilles, qui ne sont, le plus souvent, que des organes de politique locale. Il s'en trouve qui tirent à vingt mille, particulièrement dans les régions agricoles, ainsi que nous l'avons expliqué dans un chapitre précédent (1);

1. Voir p. 100.

d'autres tirent péniblement cinq cents, mille, deux mille. Ils ont, cependant, leur clientèle, qui n'est pas toujours négligeable; mais ils sont surtout utiles au commerce local, auquel ils servent de prospectus, d'imprimé à domicile.

Les tarifs de cette catégorie de journaux sont à peu près inexistants; quelques-uns en ont un, qu'ils appliquent plus ou moins rigoureusement; les autres n'en ont pas et acceptent ce qu'on veut bien leur offrir.

Pour obtenir de bons prix, dans ces journaux, il est préférable de leur fournir les annonces toutes clichées, car on évite ainsi de leur faire supporter les frais de la composition des annonces, qui sont relativement élevés, en proportion du prix que vaut leur publicité.

Le prix de la ligne n'a, d'ailleurs, presque jamais lieu d'être pratiqué avec ces journaux. On traite à forfait pour une ou plusieurs insertions, selon l'espace occupé; et pour beaucoup d'entre eux, il n'est pas même nécessaire de tenir compte de la justification de leurs colonnes.

Ces journaux n'ont pas non plus, généralement, — sauf les quelques exceptions que nous avons signalées déjà (1), — de point de composition fixe. Ils utilisent les corps les plus divers, depuis le point huit jusqu'au point dix, quelquefois *interligné* de un ou deux points.

On appelle interligne — le mot le fait, du reste, comprendre — un petit filet, ayant un ou deux points d'épaisseur, que l'on intercale entre les lignes, pour qu'une composition tienne plus de place dans un journal ou dans un livre et qu'elle soit plus éclairée. Du dix points interligné de deux points est, quant à la place occupée, du douze points : dix points pour le caractère et deux points d'interligne.

1. Voir p. 118.

I

Voici, par exemple, une affiche simplement évocatoire. Aucun rapport n'existe
entre le sujet, l'image et le produit annoncé. (V. le texte, p. 131.)

Dessin de Cappiello.
Le format de cette affiche est un quadruple grand-aigle.
Le fond est noir et le personnage est vert et jaune ; les lettres sont rouges.

Autre échantillon d'affiche, démonstrative celle-là. (V. le texte, p. 131.)
Elle est également évocatoire par l'image de cette grosse femme qui tient
la balance.

Cette affiche est imprimée en rouge, vert et jaune sur un fond noir.
Elle est du format d'un quadruple colombier.

LIVRE II

L'Affiche et l'Affichage

o o o

CHAPITRE VI

LES MODES DU DEUXIÈME MOYEN

◇

L'Affiche

o o o

Après la publicité par la presse, la publicité par l'affiche est le moyen le plus répandu et qui répond le mieux aux nécessités du commerce et de l'industrie.

On a fait, en France, beaucoup d'affiches, surtout d'affiches illustrées, et on en fait encore tous les jours, peut-être même plus qu'avant la guerre.

Comme les journaux, l'affiche se prête à la pratique de la publicité à ses deux périodes : la période suggestive, directe et à effet immédiat, ou bien la période obsédante, indirecte et à effet différé. Mais c'est dans la seconde manière qu'elle excelle.

L'action de la publicité par l'affiche, lorsqu'elle n'est pas, en quelque sorte, galvanisée par l'intérêt que fait naître l'événement prochain, irrémédiablement annoncé pour une date fixe et rapprochée, ne donne presque jamais de résultats immédiats. Si elle suggère, c'est d'une manière tout à fait platonique, puisqu'elle est presque toujours incapable de déterminer spontanément à l'achat.

Sous la forme obsédante et indirecte, l'affiche est donc beaucoup mieux indiquée. C'est, par définition, la publicité des marques et des produits de consommation, qu'elle soit illustrée ou simplement composée de lettres. Mais l'affiche illustrée a, pour les Annonceurs, des attraits si puissants qu'il n'est pas un fabricant d'apéritif, de liqueur, de biscuit qui n'ait son affiche enluminée, sans bien savoir si cette publicité lui est profitable.

C'est que l'affiche flatte l'Annonceur en même temps que sa marchandise. A la considérer, dans le projet de l'artiste affichiste, il semble que les passants ne puissent échapper au charme de ses couleurs, à l'harmonie du dessin, à l'originalité de l'idée exprimée, tantôt comique, tantôt légère, et l'amour-propre du commerçant est agréablement chatouillé à la pensée que son nom et le nom de son produit vont s'étaler en lettres d'un pied de haut, rouges, vertes ou bleues, sur une infinité de murailles, aux regards de toute une population qui ne peut manquer de les voir. La réalité n'est pas aussi plaisante. Autant l'affichage peut être, pour certaines affaires, un moyen très complet, très énergique de publicité, autant, pour d'autres, *il est restreint et imparfait*.

C'est donc dégagée de la magie des couleurs et de la forme qu'il faut envisager l'affiche pour en apprécier la valeur stricte.

L'affiche suggestive.

Nous avons fait ressortir les conditions dans lesquelles la publicité par l'affiche peut avoir des effets suggestifs et immédiats (1). L'homme en quête d'une propriété à acheter décide : J'irai à telle date chez ce notaire. La femme décide : Je n'oublierai pas d'aller lundi prochain à ce magasin qui annonce une exposition de blanc.

On remarquera toutefois que, si l'affiche précède l'événement qu'elle annonce d'un nombre de jours trop élevé, elle perdra son effet suggestif. On laissera à l'oubli, à la négligence, le temps de faire son œuvre, de sorte que c'est dans la semaine précédant l'événement dont il s'agit, délai maximum, que l'on doit faire appel au libre arbitre de la masse en mettant l'affiche au grand jour de la rue.

Les applications de la publicité suggestive à l'affiche sont ainsi ramenées à un très petit nombre ; ces applications sont beaucoup plus fréquentes lorsque c'est le principe de la publicité obsédante qu'on adopte.

1. Voir p. 9

Cette affiche est à la fois démonstrative, par la reproduction de la bouteille, et suggestive par l'attitude des deux canards, et par la valeur que l'on accorde généralement au canard, quand il s'agit d'eau-de-vie. (Voir texte, p. 131.) Le morceau de sucre complète l'expression de l'idée.

Dessin de Granjouan.

Cette affiche est originale et n'a pas été imprimée, sa reproduction est formellement interdite. Elle peut affecter tous les formats depuis le tableau-réclame jusqu'au quadruple colombier.

Les canards sont jaunes, le fond est violet-mauve, la lettre est bleue en haut et blanche en bas.

Voici le type complet d'une affiche trop chargée de texte et d'images. A force de vouloir y mettre toutes sortes de choses et d'attirer l'attention sur une multitude de produits et de marchandises, on a laissé l'intérêt se disperser aussi bien à droite qu'à gauche et au centre, et l'effet opérant de l'affiche s'en trouve considérablement amoindri.

Le format de cette affiche est du quadruple grand-aigle.
Elle est imprimée en rouge et vert, avec des traits noirs pour les contours, sur fond jaune.

Tous les produits de consommation ou d'entretien sont à même de bénéficier de l'affiche sous cette dernière forme. Mais là, il n'est plus question de déterminer à court terme ; il s'agit seulement d'imposer un nom, un mot, à l'attention du public, sollicité par une image, et de graver ce nom, ce mot, dans les mémoires, même à l'insu de ceux qu'on veut ainsi impressionner. C'est pour cela qu'au début du lancement d'une marque, c'est l'affiche illustrée qu'on choisira, de préférence à la simple affiche de lettres, laquelle ne sera vraiment praticable que lorsque, la marque étant déjà connue, il ne sera plus nécessaire que de la rappeler au public.

L'illustration de l'affiche.

Mais il y a plusieurs manières d'illustrer une affiche et, de ces diverses manières, il en est de mauvaises et il en est de bonnes. Une mauvaise manière d'illustrer une affiche, et qui, cependant, est très fréquente, est de donner à l'image une trop grande importance en reléguant le nom, le mot à faire retenir dans les parties obscures. Une autre mauvaise manière, également fort répandue, consiste à mettre sous les yeux du public un dessin compliqué et rempli de détails, le plus souvent inutiles. (Voir planche IV ci-contre.) Une affiche, en effet, ne se *lit* pas, au sens exact de cette expression ; elle ne s'analyse pas ; elle se *voit*, et c'est tout. L'affiche est là, sur ce mur gris, à côté de plusieurs autres ; le client supposé, le passant arrive, d'un pas tranquille ou pressé, selon qu'il flâne ou qu'il va vers un but ; il passe, il voit, il est passé ; il ne s'est pas arrêté pour voir, regarder l'affiche, celle-ci plutôt que celle-là. A-t-il lu ? Vous le lui demanderiez immédiatement après, il vous répondrait peut-être qu'il n'a rien vu, rien lu. Et cependant, dans un lobe de son cerveau, sans qu'il s'en doute, un nom vient de s'inscrire. Continuant son chemin, le passant reverra un peu plus loin la même affiche ; il ne la regardera pas davantage. Mais il aura, à cette seconde apparition, une sensation de *déjà vu*. Il pensera : je connais ce papier où le rouge brutal le dispute au vert reposant ; c'est l'affiche du Quinquina Bibendum. Et cela est si vrai que vous-même, lecteur, lorsque vous avez lu, à la ligne précédente, le mot Quinquina, ce n'est pas Bibendum que vous pensiez trouver ensuite ; vous lisiez déjà, par anticipation : Dubonnet.

C'est tout le secret du mécanisme mental que fait jouer l'affiche : on ne la regarde pas, on ne la voit qu'à peine et, cependant, automatiquement, en dehors de toute volonté, elle a enregistré un nom dans la mémoire de ce passant et dans celle d'un grand nombre d'autres.

Par le phénomène bien connu de l'association des idées, pour tous les gens qui auront vu cette affiche, chaque fois qu'elle se représentera devant leurs yeux, sans même qu'ils la lisent, cette femme rouge ressortant sur un fond vert foncé signifiera : Quinquina-Bibendum. Peu importe, d'ailleurs, l'endroit où cette affiche sera vue, que ce soit en rapide, le long de la voie, ou en cheminant par les rues de la ville.

Mais, pour que l'affiche opère ainsi, faudra-t-il encore que, d'abord, l'image n'ait pas seule frappé le regard. Il faut qu'un nom, un mot, *très lisible, même sans qu'on veuille le lire,* l'ait commentée, comme une légende commente une illustration. Si le mot n'est pas lu, en même temps que l'image est vue, il ne restera que l'image dans la mémoire du passant, sans le mot, le nom. Or, n'est-ce pas justement le principal qui, dans ce cas, sera négligé ?

Après cette explication, il est clair que l'illustration d'une affiche ne peut pas et ne doit pas être compliquée ; plus elle sera simple, plus elle sera frappante, éloquente et, par conséquent, opérante.

M. Gustave Soulier, dans la revue *Art et Décoration,* a défini excellemment l'affiche de la manière suivante : « Une affiche doit obéir à une destination bien nette, qui est d'encadrer et de rehausser une annonce. Il importe donc que le texte apparaisse très net, qu'il ne soit pas étouffé par la partie décorative et que le motif ornemental lui-même se déchiffre facilement, qu'il s'impose d'ensemble au regard et que l'on conçoive un rapport entre l'image et le texte, afin que le souvenir visuel grave dans l'esprit le nom prôné. »

Il faut donc que le sujet, l'illustration de l'affiche, s'allie intimement avec le texte, de manière à ne faire qu'un avec lui. Le texte, c'est le chant ; l'image, c'est l'accompagnement.

Nous ne comptons plus, en France, les dessinateurs d'affiches qui se sont fait un nom dans cette branche de l'art, et beaucoup d'entre eux y ont réussi par des créations, des trouvailles absolument remarquables. On pourrait, cependant, leur faire un très

Évocatoire et démonstrative, cette affiche n'est pas encore nettement suggestive.

Format : double colombier.

Cette affiche est imprimée en rouge, jaune et bleu pour les personnages, et en bleu et bistre pour le paysage.

*Les qualités de cette affiche sont les mêmes que celles de la précédente,
faite pour les Chemins de fer du Midi.*

Le format de cette affiche est un double colombier.
Elle est imprimée en vert et bleu, avec des détails rouges, jaunes et bistres.

grave reproche, celui de chercher presque toujours à faire ressortir l'image et cela en sacrifiant le texte. Pour eux, le texte, c'est du commerce, cela n'existe pas ; seul, l'art compte. Ils devraient pourtant se dire que, sans le commerce, l'art n'aurait pas tant d'occasions de se manifester et penser que ce n'est pas uniquement pour faire valoir le nom d'un artiste que tel Annonceur assume les lourdes charges pécuniaires inhérentes à la création d'une affiche.

Les artistes, ou plutôt, certains artistes, en sont arrivés, par amour-propre, par vanité, à faire admettre par des Annonceurs qu'avait séduits le caractère artistique de leurs compositions, des affiches où l'image était complètement étrangère au texte. Ces affiches une fois posées, les passants voyaient bien l'illustration, s'y intéressaient même parfois, mais comme cette illustration n'avait aucun rapport avec la chose annoncée, ils n'étaient impressionnés que par l'image et ne conservaient pas le souvenir du nom, du mot que l'affiche était destinée à faire pénétrer dans leur cerveau. C'est ce que, souvent, les affichistes appellent « la tache ». Pour eux, le seul but d'une affiche serait de produire, sur les murs, une tache, violente, originale ou baroque. La tache vue, le texte doit être lu. A proprement parler, cette théorie n'accomplit que la moitié de la besogne. Que l'affiche fasse une tache, nous l'admettons bien volontiers, mais il faut encore que la tache soit, en quelque sorte, la paraphrase du texte, autrement, ce n'est qu'une tache, et rien que cela.

Toute affiche peut se présenter avec des qualités diverses. Nous classons les qualités essentielles, primordiales, de l'affiche, quand elle est illustrée, en trois groupes distincts. Une affiche peut être simplement *évocatoire*, lorsqu'elle est conçue sans que son sujet ait un rapport direct avec l'objet de la publicité, la chose annoncée. Elle sera encore simplement *démonstrative*, quand, l'illustration ayant un rapport avec l'objet, ce rapport existe simplement par la représentation de l'objet ou par une image qui en indique l'emploi, l'utilité. Une affiche démonstrative sera aussi évocatoire, sa qualité démonstrative s'ajoutant dans ce cas à la première.

Enfin, une affiche sera nettement *suggestive*, lorsque, par l'énergie, la concision, la valeur expressive et persuasive de l'illustration, elle possédera réellement le pouvoir de suggérer, d'inciter vivement à l'acte terminatif.

Les quelques exemples dont nous illustrons cette partie de notre ouvrage feront mieux ressortir encore le sens exact de cette définition.

Les sujets d'illustration.

Il faut convenir, à l'excuse de nos artistes, qu'il n'est pas toujours aisé de trouver, d'imaginer des sujets d'affiches présentant avec le texte ce rapport étroit que nous jugeons indispensable. Le souci de l'originalité, poussé trop loin, fait négliger souvent l'idée simple, presque courante, qu'on aurait dû préférer à des conceptions compliquées et nébuleuses. Nous avons un exemple de ces sujets simples avec les grands magasins de nouveautés qui, le plus souvent, ont su se tenir en garde contre la recherche prétentieuse. Tout le monde connaît ces affiches qui portent simplement le nom de l'établissement et une vue — généralement quelque peu agrandie — des magasins. C'est simple, mais quelle autre illustration posséderait mieux que celle-là — surtout lorsque ces magasins ont, comme ce devrait être toujours le cas, une physionomie originale — le pouvoir suggestif qu'il faut toujours rechercher, quelle autre offrirait un rapport plus immédiat entre le texte et l'image ?

L'Annonceur qui lance une marque n'a, généralement, pas cette ressource. Un distillateur qui annoncerait une nouvelle liqueur n'évoquerait pas l'idée de son produit et n'éveillerait pas l'idée du nom qu'il lui a donné en illustrant son affiche avec une vue de son usine, à moins que ce bâtiment n'ait en lui-même un caractère tellement spécial qu'il signifie réellement quelque chose. On a jusqu'ici tourné cette difficulté, notamment, en illustrant les affiches destinées à vulgariser des boissons avec un personnage faisant l'action de boire. Tantôt, c'est une femme, souriante, élégante et jolie, tantôt, c'est un homme burlesque qui dégustent le fameux produit. Un autre procédé d'illustration a aussi été mis fréquemment en pratique, c'est celui qui consiste à représenter, non pas celui ou celle qui le boit, mais celui qui le vend et qui le fait consommer. C'est ainsi que nous avons eu une foule de garçons de café, les uns chauves, les autres chevelus, servant ou apportant, dans des attitudes grotesques ou compassées, l'apéritif, la liqueur dont on voulait populariser le nom.

Pour être fréquent, le procédé n'en est pas plus mauvais,

Ce paysage, habilement arrangé, est parfaitement démonstratif. Mais l'affiche
a le grave défaut d'être mal commentée par la lettre, qui a été négligée.

Dessin de Jacques Mortagne.

Format : quadruple colombier.

L'impression comporte huit couleurs. Le fond est vert et bleu, avec des à-plats violets
et mauves. L'eau est bleue et les accessoires sont jaunes et roses.

Sans perdre de sa valeur décorative, la composition précédente aurait gagné à se montrer ainsi. La lettre ici est lisible, même à distance, et elle commente plus efficacement l'illustration.

Le format est le même que celui de la précédente, de même que les couleurs. Les lettres sont imprimées en bleu vif, sur fond jaune.

intrinsèquement parlant; son seul défaut est de se répéter constamment et de tomber ainsi dans la banalité.

C'est, précisément, pour échapper à cette banalité qu'on cherche à faire autre chose, quelque chose de mieux, de moins connu naturellement, et comme le mieux est parfois l'ennemi du bien, cette préoccupation des Annonceurs les conduit souvent à faire beaucoup plus mal, avec, cependant, l'excuse d'avoir fait différemment.

Ces observations n'empêcheront pas les Annonceurs de rechercher, même pour lancer des produits qui se boivent ou qui se mangent, des sujets d'affiches nouveaux et originaux, et il n'est pas impossible d'en trouver. Mais, surtout, qu'ils se défendent contre les tendances exclusivement artistiques des affichistes. Leurs affiches ne sont pas faites pour faire la réputation de M. X... ou de M. Y..., dessinateurs de talent, mais bien pour donner au public *le goût de boire leur apéritif ou leur liqueur*; cette tâche est déjà assez difficile.

Pour établir, dans la cervelle du public, ce rapport nécessaire entre l'article offert et l'image, point n'est besoin d'une illustration très compliquée, au contraire. La plus simple sera la meilleure, à la condition qu'elle concrétise rigoureusement le sujet. Nous reproduisons ici (voir planches XI à XIV) quelques affiches, soit existantes, soit en projets, où ce principe apparaîtra dans toute sa netteté. On verra que, dans ces modèles, l'importance de l'image est réduite à son minimum, mais que cette image a sa signification précise, de laquelle il est impossible de l'écarter. Le dessin dit : telle marque, et le texte dit : telle marque. Impossible de séparer l'un de l'autre. VOILA CE QUE DOIT ÊTRE UNE BONNE AFFICHE.

Les couleurs dans l'affiche.

Une autre condition de la valeur d'une affiche réside dans les couleurs. Il existe, incontestablement, des couleurs sympathiques et des couleurs antipathiques. Toutefois les couleurs ne seront pas sympathiques au même titre pour tous les individus. Certaines personnes ont un faible pour le bleu, d'autres aiment particulièrement le rouge. Mais il n'est possible de tenir compte, en cette matière, que des généralités.

Les couleurs possèdent trois qualités : leur teinte, leur inten-

sité et leur luminosité. Une couleur sera plus ou moins franchement bleue, ou verte, ou rouge, elle a donc des teintes variables.
Elle sera encore ou claire ou foncée, et son intensité présentera
une gamme chromatique presque infinie. Enfin, elle sera plus
ou moins lumineuse et se verra aisément ou difficilement, selon
le degré de sa luminosité.

Une expérience intéressante a été faite en Angleterre afin
de déterminer le degré de visibilité des couleurs et, partant, des
affiches où on les emploie (1). Cette expérience consistait à disposer, dans un large espace, des tableaux diversement coloriés
et portant des groupes de lettres, toujours les mêmes, — et non
pas des mots, — dans des dimensions différentes. Les couleurs
associées étaient les suivantes :

Noir sur blanc.	Blanc sur vert.
Bleu sur blanc.	Rouge sur jaune.
Rouge sur blanc.	Noir sur jaune.
Vert sur blanc.	Jaune sur noir.
Blanc sur noir.	Rouge sur vert.
Blanc sur bleu.	Vert sur rouge.
Blanc sur rouge.	

Quinze personnes de bonne volonté furent amenées à l'extrémité du champ sur lequel les panneaux étaient disposés, et on
les plaça d'abord à une distance suffisante pour qu'elles ne puissent encore rien distinguer. On les avait munies d'un carnet et
d'un crayon, afin qu'elles puissent prendre des notes, au fur et à
mesure qu'elles avançaient dans la direction des panneaux. Le
champ avait été préalablement jalonné de piquets, placés de
distance en distance sur le chemin que devaient parcourir les
témoins, piquets jouant le rôle de bornes indicatrices. A un
signal, les quinze personnes se mirent en marche et elles notaient
au fur et à mesure les tableaux qui leur devenaient visibles et
lisibles.

Cette expérience aurait d'abord démontré que, contrairement
à une opinion assez répandue, la visibilité des couleurs complémentaires (2), lorsqu'elles sont associées, est inférieure. On

1. Voir dans le numéro de février 1913 de la revue *La Publicité* une rela-
tion détaillée de ces expériences.

2. On sait que les couleurs complémentaires sont celles qui, étant mélan-
gées ensemble, se *complètent* de manière à donner l'impression de la lumière
blanche. Ainsi le bleu est complémentaire de l'orangé, le rouge du vert, etc.

Voici un type d'affiche passe-partout. Elle peut servir à la publicité d'un garage ou d'un marchand de voitures automobiles en province, et la même affiche sert aussi bien à Lille qu'à Perpignan. Il n'y a plus, dans l'état où nous la présentons, qu'à ajouter la lettre, qui change, suivant la destination de l'affiche.

Dessin de Thor.
Le format est un quadruple colombier.
L'impression est en bleu pour le fond, rouge et jaune pour le motif principal,
avec des combinaisons bistres.

Ici, une autre affiche dont la qualité est surtout démonstrative, et aussi décorative, comme toutes les affiches des Compagnies de Chemins se fer.

Format double colombier

Les couleurs sont le vert, le bleu et le rouge ; la teinte dominante est le vert.

constata également que les personnes qui sympathisent avec une couleur particulière possèdent une sensibilité visuelle analogue, quoique diminuée, pour les combinaisons où cette couleur existe. Par exemple, une personne qui voit spécialement le jaune voit également bien le vert, couleur qui, comme on le sait, résulte de la combinaison du jaune avec le bleu.

Les couleurs vues à la plus grande distance furent le noir sur le blanc, d'abord ; ensuite, le noir sur jaune, puis le rouge sur blanc et le vert sur blanc. Venaient ensuite par ordre de visibilité : le blanc sur rouge, le jaune sur noir, le blanc sur bleu, le blanc sur vert, le rouge sur jaune, le bleu sur blanc, le blanc sur noir, le vert sur rouge et le rouge sur vert.

D'autres expériences furent tentées ensuite avec un plus grand nombre de témoins, et un plus grand nombre de couleurs associées et par un jour nuageux, alors que la première expérience avait été faite par une journée très ensoleillée. Les résultats de ce deuxième essai ne modifièrent pas sensiblement les conclusions du premier, mais démontrèrent toutefois la *visibilité exceptionnelle de la couleur orangée*, dans diverses combinaisons. Enfin, il fut constaté que les lettres en relief sont toujours aperçues à une plus grande distance que les lettres imprimées sur une surface plane. Cette indication est précieuse en ce sens qu'elle doit suggérer aux imprimeurs d'affiches la précaution de tirer les lettres en les ombrant, ou les entourant d'un trait plus foncé que la lettre elle-même, de façon à produire l'impression d'une lettre en relief.

Il ne faut pas oublier, en effet, qu'une affiche, pour jouir de son maximum d'effet, doit être capable de se voir aussi bien de loin que de près. Une affiche qui serait conçue seulement pour le passant qui la voit à quelques mètres manquerait à moitié son but, car il faut prévoir qu'elle pourra être apposée dans des espaces libres où circuleront des foules plus ou moins denses, un champ de foire, par exemple. Sa visibilité doit donc être telle que le passant éloigné la voie aussi bien que celui qui la regarde de près. Elle aura ainsi son maximum d'action.

Il est un petit point que nous ne pouvons qu'effleurer ici, car il dépend uniquement du goût et de la bonne volonté des afficheurs, c'est celui des contrastes heureux ou malheureux que présentent entre elles les affiches posées sur une même muraille, sur le même emplacement. Il est assez difficile de demander au colleur d'affiches d'avoir, sur les couleurs, les connaissances spéciales, techniques, que possèdent les peintres et les coloristes. Cependant, il serait à désirer qu'ils sussent discerner, d'une façon au moins élémentaire, les tonalités opposées, et qu'ils sachent qu'une affiche rouge, par exemple, ou dont la tonalité dominante est le rouge, ne peut que perdre de sa valeur et de sa visibilité, si elle est posée à côté d'une affiche violette, ou d'une autre affiche rouge, qui, toutes deux, d'ailleurs, souffriront du voisinage ; qu'ils sachent aussi qu'une affiche verte sera neutralisée, si elle voisine avec une affiche bleue, sans compter que toutes deux seront choquantes pour l'esthétique la moins avertie. Pour remédier à cet inconvénient, nous recommandons aux Annonceurs d'exiger des afficheurs que leurs affiches ne soient jamais posées directement sur les murailles et les emplacements. Pour assurer la visibilité des affiches, on doit commencer par revêtir le mur ou le panneau d'une couche de papier de couleur claire, si l'affiche est foncée, de couleur foncée, si l'affiche est claire, et sur lequel l'affiche sera posée ensuite, en ayant soin de réserver entre chaque placard un espace de vingt centimètres, au moins. De cette façon, elle se trouve pour ainsi dire encadrée et isolée, et le voisinage d'autres panneaux ne lui est pas nuisible. Évidemment, si les emplacements sont payés au mètre carré, comme c'est généralement le cas, l'afficheur sera en droit de compter la place occupée par le cadre au même prix que la place occupée par l'affiche. Mieux vaut encore faire ce sacrifice — quitte à restreindre le nombre des affiches posées — car chacune d'elles gagnera certainement, par ce moyen, cinquante pour cent de plus de visibilité.

L'affiche obsédante.

Sauf les quelques cas que nous avons cités où la publicité par l'affiche peut être suggestive et directe (1), elle appartient surtout à la deuxième période : obsédante, mais indirecte. Indirecte parce que son action s'accomplit en dehors de celui qui l'utilise, et au delà de sa connaissance.

On voit une affiche ; admettons qu'après l'avoir vue, on ait l'idée dominante de se procurer le produit annoncé. On va chez le détaillant qui doit tenir l'article, et on apprend qu'il ne s'y

1. Voir p. 128.

Ici, l'illustration est nettement suggestive. Le geste du personnage qui sort du cadre, la reproduction de la bouteille, sont deux points susceptibles de graver le nom du produit dans les mémoires.

Dessin de Preys.

Cette affiche n'a jamais été exécutée. Elle est la propriété de son auteur et la reproduction, de même que tous arrangements, en sont interdits.
Le format en est variable, car on pourrait utiliser cette image dans toutes les dimensions.
Le fond est violet, noir et bistre. Le ciel est bleu foncé et orange. Le personnage est rouge et noir. La lettre pourrait être bleue ou rouge.

*Et voici enfin une affiche à laquelle nous reconnaissons les trois qualités
essentielles : évocatoire par le personnage, démonstrative par la bouteille et
la vue des bâtiments, et suggestive par la luminosité, la concentration de
l'attention sur le point principal.*

Dessin de Cappiello.
Format : quadruple grand-aigle.
L'impression est bleue, rouge et marron, avec des réserves blanches
pour le centre.

trouve pas. C'est que l'organisation de la vente a été négligée, alors qu'on donnait tous ses soins à la publicité. Grosse erreur, faute de tactique PRESQUE IRRÉMÉDIABLE.

Il faut, et cela de la manière la plus absolue, qu'une publicité quelconque, de nature à satisfaire un besoin latent ou existant, le satisfasse sûrement et presque immédiatement. C'est surtout vrai pour l'affiche. Afficher qu'il existe une nouvelle marque de cacao dont les qualités sont exceptionnelles, dont le prix est extraordinaire de bon marché, et risquer que l'acheteur, emballé par l'affiche, se voie refuser l'article chez son épicier, pour cette raison supérieure qu'il ne le connaît pas, et que, par conséquent, il ne le tient pas, c'est la négation même de la publicité bien comprise.

L'acheteur, ne trouvant pas la chose annoncée chez ses fournisseurs habituels, et ces fournisseurs s'attachant à décrier le produit, puisqu'ils ne le possèdent pas, conclura que ce produit n'est pas aussi bon qu'on aurait pu le croire ; conclura surtout qu'il n'est pas demandé, puisque le détaillant n'a pas jugé à propos de s'en munir, et il pensera, définitivement, qu'il n'est pas préférable à d'autres. Le public ne sait pas, ne comprend pas ; il est dans la rue comme au spectacle, où on ne lui montre pas les coulisses, et il ne juge que sur les apparences. Du moment que la publicité lui a fait connaître le nom de ce produit, pourquoi le détaillant ne le connaît-il pas ? Pourquoi ne le tient-il pas ? C'est donc que ce produit n'est pas l'objet d'une demande régulière, que personne ne le demande, puisque personne ne le vend.

La publicité n'est crue, par le public, que dans une certaine mesure, et s'il l'admet, pour guider son choix, il entend n'être pas seul à préférer tel produit à tel autre. C'est d'ailleurs ainsi, par la force obsédante de la publicité, que certaines marques en arrivent à ne plus être discutées : tout le monde les connaît et tout le monde les consomme. C'est donc qu'elles sont bonnes, puisqu'elles ont la faveur de tous les acheteurs. Mais cette autre marque qu'on ne trouve nulle part, pour quelle raison le consommateur lui ferait-il confiance ? Il est même enclin à s'en défier, dès l'instant qu'il constate, ou croit constater, qu'il est seul à la connaître et à désirer l'essayer. Nous ne parlons, bien entendu, que du consommateur envisagé en masses ; il y a, dans les foules les plus moutonnières, des exceptions, mais elles ne font que confirmer la règle.

L'affiche et l'organisation
de la vente.

Le public n'admet pas qu'un produit qui lui est annoncé ne soit pas mis en vente chez le fournisseur auquel il s'adresse ; il ignore les diverses opérations par lesquelles une marchandise se trouve, à point nommé, chez le détaillant qui doit la tenir, car son raisonnement est simpliste, et la publicité, que ce soit l'article du journal, l'annonce ou l'affiche, lui fait, dans une certaine mesure, croire, dès la première page des journaux ou le mur hospitalier qui la révèle, que la chose annoncée est connue, consommée, vendue pour une grande majorité d'individus, à laquelle il n'appartenait pas jusqu'au moment où il a été conquis et dont il veut faire partie dès ce moment. C'est donc une déception pour le consommateur, s'il constate que tel produit, dont il vient de voir l'affiche, n'est pas en stock chez le détaillant ; et nous le répétons, parce que c'est essentiel, cette déception engendre chez lui la méfiance, si le détaillant lui assure qu'il ne connaît point ce produit.

Cela nous ramène à reparler de l'organisation de la vente, parallèlement à l'organisation de la publicité, théorie que nous avons déjà développée dans un chapitre précédent (1).

Un produit, une marque parvenue au succès, vendue partout, dans les villes, les bourgs et les villages, peut se payer le luxe d'afficher partout, parce qu'on la vend partout. Mais pourquoi cette autre marque, qui n'est vendue nulle part, ferait-elle de l'affichage partout ? On la demande, et personne ne la tient, ne la vend ! ! ! Il y a là une fatale inconséquence.

Ce que nous venons d'écrire ne signifie pas qu'un produit qui n'en est qu'à son début ne doit pas faire d'affiches. Ce serait en tirer une fausse conclusion, la publicité étant, de toutes manières, agissante. Mais comme nous avons démontré l'indispensable nécessité de l'organisation de la vente pour tous les produits de marque, nous allons donner la solution du problème. Un produit qui se révèle à la consommation n'est pas, c'est entendu, vendu partout. Il est, néanmoins, vendu quelque part. Il est en vente dans certaines villes, où on aura réussi à créer des dépôts, et où les détaillants seront, pour diverses raisons, dis-

1. Voir vol. I, p. 178 et suiv.

On appréciera également les solides qualités évocatoires, démonstratives et surtout suggestives de cette affiche, que nous avons créée pour les besoins de notre démonstration, et dont la reproduction est rigoureusement interdite. L'original est la propriété de la maison Fry Brothers, de Bristol, propriétaire du " Fry's Cocoa ".

Le format de cette affiche est un quadruple colombier.
Les couleurs sont le brun noir pour le fond, le rouge et le jaune pour la figure centrale. Les lettres sont bleu clair.

*Cette composition est, en somme, une réplique de l'affiche du Quinquina
Bing. Elle a été également créée par nous, pour les besoins de notre démonstration. Sa reproduction est interdite.*

Dessin de Preys.
Format : *ad libitum.*

Les couleurs sont le bitume pour le fond, le jaune et le rouge pour la figure
centrale. La lettre est blanche.

posés à le vendre. Eh bien ! au lieu de faire ce que font trop souvent beaucoup d'Annonceurs, qui affichent là, précisément, où leur produit n'est pas vendu, *il faut afficher là où le produit est vendu, et là seulement.* Il ne faut pas qu'une demande se produise qui ne puisse être satisfaite ; et il ne faut pas, surtout, trop compter sur l'effet de la demande, chez le détaillant — alors que ce commerçant ne possède pas l'article — pour l'obliger à le tenir, car ce serait beaucoup d'argent et d'efforts perdus.

Cela limite l'action de l'affiche à des proportions assez réduites, mais on y supplée par l'organisation de la vente, qui coïncide avec l'exécution du plan de publicité, les deux marchant de pair.

Notre conclusion est celle-ci : l'affiche ne peut et ne doit être que le prolongement de l'enseigne, non pas de l'enseigne de celui qui fabrique le produit, qu'on ne connaît pas, *mais le prolongement de l'enseigne du détaillant* : épicier, quincaillier, parfumeur, bazardier, marchand de nouveautés, chapelier, marchand de couleurs, etc., qui possède un stock du produit, qui le met en vente, et qui, lui, est parfaitement connu.

La valeur positive de cette affiche sera en raison inverse de la distance qui sépare l'emplacement où elle aura été posée du magasin où l'article, la chose annoncée sera vendue. La plus productive des affiches sera celle que le détaillant apposera lui-même sur les glaces de son magasin ; ensuite viendra celle qui sera placée à une centaine de mètres ; puis celle qui sera placée à un kilomètre ou à deux kilomètres de l'endroit où se trouve le détaillant qui vend le produit. Elle sera complètement inopérante, en tenant compte de la densité des populations, si elle est posée à trois, quatre, cinq ou dix kilomètres de ce magasin, — le client possible, désireux de se procurer un certain produit de marque, ne se déplaçant pas, pour l'acheter, au delà d'un parcours commode et qui ne le contraint à aucune peine.

Autrement, il ira chez l'épicier le plus proche de son domicile et il demandera une livre de chocolat Richard ; il n'en trouvera pas, cet épicier ne tenant pas l'article, et il sortira du magasin avec un demi-kilo de chocolat Tartempion, s'il a absolument besoin de chocolat, — l'épicier qui n'a pas de chocolat Richard lui ayant persuadé que le chocolat Tartempion est supérieur à celui qu'il aura demandé.

Les marques de consommation sont trop concurrencées pour

qu'il soit possible à leurs propriétaires d'espérer que le public les exigera, n'en voulant pas d'autres. Du chocolat est toujours du chocolat, ainsi pense, plus ou moins, la généralité des consommateurs.

L'affiche doit donc être exactement le prolongement de l'enseigne du détaillant, puisque c'est sur son magasin que l'affiche doit rabattre la clientèle. Mais lorsque, après plusieurs années d'efforts, une marque de consommation a été adoptée par le plus grand nombre des détaillants, bien que l'affiche soit toujours le prolongement de l'enseigne de ces derniers, elle peut être posée à peu près partout, dans toutes les villes, tous les villages même, puisque partout se trouvent des détaillants qui tiennent la chose annoncée.

L'affiche de lettres.

Nous n'avons parlé jusqu'ici que de l'affiche illustrée. N'est-ce pas elle qui jouit, dans la plus large mesure, de la faveur des Annonceurs, surtout à leurs débuts ? La publicité par l'image leur semble plus vivante, plus énergique ; ils y voient une consécration plus large de leur marque. L'image est, certainement, pour un nom un support plus solide que la simple affiche de lettres. Elle est plus rapidement opérante, lorsque c'est pour la première fois qu'une marque cherche le chemin des cerveaux pour aller s'y cristalliser.

A la condition de répondre aux diverses exigences qu'impose le souci de sa visibilité, l'affiche illustrée conviendra donc spécialement au moment du lancement initial d'une marque. Mais une fois ce lancement réalisé, le produit étant mis en vente à peu près partout — à défaut d'une affiche atteignant le plus haut degré de perfection, étant comme une synthèse absolue de la marque et réunissant, dans une parfaite harmonie, les qualités de pénétration de l'image et du mot, l'affiche de lettres, simple, claire, incisive, pourra parfaitement suffire. Il ne s'agit plus alors de faire entrer dans la mémoire des gens le nom du produit, mais simplement de le leur rappeler inlassablement, de tenir la masse des consommateurs sous l'impression continuelle de la marque, — ne serait-ce que pour éviter qu'une autre vienne prendre sa place dans l'esprit du public.

L'affiche de lettres simple présente parfois sur l'affiche illus-

UNE SÉRIE D'AFFICHES OFFICIELLES
ILLUSTRÉES

Le Gouvernement français ayant fait voter par le Parlement, en 1909, une loi garantissant la propriété du « Bien de Famille », n'a rien trouvé de mieux, pour faire connaître aux populations les avantages de cette législation nouvelle, que de mettre au concours une

affiche illustrée destinée à être posée dans les campagnes. Plusieurs projets ont été créés par différents artistes et soumis au ministère de l'Agriculture, chargé de l'application de cette loi de défense familiale.

Nous reproduisons ici les quatre projets qui ont été particulièrement remarqués. C'est, croyons-nous, la première fois que le Gouvernement français a employé l'illustration dans son affichage, qu'on a coutume de ne voir que dans les avis officiels, graves et sévères, imprimés sur papier blanc en caractères toujours noirs.

Tous ces projets sont nettement des panneaux décoratifs, des allégories quelque peu

pompeuses, et aussi bien compliquées, pour être comprises par des paysans plus ou moins instruits et d'une intelligence souvent fort obtuse.

Une composition plus simple, mais mieux accessible à la compréhension de nos campagnards, aurait peut-être été préférable, car les quatre maquettes que voici ne sortent guère, au point de vue de l'effet publicité qu'elles sont appelées à produire, du genre purement évocatoire ou démonstratif.

Elles présentent, en plus, le défaut de comporter trop de personnages, et de ne laisser au texte qu'une place trop restreinte. Ce sont de jolis tableaux pour orner les murs

extérieurs des mairies, dessinés et peints sans doute par de pontifiants membres de l'Institut, mais d'une portée plutôt faible.

Il n'en faut pas moins reconnaître l'initiative originale des Pouvoirs publics, qui n'ont pas craint d'emprunter à nos fabricants de chocolat ou de biscuits un de leurs meilleurs procédés de vulgarisation.

trée des avantages incontestables, et on devra même toujours la préférer lorsqu'on n'aura pas trouvé l'image remplissant les conditions d'une bonne affiche illustrée : rapport étroit entre le sujet de l'affiche et l'illustration. L'affiche de lettres n'exige pas le même nombre de couleurs; une seule, généralement suffit; elle est, par conséquent, d'un prix beaucoup moins élevé. Et qu'on ne dise pas qu'une affiche de lettres n'est pas vue, car on oublierait que la lecture d'une affiche, pour le passant, est — nous l'avons démontré (1) — toute machinale, — par conséquent, involontaire. On lira donc aussi involontairement le nom d'un produit occupant seul presque toute la surface d'une affiche, que s'il est accompagné, précédé ou suivi d'une image quelconque. Certains verront l'image sans voir le nom ; chez d'autres, ce sera le contraire. Et si l'on admet qu'une illustration occupe, presque généralement, mais bien à tort, du reste, la plus grande partie de l'espace, dans une affiche, on en arrive à se demander si l'affiche de lettres simples ne sera pas plus énergiquement opérante, puisque le mot y est inscrit en lettres dix fois plus hautes, plus larges, que ce n'est le plus souvent le cas dans l'affiche illustrée.

C'est encore pour cette raison que l'on devra tâcher de donner à l'affiche illustrée tous les avantages de l'affiche de lettres, ainsi que nous l'avons fait dans les deux affiches reproduites planches XIII et XIV : l'affiche du Quinquina Bing et celle des Sardines Abien. Ces deux compositions montrent parfaitement, croyons-nous, comment, en fin de compte, doit se concevoir une bonne affiche illustrée. Dans ces deux affiches, le sujet, l'image sont réduits à leur plus simple expression ; ils n'occupent guère plus du quart de la surface totale et, cependant, il n'est pas possible que, même si le dessin seul est vu, on ne distingue pas le nom du Quinquina Bing, l'œil étant amené à suivre, même involontairement, machinalement toujours, le geste du pompier qui va s'emparer de la bouteille sur laquelle se lisent les mots essentiels : Quinquina Bing. Dans la seconde affiche, c'est le rayon lumineux projeté par la lanterne sourde du cambrioleur que l'œil suit, et ce rayon conduit fatalement à voir les boîtes de Sardines Abien empilées dans ce placard où l'apache croyait trouver de l'argent.

Et si le dessin n'est pas vu, n'est pas remarqué, en dépit de

1. Voir p. 129.

sa concision voulue et de sa force suggestive, la lettre est assez grande, assez frappante pour que, involontairement encore, le passant la lise. Enfin, de loin, c'est la lettre qu'on verra. De près, ce sera le dessin, et tous deux concourront au même résultat : cristalliser le nom du produit dans la mémoire de tous ou, du moins, du plus grand nombre. Le potentiel d'intérêt atteint ainsi son maximum, sans préjudice du chiffre élevé de la majorité relative qui sera ainsi impressionnée.

XIX

AFFICHES ANGLAISES

⊠ ⊠ ⊠

Toutes ces compositions se recommandent par leur tendance utilitaire, pratique. La fantaisie n'y intervient qu'à peine, pour corser l'intérêt, et si elles sont parfois comiques, c'est dans un but toujours intéressé, et sans que le sujet s'égare hors des limites qui lui sont assignées par l'objet de l'affiche.

Cette composition, essentiellement démonstrative, ne manque pas de qualités artistiques, et comporte une action de publicité efficace.

Format : double colombier.
Ses couleurs sont : brun bitume pour le fond, avec un peu de rouge pour la lettre.

*Cette affiche est surtout démonstrative, mais elle emprunte à l'atti-
tude de la brave servante qui s'effraie de l'intrusion du " Vacuum
Cleaner " une certaine qualité évocatoire. Elle n'est pas suggestive.*

Cette affiche est du format quadruple colombier.
Le fond en est noir-brun. Le personnage est figuré en vert et rouge.
La lettre est blanche.

CHAPITRE VII

L'Affichage

o   o   o

Les procédés d'affichage sont multiples. Le plus usuel est, incontestablement, la pose d'affiches en papier sur les emplacements réservés à cet effet. Mais la pose de panneaux peints, soit sur bois, soit sur toile, en ville ou à la campagne; la pose de tableaux sur tôle, en lave émaillée, sur certains édifices; les affiches sur verre des kiosques et des voitures publiques, la mise en circulation d'hommes-sandwichs; les panneaux peints qui surmontent ou qui garnissent les autobus et tramways; les tableaux placés chez les commerçants, dans les cafés et hôtels, tout cela est de l'affichage.

Les affiches les plus employées sont les affiches sur papier.

Le prix de la pose des affiches sur papier se calcule en raison du format, c'est-à-dire de la dimension de chaque affiche. Les formats de papier généralement employés pour l'impression des affiches sont les suivants, et ils correspondent approximativement aux dimensions métriques ci-après :

Quart Colombier.	0^m45 sur 0^m30
Demi-Colombier.	0^m60 sur 0^m45
Colombier.	0^m90 sur 0^m63
Grand-Aigle.	1^m05 sur 0^m75
Grand-Monde	1^m20 sur 0^m90
Double Colombier.	1^m25 sur 0^m90
Double Grand-Aigle	1^m50 sur 1^m05
Double Grand-Monde	1^m80 sur 1^m20
Quadruple Colombier	1^m80 sur 1^m25
Quadruple Grand-Aigle . . .	2^m10 sur 1^m50

L'affichage au moyen des affiches en papier est, de tous les moyens de publicité, le plus incertain, sinon dans la théorie, du moins dans la pratique, et voici pourquoi : lorsqu'on fait une annonce dans un journal, on est absolument certain que cette annonce paraîtra dans tous les exemplaires de ce journal, tirés à une date déterminée; mais, si l'on organise un affichage à dix mille exemplaires, par exemple, on est très loin d'être sûr que ces dix mille exemplaires seront fidèlement apposés sur les murailles ou sur les palissades, dont on aura déterminé les emplacements d'une manière, d'ailleurs, plus ou moins exacte et plutôt moins que plus.

Les difficultés de l'affichage.

Cela tient à la quantité considérable d'intermédiaires qui sont utilisés pour cette opération. L'imprimeur, d'abord, à qui l'on aura commandé dix mille affiches, n'en livrera que neuf mille cinq cents, et cela très légitimement, car il est autorisé par les usages corporatifs à prévoir un certain déchet de papier, qui résulte de ce que, sur les dix mille feuilles qui lui auront été fournies pour le tirage, il s'en trouvera quelques-unes où l'impression sera défectueuse et qui ne seront, par conséquent, pas utilisables. C'est ce qu'on appelle, en termes d'imprimerie, *la passe*. Nous engageons vivement les Annonceurs faisant de l'affichage à prévoir cette *passe* et à faire en sorte que l'imprimeur dispose toujours d'une quantité de feuilles de papier supérieure à celle qui doit être livrée à l'état utile, afin d'avoir bien exactement à leur disposition la quantité d'affiches dont ils auront prévu la pose. Cela supprime déjà un aléa important.

Les dix mille affiches tirées, l'Annonceur se met en devoir de faire procéder à leur affichage. Pour cela, que fait-il? S'il entend que cet affichage ait lieu à Paris seulement, il s'adressera à quelques entreprises qui, ayant acquis, par des traités ou des concessions, le droit exclusif d'afficher sur les différents emplacements de la Ville, sont tout indiquées pour effectuer ce travail. Ces agences sont au nombre de cinq ou six, et chacune d'elles dispose d'un certain nombre de pans de murs, de palissades et d'emplacements divers. Voilà déjà cinq ou six intermédiaires obligatoires. Mais chacun de ces intermédiaires se subdivise lui-même en un grand nombre d'autres, qui sont les colleurs d'affiches. Peut-on être certain que, si chacun de ces colleurs reçoit cent affiches, il procédera fidèlement à leur pose? Nous ne pensons faire injure à personne en en doutant. Autrement, il n'y aurait pas tant de... collectionneurs d'affiches!

Cette affiche est la réplique de la précédente. Ses propriétés sugges-
tives sont les mêmes : démonstratives et évocatoires.

Le format de cette affiche est un quadruple colombier.
Le fond est brun foncé et le personnage est en vert et rouge.
La lettre est blanche.

*Il s'agit, ici, d'un journal qui promet de donner des renseignements
sur tous les sujets sportifs. Le gamin, grimpé en haut du réverbère,
informe ses petits amis qui sont restés sur la terre ferme, sur tout
ce qui se passe dans le champ de cricket, qu'il peut apercevoir.
Affiche essentiellement démonstrative, par conséquent.*

Le format de cette affiche est un quadruple grand-aigle. Le fond
est vert et brun. La palissade est de couleur marron foncé, les
personnages portent du rouge et du bleu.

Si l'affichage doit avoir lieu non seulement à Paris, mais encore en province, même rien que dans les grandes villes, voilà le nombre des intermédiaires multiplié par le nombre des villes dans lesquelles l'affichage doit être fait, et le résultat de cette multiplication s'accroît encore suivant le nombre des agences qu'on en chargera, certaines villes ayant deux ou trois entrepreneurs d'affichage, lesquels ont encore sous leurs ordres un nombre indéterminé de colleurs.

Nous sommes obligé de convenir que la question d'un affichage parfait est presque insoluble. On doit prendre ses précautions, mais il est toujours difficile d'obtenir la certitude qu'on a échappé à tout risque de coulage.

Pour notre part, nous avons été mis au courant d'affichages que ceux qui étaient chargés de les entreprendre ont *étouffés* dans la proportion de 5o %. Des escamotages complets se sont même produits, particulièrement lorsque l'Annonceur habite à une distance considérable du lieu où l'affichage doit être fait. Par exemple, dans le cas d'un Annonceur habitant Marseille et faisant poser ses affiches à Paris. S'il n'est pas là pour contrôler...

Nous abordons là une question extrêmement délicate, nous le savons, mais il faut bien appeler un chat un chat, et Rollet un fripon. On a dit pis que pendre de l'affichage; on s'est répandu en anathèmes contre lui, en affirmant qu'il ne rapportait pas, que sa valeur suggestive était nulle, de même que sa puissance obsédante. On aurait mieux fait, croyons-nous, d'incriminer les murailles, au lieu de s'en prendre intrinsèquement à l'affiche et à l'affichage. Tout dépend, en dernier ressort, de la façon dont l'affichage est pratiqué.

Ces observations ne s'adressent pas à l'affichage fixe, à l'affichage de durée, panneaux, tableaux, destinés à être vus à demeure, pendant six mois, un an et plus, mais simplement à l'affiche en papier, posée au hasard des circonstances, soit pour quelques jours, soit pour deux, quatre ou six semaines. A celle-là, les avatars suivants peuvent arriver : le premier, c'est de n'être pas posée du tout; le second, c'est de ne demeurer que huit jours sur un mur, alors que l'Annonceur a payé pour qu'elle demeure un mois; le troisième, c'est d'avoir été posée, pour durer un mois, et d'être détruite bien avant ce terme, par les intempéries, les mauvais plaisants, les collectionneurs; la quatrième, enfin, c'est d'être recouverte par une autre affiche, avant le temps fixé pour sa durée.

Il ne faut pas en vouloir trop aux afficheurs. Les emplacements intéressants, même dans des villes de province, ne sont pas tellement nombreux qu'on puisse aisément caser toujours toutes les affiches dont l'apposition est demandée. En voici une, pour laquelle l'afficheur a reçu le prix d'une conservation d'un mois ; elle est déjà en place depuis quinze jours, lorsque survient dans la localité le fameux cirque Transy. Le cirque Transy veut les meilleurs emplacements, les exige, et comme il n'y en a pas d'autres à lui donner, l'afficheur se dit très honnêtement :

— Voilà une affiche qui est là depuis quinze jours ; je sais bien qu'on m'a payé pour la laisser un mois, mais quoi ? tout le monde l'a vue aujourd'hui. Et puis, je n'ai plus d'emplacement autre que celui-là pour les affiches du cirque Transy. Je recouvre. — Il y a surtout cette circonstance que le directeur du cirque est sur place, et qu'il n'est pas possible de lui faire prendre des vessies pour des chandelles, et les affiches du corset Persé-formes pour celles de son cirque. On recouvre donc, et c'est autant d'affiches perdues pour l'Annonceur qui n'est pas en mesure de surveiller ses emplacements.

Le tarif de l'affichage à Paris et en province.

Les tarifs d'affichage sont établis de la manière suivante :

D'abord, pour la pose simple. C'est celle pour laquelle il n'est pris aucun engagement quant à la durée d'existence de l'affiche sur un mur ou un emplacement. Elle peut être recouverte le lendemain du jour où elle a été posée. Les Annonceurs peuvent désigner les positions que doivent occuper leurs affiches, mais ne peuvent rien réclamer si au bout de vingt-quatre heures elles n'y sont plus. Or, si au bout de vingt-quatre heures elles peuvent, régulièrement, ne plus être à leur place, pourquoi les y mettrait-on ? Raisonnement très simple que peut se faire le poseur de l'affiche, et qui l'amène à préférer, à l'accomplissement de sa tâche, qui est de poser l'affiche dans certains endroits détermi-nés, *la pose...* chez le marchand de vin, où, au moins, il est à son aise, tandis que dehors il pleut peut-être... à moins qu'il ne fasse une chaleur excessive !

Affiche presque suggestive; mais, dans tous les cas, parfaitement évocatoire. Le sujet en est simple : un brave homme prend un bain de pieds à la moutarde, et cette moutarde est la fameuse moutarde Colman's.

Cette affiche a le format double colombier. Elle est imprimée en jaune clair sur jaune foncé, tandis que la lettre est rouge.

Il en est de même de celle-ci, mais la lettre est blanche, et il y a quelques teintes bleutées dans certaines parties de l'image.

On remarquera certainement que le sentiment artistique n'est pas absent de ces diverses compositions anglaises. Mais l'art y est simplement utilisé pour faire valoir le côté commercial qu'offrent toutes les affiches et sans quoi elles ne seraient pas des affiches de publicité.

La conception des artistes créateurs s'est assouplie aux nécessités commerciales de l'appropriation qu'ils devaient en faire, et, tout en restant artistiques, ces œuvres ne sortent pas du cadre " affaires " pour lequel elles sont faites.

Ensuite pour la pose en conservation, c'est-à-dire pour une période déterminée, quinze jours, un mois, trois mois, etc. Dans ce cas, les afficheurs exigent un certain nombre d'affiches supplémentaires, afin de parer aux dégradations et aux lacérations. Cet affichage se fait à des endroits fixes, déterminés, en vertu de contrats passés entre les afficheurs et les Annonceurs. Ici, on possédera toutes garanties, à la condition de faire soi-même l'inspection des places où l'affiche, pour laquelle on a payé une redevance, doit être collée sur la palissade ou le mur qu'on a retenus.

Il découle de ce que nous venons d'exposer, que l'affichage, si c'est un des modes de publicité les plus féconds, a besoin, pour acquérir son maximum d'effet, d'être *très étroitement surveillé*. Autrement, il peut être vain, parce que inexistant ou, du moins, incomplet.

Dans un chapitre précédent (1), nous avons expliqué que l'affiche pouvait appartenir au système de la publicité suggestive et directe, aussi bien qu'au système de la publicité obsédante et indirecte. Les indications que nous allons donner sur les différents procédés d'affichage s'appliquent donc à l'un comme à l'autre système. Un directeur de spectacle, un grand marchand de nouveautés qui annoncent, par voie d'affiches, une représentation pour un jour dit, ou une exposition de marchandises pour une date fixe, ont autant d'intérêt à ce que leurs affiches soient exactement placées quand il le faut, et aux endroits qu'il faut, que le fabricant qui lance une marque de savon ou de biscuits, — étant bien entendu que nous les supposons intelligents, et qu'ils auront su fixer opportunément la date où la pose de leurs affiches doit être faite et les positions qu'elles doivent occuper.

L'Annonceur qui fera par l'affichage de la publicité suggestive a l'avantage de n'être pas obligé de faire cet affichage très loin de son magasin, de son théâtre, etc. Il pourra donc, avec assez de facilité, inspecter lui-même, ou par les soins d'un de ses employés, la pose de ses affiches. C'est indispensable.

Mais l'Annonceur qui fait de l'affichage généralisé, qui fait poser du papier un peu partout, se trouve dans l'impossibilité d'exercer une surveillance sur la manière dont son affichage est pratiqué. Il est trop loin. Devra-t-il alors s'en rapporter aux déclarations des afficheurs? Non.

1. Voir p. 127.

Cet Annonceur-là, qui est, essentiellement, un propriétaire de marque, veut faire progresser un produit de sa fabrication, et il utilise, pour cela, en même temps que la publicité imprimée, des voyageurs, des courtiers, des représentants.

Un procédé sûr d'affichage.

Ces voyageurs, ces représentants visiteront, forcément, la clientèle des détaillants de l'article. Or, nous avons déjà expliqué comment et pourquoi une affiche, quel que soit l'emplacement qu'elle occupe, doit être le prolongement de l'enseigne de ces détaillants (1). Dans ces conditions, c'est le voyageur, le représentant qui doivent être, en même temps que les vendeurs du produit, les agents d'affichage de l'Annonceur, avec la collaboration du détaillant, lequel s'y trouve, à ce moment, intéressé, puisque, sur chaque affiche, on indiquera que le produit est en vente chez lui, et que, de cette manière, l'affiche remplit son rôle, qui est, comme nous venons de le répéter, d'être le prolongement de son enseigne.

Ici, un problème se pose. Quand doit avoir lieu un affichage? Est-ce avant que la vente du produit soit organisée, est-ce au moment où on l'organise, ou est-ce après? Si on l'organise avant, cet affichage est inutile : ce n'est qu'un coup de sonde jeté mal à propos, puisque le produit n'étant pas encore mis en vente, il ne peut être acheté. Si on l'organise après, l'organisation de la vente n'a certainement pas dû donner tous ses effets, car le détaillant, ne sentant pas l'article soutenu par la publicité, ne mettra aucun empressement à s'en approvisionner. Nous concluons donc que l'affichage doit être organisé *simultanément avec la vente*.

C'est donc le voyageur et le représentant qui, avec le concours du détaillant lui-même, choisiront les emplacements, traiteront avec les afficheurs; et, le voyageur ou le représentant ayant quitté la ville, c'est encore le détaillant qui, puisqu'il y sera intéressé, contrôlera, surveillera la régularité de cet affichage. Ce moyen n'est pas plus coûteux, loin de là, que celui qui consiste à charger une multitude d'intermédiaires de la pose des affiches, et il a ce précieux avantage d'être mathématique,

1. Voir p. 139.

AFFICHES ALLEMANDES

♣ ♣ ♣

*Quelques-unes de ces compositions ne sont pas dépourvues de valeur, aussi
bien artistique que commerciale. On leur reprochera sans doute d'être souvent
quelque peu brutales, de rechercher des effets violents ; elles s'adaptent, en
somme, à la mentalité, à l'intellectualité des gens sur lesquelles elles sont
destinées à faire impression : made in germany.
Nous qui les avons vues, nous pouvons assurer qu'elles sont merveilleusement
imprimées. La vivacité de leurs couleurs, la richesse des tons est absolument
remarquable.*

♣ ♣ ♣

*Cette affiche concerne un magasin de vêtements pour hommes et jeunes gens.
Cette illustration a le caractère démonstratif.*

Format : double colombier.
Le fond est bleu turquoise : le personnage est noir, et on a fait quelques réserves
en gris brun pour quelques parties peu importantes de l'affiche.

*Affiche essentiellement suggestive pour un établissement où l'on joue
au billard.*

Le format de cette affiche est un double colombier.
Elle est imprimée simplement en vert et noir.

sûr, et de ne laisser place à aucun aléa, puisque le produit sera vendu partout où il y a des affiches. Par ce moyen, les nécessités d'un affichage puissant se réduisent de moitié quant à la dépense et au temps.

Mais ce procédé d'organisation, de surveillance et de contrôle de l'affichage n'est guère possible qu'en province, et encore dans les villes de moyenne importance et dans les bourgades, car, partout ailleurs, c'est-à-dire dès qu'une localité atteint vingt mille habitants et plus, les principaux emplacements où des affiches peuvent être posées sont généralement loués à l'année par des entrepreneurs d'affichage. Il en est de même à Paris, où l'on serait bien en peine de trouver un emplacement qui ne soit pas au pouvoir d'une agence de cette nature.

Dans les grandes villes, faute de pouvoir faire différemment, on devra traiter avec ces intermédiaires, puisqu'il n'est pas possible de leur échapper, mais il ne faudra pas perdre de vue le grand principe de l'affiche prolongement de l'enseigne.

Et c'est alors surtout que le détaillant devra, lorsque le voyageur aura quitté la ville, exercer, en son lieu et place, pour le compte de l'Annonceur en même temps que pour son propre compte, cette surveillance sans laquelle aucun affichage ne peut être vraiment efficace, sans laquelle on peut dire qu'il ne serait que l'ombre de lui-même.

Ce moyen est sans doute plus compliqué que celui qui consiste à charger du soin de la pose des affiches une ou plusieurs entreprises d'affichage. Mais on conviendra que c'est le seul qui permette de n'afficher que là où il faut, et de faire marcher l'affichage de pair avec la vente. On réalisera donc, grâce à lui, de sérieuses économies.

La durée de l'affichage.

Une question d'ordre plus technique réclame maintenant une solution : pendant combien de temps une affiche doit-elle demeurer en place?

Si l'affiche n'a qu'une action passagère, comme dans le cas d'un magasin de nouveautés annonçant une exposition, une mise en vente, ou dans celui d'une entreprise de spectacle, faisant connaître la date d'une représentation, il suffit que l'affiche précède d'une huitaine de jours la date à laquelle doit se produire le fait annoncé. Avant ce temps, elle ne pourrait être efficace; passé ce temps, elle ne peut plus l'être.

Si l'affiche doit avoir une action plus durable, et remplir son rôle de publicité obsédante, elle doit demeurer plus longtemps aux regards du public. Cependant, nous ne croyons pas que son effet puisse se prolonger indéfiniment. Après quinze jours, une affiche a été vue plusieurs fois, en plusieurs jours, par tous les passants. Ceux-ci ne changent pas tellement que, dans l'espace de quinze jours, on ne les ait pas tous touchés, si l'affiche est posée dans une rue fréquentée, sur une place publique.

Cette règle ne souffre d'exception que lorsque l'affiche est située dans un endroit extrêmement passant, et où la circulation est susceptible de se renouveler sans cesse, comme par exemple, à proximité d'une fête, d'une exposition, ou sur les boulevards de Paris. Mais, au bout de quinze jours, l'affiche est sale, décolorée, détériorée, ternie. Dans ce cas, si on juge qu'elle doit avoir encore une action sur un ensemble de passants se renouvelant, il est indispensable de la remplacer, car une affiche *qui a perdu le brillant de ses couleurs* est aussi désavantageuse qu'un étalage en désordre et couvert de poussière.

Si l'affiche est posée dans un endroit où la circulation est essentiellement stable et ne se renouvelle pas, comme, au bout de quinze jours, elle est également souillée et décolorée, plutôt que de la remplacer, il vaut mieux la couvrir ou l'arracher. L'œil des passants s'étant habitué à voir une affiche, dans un certain lieu, en arrive à ne plus la voir, ou, du moins, à ne plus la remarquer, et nous sommes persuadé *qu'ils seront frappés plus vivement*, à un certain moment, *de son absence* que de sa présence prolongée.

Quelques bonnes solutions.

Un affichage bien compris comportera donc des emplacements qui n'ont pas besoin d'être nombreux, pourvu qu'ils soient bien choisis. Ces emplacements seront loués à l'année, et l'on commencera par y faire poser une affiche illustrée, bien voyante, qu'on laissera pendant quinze jours, vingt jours au maximum, en place. Au bout de ce temps, on l'enlèvera et on la remplacera par une feuille de papier de couleur ne portant aucune inscription, qu'on ne laissera que quelques jours. Ensuite,

Cette affiche est un simple colombier. Le fond supérieur est mauve ; le
fond moyen est jaune ; le fond inférieur est noir. — Les personnages,
ainsi que le pavillon du phonographe, sont rouges, jaunes ou mauves.

On remarquera que le texte de l'affiche est en français.
Affiche essentiellement démonstrative et évocatoire.

Cette affiche est un double colombier. Le fond est noir, avec quelques teintes vertes. Le personnage est jaune et rouge. La lettre est blanche et verte.

* * *

Le sentiment qu'inspire cette série d'affiches est à coup sûr celui que nous éprouvons devant toutes les conceptions de la culture germanique. Le souci du *kolossal* y perce toujours. On a voulu faire grand, faire énorme même, et l'on y a fréquemment réussi.

Cette exagération voulue de l'effet ne serait peut-être pas goûtée chez nous ; Outre-Rhin, il faut certainement qu'il en soit ainsi.

on placera une simple affiche de lettres qu'on laissera jusqu'à
ce qu'elle soit détériorée, soit quinze ou vingt jours, et on
recommencera alors à employer la feuille de papier de couleur,
bleu, jaune, vert clairs, qu'on recouvrira de nouveau, pour
quinze ou vingt jours, par une affiche illustrée. C'est ainsi que
l'on réalisera une des conditions *les plus importantes* de la publicité par l'affiche : la variété. Cela oblige un Annonceur à posséder au moins deux types d'affiches, l'un illustré, l'autre de
lettres, mais ce n'est qu'ainsi qu'il donnera à son affichage le
mouvement qui lui est nécessaire pour rompre les effets de
l'accoutumance. Il faut, en un mot, QUE LE MUR SUR LEQUEL ON
AFFICHE « BOUGE » CONTINUELLEMENT, pour attirer l'attention.

La question de la permanence de l'affichage peut ne pas en
être une pour un Annonceur qui a touché le but, dont la marque
est lancée, arrivée; celui-là peut se reposer sur ses lauriers.
Cependant, cela ne prouve pas qu'il ne ferait pas mieux de procéder comme si sa marque n'était pas encore partie, ne serait-ce
que pour effaroucher ceux qui le suivent et qui envient son
succès avec le dessein de l'en déposséder.

Autre point : le format d'une affiche variera suivant la
situation qu'elle occupera, par rapport à la quantité plus ou
moins considérable d'individus qui seront susceptibles de la
voir.

Utilité des divers formats.

Sur un mur où il en existe déjà un certain nombre, on utilisera de grands formats. Sur un mur où l'on est seul à poser des
affiches, on utilisera des formats moyens. Mais encore cette
méthode sera plus spécialement appliquée dans les grands centres, où la circulation est très active. Dans des localités de peu
d'importance, où la circulation est restreinte, on se contentera
d'afficher de petits formats : le double colombier, le double
grand-aigle y suffisent. Toutefois, ce procédé complique la question de l'impression de l'affiche, car il faut, dans ce cas, l'établir
dans ces différents formats. Cette difficulté peut se tourner
de la façon suivante. On ne fera imprimer l'affiche qu'on aura
adoptée que dans un seul format, double grand-aigle, par
exemple, mais on la répétera, c'est-à-dire que, si l'on utilise le
double grand-aigle comme unité et qu'on dispose, dans un

endroit passant, de l'emplacement d'un décuple grand-aigle, on fera poser cinq affiches côte à côte et se suivant sur le même plan. Ce procédé de la répétition de l'affiche présente l'avantage d'aider puissamment à sa lecture. Comme, en principe, on ne s'arrête pas devant une affiche, sauf des cas tout à fait particuliers, il s'ensuit qu'on ne peut la lire tout entière d'un coup d'œil, à moins qu'elle ne porte qu'une inscription de publicité très courte. De toute manière, on ne la détaille pas, tandis que si elle est répétée, l'on voit machinalement l'ensemble à la première vue et on en saisit successivement les détails à la seconde, à la troisième, si bien qu'à la quatrième affiche, le passant aura fait trois pas, et, dans ces trois pas, aura, de gré ou de force, parcouru et fixé dans son esprit toutes les parties de l'affiche mise sous ses yeux.

Un procédé d'affichage qui a pris une très grande extension est celui de l'affichage sur panneaux peints ou simplement recouverts d'affiches en papier, le long des voies ferrées et dans les sites fréquentés, le long des routes parcourues par les automobiles et, dans les villes, le long des palissades des chantiers de construction, ou de réparation d'immeubles.

L'affichage sur panneaux en plein air est surtout pratiqué pour des marques ayant acquis la faveur du public et, par conséquent, déjà connues et vendues à peu près partout. C'est donc plutôt une publicité d'entretien qu'une publicité de lancement, car il est difficile, pour ne pas dire impossible, de faire de ces affiches le prolongement de l'enseigne du détaillant, lorsqu'on n'est qu'au début d'un lancement.

Affiches sous verre, panneaux sur tôle ou en lave émaillée.

Dans les villes, on pratique sur une large échelle, aujourd'hui, l'affichage sous verre, sur les kiosques, les bureaux de voitures publiques, à l'intérieur des tramways et des autobus, sur les chalets de nécessité, etc.

C'est surtout pour la vulgarisation des marques de consommation que cette sorte d'affichage peut rendre des services, car sa stabilité le rend impropre à la publicité éphémère revêtant le caractère suggestif, mais éminemment fugitif de la première période.

AFFICHES ITALIENNES

*Exemple typique d'affiche suggestive. L'interprétation, cependant, peut être
critiquée, car il s'agit d'une publicité pour un marchand de chapeaux.*

Cette affiche est établie sur un double colombier. Le fond est jaune citron ;
les tentures et le tapis sont jaune d'or. Seul, le chapeau, posé sur le
fauteuil, est noir.

Affiche à la fois évocatoire et démonstrative. Aucune qualité suggestive.

Le format de cette affiche est un quadruple grand-aigle.
Le fond est vert d'eau ; la robe de la jeune femme est rouge, son manteau
blanc, et les bidons d'huile qu'elle tient sont jaunes. La lettre est blanche
et rouge.

La forme de cet affichage ne diffère pas de celle de l'affiche en papier ; sa conception, son organisation sont identiques. La différence qui les sépare est dans la luminosité de l'affiche sous verre, les endroits sur lesquels elle est apposée étant généralement éclairés la nuit, de sorte que c'est, à la fois, de l'affichage diurne et nocturne.

On utilise encore de petits panneaux en tôle ou en lave émaillée. Pour la vulgarisation des marques, ces panneaux sont surtout utiles, lorsqu'on les place sur les soubassements des devantures ou des étalages des magasins de détail qui tiennent l'article annoncé. Ils jouissent, dans ces emplacements, d'une prérogative fort intéressante : ils sont dispensés du timbre, au même titre que les affiches d'intérieur.

On emploiera encore ce procédé sur certains édicules ou édifices aux abords desquels ou dans lesquels la circulation se renouvelle constamment, ce qui fait qu'on échappe, dans ce cas, au phénomène d'accoutumance que nous signalions plus haut (1), puisque l'on a de grandes chances de faire lire constamment ces panneaux par des personnes différentes. C'est le cas de l'affichage sur les chalets de nécessité, dans les bureaux d'autobus, de tramways ou de bateaux, à l'intérieur des gares, etc.

Ces formes d'affichage doivent être pratiquées avec beaucoup de discernement, car leur destination est limitée à quelques cas nettement définis : la publicité des marques de consommation ou d'entretien. Cette publicité-là a surtout pour but de tenir une place, pour empêcher des concurrents de la venir prendre ; elle agit par une obsession caractérisée, et elle est, en somme, un aide-mémoire perpétuel.

Les affiches ou signes lumineux.

Participant à la fois de l'enseigne et de l'affiche, cette publicité a pris aujourd'hui un grand développement.

Considérés comme de simples enseignes, les signaux lumineux constituent une excellente publicité, puisqu'ils complètent les écriteaux et les pancartes qu'un commerçant fait figurer, pendant le jour, sur son magasin pour y appeler la clientèle. Ils ont aussi l'avantage de se voir de loin et de contribuer, avec l'éta-

1. Voir pp. 150-151.

lage, à la réputation d'un magasin de détail. Ils peuvent avoir, dans ce cas, deux fins, car une enseigne illuminée la nuit peut demeurer visible le jour.

Mais on a appliqué la publicité par affiches ou signes lumineux aux grandes marques, aux produits de consommation mondiale, et c'est alors suivant la position qu'occupe cette publicité lumineuse qu'elle peut valoir quelque chose. Bien situés, sur

A Vienne (Autriche).
Affichage cranien pour annoncer l'ouverture d'un restaurant

une place, à un carrefour très fréquenté, ces signes frappent évidemment l'attention. Leur défaut est qu'ils ne peuvent guère être placés que sur les toits, et qu'alors, s'ils sont vus, ce ne peut être que de loin; de près, ils obligent les passants à contracter des torticolis pour les regarder en l'air, de sorte que, si les gens en voient la lumière, ils ne les contemplent pas. Ils constatent seulement que cela les éclaire.

Pour jouir de son maximum d'efficacité, le signe lumineux doit être situé dans un endroit très passant, et où la circulation

Destinée à un dentifrice, cette annonce est nettement démonstrative. Elle possède,
cependant, quelque valeur suggestive.

Cette affiche a été établie sur un format quadruple colombier.
Le visage du personnage est rouge brique. Sa chevelure est noire. Le fond est vert
russe et la lettre est en jaune ou en blanc sur réserve.

AFFICHES SUISSES

*Affiche très artistique pour des représentations théâtrales. La simplicité
de cette affiche n'exclut pas le caractère suggestif.*

Format : double colombier.

Les couleurs employées sont uniquement le noir et le rouge.

se renouvelle constamment. Autrement, il subit, dans ses effets, le phénomène de l'accoutumance, et sa portée, au point de vue publicité, se trouve réduite à peu de chose.

Limitée à l'enseigne, la publicité par affiches ou signes lumineux est une des meilleures qui soient. Ses facultés de rendement pour des produits de marque sont moins certaines. Elle constitue, à nos yeux, pour ces dernières affaires, simplement une sorte de publicité somptuaire, qui n'est pas, d'ailleurs, sans énergie et par quoi s'affirme, avec ampleur, la puissance d'une firme. Nous croyons que c'est sous cet angle qu'il faut la voir pour en faire une juste appréciation. Ce n'est pas, par conséquent, un instrument de lancement. C'est encore de la publicité d'entretien ou de rappel.

Pratique de l'Affichage

Dans un précédent chapitre, nous nous sommes suffisamment étendus sur les conditions que doit remplir un bon affichage pour éviter, d'une part, le gaspillage — la plaie de l'affichage — et pour tirer, d'autre part, le meilleur parti possible de la pose d'affiches dans les rues, les lieux publics et les campagnes. Il nous reste à donner quelques détails matériels sur l'affiche et l'affichage.

A part certaines affiches tirées à petit nombre, et qui sont établies par les moyens de la typographie, c'est généralement la lithographie qu'on met en œuvre pour les affiches en couleurs et illustrées. Les prix de ces impressions varient selon la notoriété plus ou moins grande de l'artiste et suivant la quantité d'affiches tirées. Il varie encore suivant le format de l'affiche.

Le dessin fourni par l'artiste affichiste ou, comme on dit, la maquette de l'affiche, une fois accepté par l'Annonceur, il s'agit de mettre sur pierre les diverses couleurs qui entrent dans l'illustration de l'affiche. On recommande de faire dessiner les lettres des affiches par des artistes spéciaux, des *dessinateurs de lettres*, les artistes n'ayant trop souvent encore que des notions fort imparfaites sur la forme correcte des caractères d'imprimerie et se laissant fréquemment aller à la fantaisie dans ce genre d'écriture, ce qui a pour résultat de rendre la lettre difficilement lisible.

Les prix du tirage

Aux frais que nous venons d'énumérer et qui sont, en somme, des frais de premier établissement de l'affiche, il faut ajouter le coût du tirage, qui se calcule suivant le nombre de couleurs utilisées dans la reproduction du dessin initial, et suivant la quantité d'affiches imprimées.

Ce prix est variable encore, suivant le format adopté et suivant les maisons auxquelles on s'adresse, chaque imprimeur lithographe ayant des tarifs particuliers et des méthodes différentes pour l'établissement de ses prix.

Plus une affiche est chargée en couleur, plus elle coûte cher à imprimer, cela s'explique tout naturellement : il faut plus d'encre pour imprimer une affiche comportant des fonds vastes et pleins que pour imprimer simplement des dessins au trait. Cependant, l'impression sur des fonds de couleur est la plus employée, car c'est elle qui permet d'obtenir de l'affiche le maximum d'effet.

Généralement, les imprimeurs d'affiches n'entrent pas dans tous ces détails pour fixer leurs conditions. Ils font le calcul du prix de revient pour l'ensemble des frais qu'il comprend, ajoutent leur bénéfice, calculé selon leurs prétentions personnelles, et n'indiquent que le prix global.

La question du papier est encore des plus importantes. Il existe, pour le tirage des affiches, des papiers de toutes qualités, dont le prix varie dans la proportion de un à quatre et même plus.

La qualité des papiers.

Le tirage d'une affiche destinée à ne demeurer en place que peu de temps peut être fait sur un papier de qualité inférieure. Mais si l'on entend qu'une affiche ait une durée de pose prolongée, il est indispensable de faire faire le tirage sur un papier plus résistant et, naturellement, coûtant plus cher. Les papiers communs, non satinés, ont le défaut d'absorber l'encre, et les couleurs dont on les couvre s'altèrent très rapidement aux rayons du soleil et sous la pluie. Le papier à adopter pour des tirages soignés, et pour des affiches de durée, est ce qu'on appelle le papier *frictionné*. Cette sorte de papier, plus épais que les papiers communs, est généralement fabriquée avec du chiffon,

Très curieuse affiche pour des voyages d'excursion au Grand Saint-Bernard.
L'illustration est tout à fait démonstrative. Elle est aussi quelque peu
suggestive.

Le format de cette affiche est un double colombier.
Le fond est blanc ; les personnages sont noirs. Seul, le bâtiment et la lettre
sont en jaune.

Composition extrêmement banale. Toute l'originalité qu'on peut lui reconnaître consiste en ce que le crieur circule sur des patins à roulettes.

Le format de cette affiche est un double grand-aigle.
Le fond est gris bleu. Le personnage rouge brique. La lettre noire.

alors que les papiers inférieurs sont simplement des papiers de pâte de bois, assez semblables à celui qu'emploient les journaux politiques. De plus, une des faces du papier *frictionné*, celle qui reçoit l'impression, subit une préparation, une sorte de calandrage, qui glace, en quelque sorte, sa surface, et permet d'obtenir des tirages plus nets, sans que l'encre soit exposée à être absorbée dans la pâte.

La pose des affiches sur les murs, emplacements, palissades et, en général, la pose en plein air, lorsque l'on y fait procéder par le moyen que nous avons précédemment indiqué, est effectuée, dans la pratique courante, par des entreprises qu'on nomme des agences d'affichage. Ces agences passent avec des propriétaires d'immeubles, des municipalités, des contrats qui leur assurent le droit exclusif de poser des affiches sur certains pans de murs, sur les palissades d'un terrain non construit, sur les clôtures en planches dont on masque la devanture d'un magasin en réparation ou en transformation, ou qu'on élève autour d'un immeuble en construction, pendant la durée des travaux. Autrefois, cette catégorie d'emplacements n'existait guère. Mais les revenus de l'affichage sur ces clôtures ont pris aujourd'hui une telle importance que les entrepreneurs n'hésitent pas, si l'immeuble à construire ou la boutique à agencer sont situés dans une voie fréquentée, à assumer les frais de construction de ces immenses clôtures hautes parfois de six ou huit étages, sachant parfaitement que la recette supplémentaire qui leur en viendra couvrira et au delà les dépenses engagées.

Il existe deux catégories d'affichage, l'affichage en pose simple et l'affichage en conservation. La pose simple consiste seulement dans le fait d'apposer une affiche, d'un format déterminé, sur des emplacements choisis par l'Annonceur, parmi les listes qui lui sont soumises par l'agent d'affichage, sans que la durée d'existence de l'affiche à la place qui a été fixée pour elle soit assurée. Cette catégorie d'affichage est essentiellement éphémère et se fait toujours sans aucune espèce de garantie de la part de l'agent. C'est donc le plus incertain.

L'affichage à l'échelle.

On pratique aussi, dans la même catégorie, l'affichage à l'échelle, généralement effectué la nuit, car, en fait, il est interdit, et expose celui qui s'y livre à des contraventions. Les agents d'affichage libèrent ordinairement, dans leurs contrats, les Annonceurs de tous risques et de toute responsabilité en ce qui concerne les contraventions possibles. Cette clause doit toujours figurer dans les accords passés entre un Annonceur et une agence, lorsqu'il est fait de l'affichage à l'échelle.

Cet affichage consiste à poser le papier, non pas sur les murailles des rez-de-chaussée ou sur des palissades simples, mais sur les premiers étages des maisons, sans que l'afficheur en ait reçu le droit des propriétaires, ou bien encore sur des surfaces extérieures aux emplacements qui lui appartiennent régulièrement. Ce genre d'affichage n'est intéressant que lorsque les affiches ainsi posées peuvent être vues de loin, en perspective, et il faut généralement pour cela qu'elles soient posées sur des surfaces bordant un vaste espace libre, une place publique, un boulevard très large. La pose sur les premiers étages des maisons avait un certain intérêt, à Paris, particulièrement, lorsque les omnibus et tramways avaient des impériales, car les voyageurs pouvaient alors voir les affiches ainsi posées. Mais depuis que la traction mécanique a remplacé la traction animale et que les impériales ont été supprimées, la valeur de la pose à l'échelle a incontestablement diminué.

L'affichage en province.

D'une manière générale, le prix de l'affichage en pose simple est plus élevé en province qu'à Paris. C'est que, si l'on traite d'un affichage avec un agent parisien, cet agent est obligé, pour assurer l'affichage dans les grandes et les petites villes de province, de passer par l'intermédiaire des agents locaux, car certaines villes de province ont deux, trois, quatre agents d'affichage. Il faut donc ainsi que ces intermédiaires reçoivent le prix de leurs concours, sans préjudice du bénéfice que doit réaliser normalement l'agent parisien. On fera donc bien, quand on aura un affichage d'une certaine importance à traiter, de se mettre, pour les grandes villes au moins, en relations avec les agents locaux, toujours afin de réduire, autant que possible, le nombre des intermédiaires, des rouages utilisés pour la pose des affiches

Type parfait d'une affiche qui ne peut avoir d'autre qualité que d'être évocatoire.
C'est, en somme, un décor.

Le format de cette affiche est un double grand-aigle.
Le fond de l'illustration est bleu, les oiseaux sont marrons ainsi que la lettre, les
fleurs sont blanches.

Affiche quelque peu impressionniste. Elle est bien différente de celles qu'ont fait, pour nos stations françaises, les artistes dont nous avons reproduit les œuvres dans une autre partie de cet ouvrage. Cette composition est purement démonstrative.

Format : double colombier.

Les montagnes sont vertes et rouges. Le ciel est naturellement bleu. Les arbres sont noirs, ainsi que le fond sur lequel se dessinent les lettres.

et aussi d'obtenir des prix plus bas. Dans les petites localités, lorsqu'il n'y a pas d'afficheur local, c'est [généralement le garde champêtre, l'appariteur, qui s'occupe de la pose des affiches. On peut fort bien traiter directement avec ces derniers. Leurs prétentions ne sont jamais exagérées, et comme les agences s'adressent elles-mêmes le plus souvent à ces modestes fonctionnaires, on supprime ainsi un, deux et même trois rouages inutiles.

L'affichage en conservation.

La pose en conservation se pratique sur les mêmes emplacements que la pose simple. Cet affichage a l'avantage de comporter une garantie de la part des afficheurs, qui doivent en affirmer l'existence au moyen d'une pièce signée d'eux engageant leur responsabilité et qu'on appelle : certificat de pose. Ces certificats, dans les villes de province particulièrement, sont généralement légalisés, pour la signature, et pour elle seulement — c'est-à-dire sans garantie officielle de la sincérité du certificat de pose, — par le maire de chaque localité.

Dans les grandes villes, et à Paris spécialement, il existe certains emplacements qui ne sont pas portés sur les catalogues des agences d'affichage, soit à cause de leur caractère provisoire, par exemple, une palissade élevée devant une boutique en réparation, ou en raison de leur situation particulièrement avantageuse, tel un pan de mur sur une place fréquentée. Dans ces cas-là, nous avons affaire à des emplacements casuels ou préférentiels.

Les prix varient suivant la durée de la conservation, suivant la dimension de l'affichage et suivant la situation des emplacements. Certains emplacements se traitent pour des durées qui ne sont pas strictement spécifiées. Le mètre carré, sur une palissade élevée autour d'une maison en construction, se paie un prix déterminé, pour la durée des travaux, sans autre précision, si ce n'est l'indication d'un temps minimum. Nous n'avons pas besoin d'ajouter que ces affaires méritent, de la part de l'Annonceur, une attention toute particulière, tant au point de vue du prix à payer que du soin, de l'art qu'il lui faudra déployer pour occuper *utilement* des emplacements d'un prix semblable.

Tableaux, panneaux et affichage permanent.

Les autres formes de l'affichage, affichage diurne et nocturne, sous verre, affichage sur les kiosques et urinoirs, dans les gares de chemin de fer ou du Métropolitain, dans les voitures publiques, sur les chalets de nécessité; se traitent tout différemment. Dans ces emplacements, il n'est pas fait d'affichage en pose simple; seules, les affiches en conservation y sont admises, et encore, pour des périodes généralement très longues. C'est ordinairement pour des durées de trois ou cinq ans que les contrats sont établis. Mais alors que, quand il s'agit des affiches en papier, celles-ci sont toujours fournies par l'Annonceur, certaines des entreprises d'affichage qui monopolisent ces emplacements se chargent de la confection des panneaux, particulièrement lorsqu'ils sont peints sur toile. C'est le cas de la publicité du Métropolitain de Paris.

Toutes ces catégories d'affichage sont ordinairement entre les mains de compagnies concessionnaires, et constituent, sous leur direction, des privilèges véritables. Chaque catégorie a ses tarifs particuliers.

A notre avis, la durée des traités qu'il faut signer avec ces entreprises nous semble trop longue, la publicité, surtout pour des lancements, ne permettant pas à un Annonceur de s'engager au delà d'un exercice annuel. Aussi l'intérêt de l'Annonceur qui débute dans ce genre de publicité est-il de se lier pour le minimum de temps, quitte à renouveler ensuite son contrat pour une plus longue période, s'il en a été satisfait.

Les signes lumineux.

Quant aux signaux lumineux ou affiches lumineuses, que tout le monde connaît, nous rappelons qu'ils sont de deux ordres : d'abord, les signes changeants, c'est-à-dire les combinaisons d'ampoules électriques qui permettent de faire apparaître, sur le même emplacement, soit au-dessus d'un toit, soit sur une façade ou un balcon, des formations de lettres lumineuses qui sont capables de changer de minute en minute. La publicité d'une liqueur de table succède, par exemple, à celle d'un cacao, et elle

Cette affiche a été créée pour le Jubilé de l'Université de Genève. Au point de vue artistique, elle est parfaite. Au point de vue publicité, elle laisserait à désirer ; mais la publicité n'a sans doute rien à faire, pratiquement parlant, dans une semblable occasion.

Le format de cette affiche est un double grand-aigle. Les personnages sont noirs, les visages étant roses. Le fond est gris et jaune.

*Le caractère de cette affiche est absolument démonstratif. Il s'agit de cons-
truction de chalets et l'on nous montre un chalet dans un site pittoresque.*

Le format de cette affiche est un double-colombier.
Le fond est bistre foncé et gris ; le chalet, dans sa plus grande partie, est
rouge, et, anomalie singulière, l'arbre figuré au premier plan est également
rouge. Les montagnes, à droite et à gauche, sont bleu gris.

est presque immédiatement suivie d'une annonce pour une station thermale. C'est, un peu, de la publicité en commun, pour ceux qui ne peuvent ou ne veulent faire seuls les frais d'un signe original, installé spécialement pour eux.

L'inconvénient de ce mode de publicité est de solliciter l'attention avec trop de fréquence puisqu'il faut, pour connaître les différentes choses ainsi annoncées, lever, pendant une bonne

Une rue de New-York, éclairée, la nuit, par les signes électriques placés au faîte des maisons de dix et douze étages.

demi-heure, le nez en l'air. Une impression en suit presque immédiatement une autre, et à la troisième, il est probable que le souvenir des deux précédentes s'est complètement effacé de la mémoire du spectateur. La publicité d'affiches, sous quelque forme qu'on la fasse, n'ayant qu'un intérêt véritable, *sa permanence*, qui en constitue véritablement le caractère obsédant, les signes électriques changeants ne nous paraissent pas répondre au but poursuivi. Ils sont, dans tous les cas, dépourvus du degré d'efficacité que nous avons reconnu à la publicité lumineuse personnelle, individuelle, en tant que marque (1).

1. Voir volume I, p. 153.

Nous accordons plus d'efficacité aux signes lumineux qu'installent, dans les rues passantes, sur les boulevards et les places des grandes villes, les grandes marques de consommation. Ceux-là sont véritablement permanents et répondent aux exigences de la publicité de la deuxième période : ils sont obsédants. Leur valeur est d'autant plus certaine qu'ils sont en même temps diurnes, puisqu'ils tiennent lieu, pendant le jour, des affiches

Vue de « Templar Way » la nuit.

qu'il n'est pas possible d'y faire figurer. Ce n'est pas la moindre de leurs qualités.

Ce sont, incontestablement, les Américains qui ont utilisé les signes lumineux de la manière la plus large. C'est souvent, chez eux, une véritable orgie de lumière.

Les signes collectifs sont créés, exploités par des entreprises privées, en vertu d'accords avec les propriétaires des immeubles sur lesquels sont installés leurs appareils, et après s'être mis en règle avec le fisc, qui perçoit, sur cette sorte d'affiches, une dîme assez onéreuse. Les signes individuels sont la propriété des Annonceurs qui les font ériger, toujours après entente avec le propriétaire de l'immeuble et paiement de l'impôt. L'ordonnancement de cette publicité est laissé à la fantaisie créatrice des Annonceurs et de leur chef de publicité; ils peuvent y déployer

*Affiche démonstrative. On peut en contester la valeur au point
de vue publicité.*

Cette affiche est du format d'un quadruple grand-aigle.
Le fond est vert d'eau ; le personnage est blanc et bistre. Les
bottes, naturellement, sont noires et blanches. La lettre est
blanche et rouge.

Cette affiche est assez banale. Son caractère est uniquement démons-
tratif, quoiqu'il semble que cette publicité soit plutôt faite pour des
allumettes que pour des cigarettes.

Le format de cette affiche est un double grand-aigle.
Le fond est bleu clair. Le personnage est bistre foncé et bistre clair.
La lettre est blanche et rouge.

toutes les ressources de l'art décoratif et de la science électro-technique.

On en fait de fixes, on en fait à éclipse, ou à couleurs changeantes. C'est ce dernier mode que nous préférons. Les signes à éclipses ont, pour nous, le défaut d'être positivement éblouissants et ainsi de contrarier le public, qui ne peut aimer voir éclater comme une fanfare, à ses regards éberlués, l'affiche aveuglante d'un produit quelconque. Cela ne peut que l'indisposer contre la marque qui use et abuse ainsi de ses yeux, en les contraignant à un travail qu'ils n'ont pas consenti. Au contraire, le signe à couleurs changeantes n'a pas cette brusquerie; seules ses nuances varient; il ne cause pas de surprise optique désagréable, et il peut être amusant, par le chatoiement, esthétique ou violent, artistique ou brutal, de ses colorations.

Le prix de l'établissement, de l'entretien et de la conservation d'un signe lumineux est extrêmement variable. Cela dépend de sa situation, par rapport à la circulation urbaine, de sa complication au point de vue de la machinerie, de sa dimension, de sa diversité au point de vue des couleurs, etc. Chaque signe est une création particulière, et son prix d'installation et de fonctionnement ne peut résulter que de la nature spéciale et de l'individualité, plus ou moins importante ou plus ou moins intéressante, de chacun d'eux.

LIVRE III

◇

Les Imprimés de Publicité

◇ ◇ ◇

CHAPITRE VIII

LES MODES DU TROISIÈME MOYEN

◇

Prospectus, Brochures, Catalogues, Circulaires, etc.

Si l'affiche attire spontanément, et, pour ainsi dire, incons-
ciemment l'attention, il n'en est pas de même des imprimés de
publicité. Ceux-ci exigent, pour être efficaces, que l'attention se
porte volontairement sur eux ; et c'est pour cela que leur pratique
présente quelques difficultés, que nous nous proposons d'expliquer ici.

Action de l'imprimé.

Si nous recevons dans la rue, de la main d'un distributeur,
un prospectus ; si nous trouvons dans notre courrier, le matin,
une brochure, une circulaire, nous ne les lisons pas du premier
coup, dans l'ordre ordinaire. Nous délibérons sur le point de
savoir si nous devons lire ou ne pas lire et nous ne nous décide-
rons qu'après un examen préalable et tout superficiel de l'imprimé qui nous sera tombé dans la main.

Ce prospectus est-il un vulgaire chiffon de papier, commun,

mal imprimé, mal composé, il y a de nombreuses chances pour que nous ne le lisions pas. Si c'est, au contraire, un papier propre, avec des lettres de couleurs claires, et, surtout, qu'un mot sympathique y figure en gros caractères, nous le lirons, nous le parcourrons tout au moins, et nous ne lui ferons pas prendre tout de suite le chemin irrémédiable de la corbeille à papier ou de la boîte aux ordures, comme c'est, malheureusement, le sort qui attend la plupart des imprimés.

Il y a des imprimés qui nous parviennent à un moment où nous en avons presque besoin. Il y en a d'autres qu'on attend presque ; ces imprimés-là ne sont, généralement, pas jetés sans qu'on en ait pris connaissance. Il est midi, et vous cherchez où déjeuner ; on vous remet un prospectus qui vous donne l'adresse d'un restaurant. Vous avez mal aux dents, vous avez projeté depuis plusieurs jours de vous faire extraire une molaire douloureuse, et l'on vous glisse le prospectus d'un dentiste. Ce sont là des prospectus dont on a presque besoin.

Madame a décidé de renouveler sa garde-robe, d'enrichir sa lingerie de quelques services de table ou d'une collection de chemises et de pantalons. Elle reçoit le catalogue d'un grand magasin de nouveautés ; elle y trouve un choix de lingerie qui l'intéresse. C'est l'imprimé qu'on attend, parce qu'on sait que les magasins ont coutume d'envoyer leur catalogue de blanc à une certaine époque, leur catalogue d'articles de printemps à une autre époque, et celui des nouveautés d'hiver à une époque encore différente.

Mais nous recevons une brochure destinée à nous faire admettre que les Pilules Roses sont le meilleur remède à l'anémie. Si nous ne sommes pas anémique, cet imprimé nous indiffère complètement, et nous le jetons. Si l'on suppute combien de personnes sur mille sont anémiques, on reconnaîtra que le nombre n'en est pas supérieur à cent, et cependant on aura envoyé l'imprimé à mille personnes. Le potentiel d'intérêt est presque nul et la majorité relative assez faible, car sur les cent anémiques qu'on touche, il est probable qu'on n'en intéressera sérieusement que cinq ou dix, au maximum.

Il s'ensuit que le prospectus, l'imprimé en général, ne peut être susceptible de résultat que dans deux cas : lorsqu'il s'adresse à une clientèle existante, qu'on connaît d'avance, et il faut alors qu'elle soit sélectionnée avec soin ; et lorsqu'il s'adresse à la totalité des individus, en ce sens que ces individus sont tous susceptibles d'acheter la chose annoncée.

Prenons d'abord le premier cas. Le fabricant d'un nouveau pétrin mécanique veut présenter son article à ceux qu'il intéresse. Il établit un catalogue ou une brochure, dans lesquels il expliquera, il démontrera les avantages de son appareil, et il enverra, par la poste, son imprimé à tous les boulangers de France. Potentiel d'intérêt élevé, et majorité relative très forte.

Mais c'est parce qu'ici nous savons à qui adresser notre papier.

Nous supposerons maintenant un marchand d'appareils orthopédiques envoyant, à des adresses de toute sorte, un imprimé pour vanter les avantages, les qualités de ses instruments. S'il lui était possible de connaître tous les bossus, tous les bancals de France et qu'il n'envoie son papier qu'à ces bossus ou à ces bancals, le procédé de l'imprimé serait excellent, car il toucherait une clientèle dont le potentiel d'intérêt serait élevé, et une majorité relative extrêmement intéressante. Mais ce n'est pas le cas. Il s'adresse à tout le monde, et le potentiel d'intérêt de sa publicité tombe à presque rien, de même que la majorité relative qu'il intéressera descend bien au-dessous de la moyenne.

Mais admettons un pharmacien ayant inventé, créé un nouveau produit contre la constipation. Il envoie des prospectus, des brochures, pour expliquer aux gens que sa préparation est nouvelle, qu'elle n'a pas les inconvénients de telle autre, qu'elle est ceci, et puis cela. Qu'arrive-t-il? Beaucoup de gens sont constipés, la majorité relative à laquelle il s'adressera sera élevée, mais le potentiel d'intérêt restera faible, parce qu'il n'y aura qu'un petit nombre d'individus qui seront en situation d'user de ce nouveau produit, au moment où le papier leur parviendra. C'est le même cas que pour les anémiques et les Pilules Roses.

Dans le premier cas, les boulangers, touchés immédiatement, se décideront vite. Ils demanderont des informations complémentaires, et, à moins qu'ils n'aient déjà un pétrin mécanique, ils s'intéresseront assez promptement à la nouvelle invention qui leur est proposée.

Dans le second cas, il n'y aura que quelques rares individus qui soient intéressés, le nombre des bossus et des bancals étant relativement faible. Et il faudra envoyer un nombre énorme de circulaires ou d'imprimés pour obtenir un résultat assez faible et qui ne compensera pas la dépense engagée. Or, il ne faut pas oublier que la publicité est un débours qui doit porter bénéfice, c'est un tant pour cent ajouté au prix coûtant d'un article, mais qui doit se récupérer par la vente dans un temps plus ou moins rapide, — qui doit, en principe, se récupérer toujours. Lancer des appareils orthopédiques par des brochures adressées à n'importe qui, est une entreprise qui ne peut aboutir à une récupération des frais engagés.

Dans le cas du remède contre la constipation, quoique la grande majorité des gens ait l'habitude de se purger de temps à autre, on n'impressionnera qu'un fort petit nombre d'individus par l'envoi d'un premier imprimé. Certains auront contracté des habitudes dont il faut les faire sortir ; d'autres se seront purgés la veille du jour où le papier les aura touchés ; le plus grand nombre, lorsque leur attention volontaire aura été éveillée, n'auront pas répondu à la sollicitation et auront jeté l'imprimé sans le lire, à moins qu'il n'ait présenté pour eux un intérêt, un attrait particulier, qu'il se soit montré sous des dehors suffisamment plaisants pour qu'on l'ait ouvert et parcouru avec indulgence, sinon avec sympathie.

L'imprimé aux deux périodes de la publicité.

Dans le premier et dans le second cas (pétrins mécaniques et appareils orthopédiques) la publicité organisée appartient à la première période : suggestive et directe. Dans le troisième cas (remède contre la constipation), elle appartient à la publicité de la seconde période : obsédante et indirecte. Dans le premier cas, il ne sera possible de se procurer le nouveau pétrin mécanique qu'en s'adressant à son fabricant ; de même dans le second cas, pour les appareils orthopédiques. Dans le troisième cas, la publicité organisée appartient bien, sans conteste, à la période obsédante et indirecte, puisque c'est chez le détaillant, le pharmacien, qu'il faudra aller chercher le nouveau purgatif.

On peut donc, comme pour tous les moyens de publicité, agir par l'imprimé selon les deux périodes, et attendre de l'imprimé des effets immédiats aussi bien que des effets différés. Tout dépend de la nature de la chose annoncée, du nombre de gens intéressés et, enfin, des procédés de vente.

LE PROSPECTUS DANS LA RUE

C'est la forme la plus modeste de l'imprimé de publicité. Ses applications sont restreintes, car il ne peut être utile qu'à un commerçant de détail qui se propose de rabattre une clientèle sur son magasin ou qui veut annoncer une occasion, des soldes, une exposition particulière de marchandises. Il peut encore être utilisé par un directeur de spectacles, de cinématographe, pour signaler des exhibitions sensationnelles, pour annoncer le passage dans une ville d'un spécialiste, d'un médecin, pour signaler un déballage d'article à vendre. Son action est toujours localisée et c'est un peu, comme l'affiche, le prolongement d'une enseigne.

Comme, pour qu'un prospectus soit lu, c'est à l'attention volontaire qu'on fait appel, sa principale qualité doit être la concision. Il faut que, d'un coup d'œil, le passant qui l'aura reçu saisisse de quoi on veut l'entretenir et qu'un mot, une phrase courte résume tout le texte, de manière que le lecteur sache si l'imprimé peut l'intéresser ou non. Cette considération limite le format d'un prospectus distribué à la main à la dimension d'un in-octavo coquille, ou, tout au plus, d'un in-quarto raisin (1). C'est plutôt dans la composition du texte, dans la couleur du papier et des encres que devront s'affirmer les capacités publicitaires de l'Annonceur ; pour rendre son imprimé aussi attrayant que possible, il n'est pas interdit de l'illustrer ; au contraire, cela peut constituer un élément d'attention très important et contribuer à la lecture du papier distribué.

Le prospectus remis à la main est un peu la menue monnaie de la publicité. C'est par lui que l'Annonceur peut localiser le mieux son action et la limiter à l'étendue stricte où elle peut lui être utile. C'est donc, par excellence, la publicité du boutiquier, du petit magasin de détail, celle qui n'a pas à sortir des bornes d'un quartier, d'une rue même. Là où il n'est pas interdit, — pour des raisons de propreté urbaine, — il peut rendre beaucoup de services à une foule de petites entreprises, depuis les théâtres ambulants ou fixes, jusqu'au bandagiste-voyageur, en

1. On sait que le format coquille est approximativement de 44 × 55 centimètres, et que le format raisin est environ de 50×65 centimètres, l'in-octavo étant alors le huitième et l'in-quarto le quart de ces dimensions.

passant par le magasin de chaussures, de chapellerie, de bijou-teries, de nouveautés.

On distribue également à la main des imprimés d'une forme un peu plus originale que la simple feuille de papier. Ce sont des cartons, pliés ou découpés, illustrés souvent, qui portent soit une phrase énigmatique qui force l'attention et incite à la lec-ture, soit des images comiques. Lorsque, pour en savoir le con-tenu, il faut qu'on le déplie, ce genre perfectionné de prospectus s'appelle un dépliant. Sous cette forme, et si le prix de ces impri-més n'est pas trop élevé, leur pouvoir est incontestablement augmenté dans une notable proportion, en ce sens qu'on les jettera moins, l'attention volontaire étant plus énergiquement sollicitée ; cependant, leur rayon d'action reste limité.

☛ ☛ ☛

L'IMPRIMÉ A DOMICILE

L'imprimé envoyé ou porté à domicile peut présenter les dehors les plus modestes aussi bien que les plus luxueux. Mais c'est surtout pour la publicité de la première période qu'il doit être utilisé. En effet, ainsi que nous l'avons dit plus haut (1), son action obsédante est faible, à moins de répéter sa distribution de telle sorte qu'il devient plus onéreux qu'utile. On doit alors lui préférer nettement l'annonce ou l'affiche.

Mais il n'en est pas de même lorsqu'il peut être adressé à des destinataires déterminés. Son action est alors éminemment directe.

Le catalogue et son emploi.

Si nous admettons un industriel fabriquant des appareils de chauffage, sa conduite est tout indiquée : il créera un catalogue, avec un texte clair, persuasif, et il fera parvenir cet imprimé, qu'il soignera tout particulièrement au point de vue de l'im-pression, à tous les entrepreneurs de fumisterie, à tous les quin-cailliers, à tous les marchands d'articles de ménage de France. Cela ne l'empêchera pas d'avoir des voyageurs, des agents, qui

1. Voir pp. 167 et 168.

visiteront la même clientèle, car, dans ce cas, le catalogue n'est répandu que pour précéder la visite du représentant et créer, par avance, une atmosphère favorable dans l'esprit du commerçant appelé à installer ou à vendre les articles de ce fabricant. La tâche du voyageur se trouve ainsi considérablement facilitée.

Mais on voit, dans ce cas, que ce prospectus, ce catalogue pourra n'être adressé qu'aux seules personnes qui peuvent s'y intéresser. Son potentiel d'action sera donc élevé, et sa majorité relative également.

Il en sera encore de même pour un pharmacien qui aura inventé un produit spécial destiné à favoriser la dentition chez les enfants en bas âge. Ce pharmacien pourra également adresser un imprimé à domicile — prospectus ou brochure — et le diriger exactement sur la clientèle propre à acheter ce produit. Il lui suffira de s'organiser pour obtenir que les naissances lui soient signalées au fur et à mesure. Les organisations de coupures de journaux lui seront, pour cela, fort utiles.

Toutefois, il n'en faudra pas moins que ce pharmacien organise en même temps sa vente, sinon chez tous ses confrères, du moins chez les principaux d'entre eux. Et voilà où apparaît la différence importante qui marque les opérations du fabricant d'appareils de chauffage et celles du pharmacien : le premier, qui s'adresse directement à son acheteur, fait de la publicité de la première période, tandis que le pharmacien fait la sienne suivant les principes de la seconde période. Mais, par la sélection des destinataires de ses imprimés, il la fera participer, pour une part, aux avantages de la première forme, puisqu'il peut restreindre son action à ceux-là qui sont appelés à devenir ses acheteurs. Tout obsédante qu'elle doive être, sa publicité sera néanmoins directe et possédera un potentiel d'intérêt élevé.

Les bureaux d'adresses.

Il existe dans certains pays et particulièrement en Allemagne des organisations très importantes qui rendent d'énormes services dans les cas de cette nature : ce sont les « bureaux d'adresses ». Ces bureaux d'adresses se sont assuré des agents dans toutes ou presque toutes les communes de leur pays, et ces correspondants leur fournissent des listes de personnes qui ne figurent pas dans les annuaires et les indicateurs d'adresses, ou qui y figurent sous des appellations ou des rubriques qui ne présentent pas d'intérêt particulier ; en effet, ces correspondants indiquent à l'organisation centrale le nom et l'adresse de toutes les personnes possédant, par exemple, un piano ou un phonographe. Ils lui indiquent encore les noms et les adresses des personnes atteintes de certaines affections, comme : tuberculose, surdité, maladies de la gorge, voire la goutte et le rhumatisme, ou bien de ceux qui souffrent d'infirmités corporelles : les bossus, les boiteux, etc... Ces bureaux d'adresses vendent ensuite ces noms aux commerçants qui désirent propager un remède contre ces affections ou qui fabriquent des appareils orthopédiques ; ils délivrent encore des listes d'adresses aux éditeurs de musique, qui peuvent ainsi se mettre en relations avec de véritables consommateurs : les possesseurs de pianos.

Malheureusement, de semblables organisations n'existent encore en France que d'une façon très rudimentaire, et le moyen de publicité qu'est l'imprimé à domicile perd ainsi une bonne partie de son intérêt, puisqu'il ne peut s'exercer avec toute son ampleur et dans toutes les circonstances où il pourrait affirmer son efficacité ; nous ne pouvons que le déplorer jusqu'au jour où d'entreprenants industriels nous doteront de services identiques organisés sur une vaste échelle.

Cependant, pour ne point donner trop de regrets, nous dirons à ce propos que ces adresses n'ont pas toute la valeur opérante qu'on pourrait leur supposer. Si elles atteignent sûrement ceux pour qui sont faits les imprimés, ce n'est pas toujours sans déplaisir. Le propriétaire d'un phonographe ou d'un piano ne sera pas autrement étonné de recevoir une brochure par laquelle on lui offre des disques nouveaux ou des œuvres musicales. Mais un sourd, qui cache souvent son infirmité, un bossu qui sent le ridicule de son mal — quoique cela n'ait rien de déshonorant — accueilleront avec mauvaise humeur et dans un esprit d'hostilité le papier qui leur révélera que quelqu'un qu'ils n'ont jamais vu, qu'ils ne connaissent souvent pas de nom, est informé de leur triste état. Ils peuvent en être humiliés, et cela ne les dispose pas favorablement à l'égard du commerçant qui leur fait ses offres de services. Ce sont des circonstances qu'il ne faut pas négliger.

Nous venons de passer en revue les différents cas où l'imprimé à domicile s'adresse essentiellement à la clientèle nettement déterminée dont il est appelé à satisfaire les goûts ou les besoins. Sa circulation sera, alors forcément, restreinte dans la mesure où est restreint le nombre de ceux à qui il doit s'adresser.

L'imprimé à circulation générale.

Mais l'imprimé peut aussi être utilisé pour d'autres objets et les produits de consommation trouveront en lui un auxiliaire précieux. Le lancement d'une marque de savon, d'un article d'alimentation, d'un produit d'entretien, étant entendu que ces divers articles sont d'un usage à peu près général, peut être facilité par un imprimé, une brochure, un prospectus, qui ne risqueront pas de s'égarer entre des mains indifférentes ou hostiles, puisque ces marques sont d'un emploi général quotidien, sinon constant. C'est alors de la publicité obsédante, indirecte et à effets différés.

En effet, la distribution d'un tel imprimé comporte, comme l'annonce, comme l'affiche, l'organisation très suivie de la vente du produit. Ce serait toujours commettre une erreur coûteuse que de faire distribuer des papiers quelconques dans une région, une ville, un bourg, dont les habitants seraient dans l'impossibilité de se procurer la chose annoncée.

Cependant, nous ne conseillerons pas de faire procéder à une distribution d'imprimés pour le début d'un lancement. Son action est trop morcelée, un pareil papier n'agissant que faiblement pour conduire à l'acte terminatif; il lui manque l'énergie propre à l'annonce et à l'affiche, lesquelles agissent, à la fois, sur la collectivité tout entière, — la même annonce étant lue par des milliers de personnes dans le même temps, et l'affiche étant placée simultanément aussi sous les yeux d'un très grand nombre de personnes. L'imprimé, dans ce cas, ne peut être que le rappel de l'annonce et de l'affiche, il vient remémorer individuellement à chaque personne, prise isolément, la publicité du journal et du mur au moment où celle-ci chôme, c'est-à-dire à un moment où l'on ne fait paraître ni annonces, ni affiches; il concourt à faire revivre cette publicité dans la mémoire des consommateurs, et il entretient ces derniers dans l'idée de l'existence du produit, dont il lui appartient alors de répéter les qualités, les propriétés sous une forme nouvelle, permettant plus de développement dans l'argumentation, plus d'énergie dans l'affirmation, puisqu'il est conçu pour être *lu* et non pas seulement pour être *vu*.

Les conditions d'établissement de l'imprimé.

Pour l'établissement d'un tel imprimé, l'Annonceur devra déployer toutes les ressources de son originalité, afin d'en faire positivement une chose qui frappe, qu'on n'a pas encore vue et qui retienne l'attention.

Car c'est toujours à l'attention que l'imprimé doit s'adresser, à l'attention spontanée d'abord, à l'attention volontaire ensuite. Le premier coup d'œil doit éveiller cette attention et la faire durer assez pour que l'imprimé soit non seulement vu mais surtout lu.

Dans un imprimé destiné au lancement d'un produit de marque on ne devra pas oublier de faire figurer la marque elle-même, — ainsi qu'une représentation aussi fidèle, aussi exacte que possible du produit, tel qu'il est conditionné, tel qu'il se présente à l'acheteur. C'est là un excellent remède contre la substitution et les « contre-marques », — entendez les marques qui ne sont qu'un succédané ou une imitation, — le public s'accoutumant à connaître l'article sous sa forme immuable et toujours semblable à celui qu'il doit recevoir, exiger, du détaillant. On ne saurait prendre trop de précautions à ce point de vue, la substitution et la contrefaçon étant les plaies des marques, leurs ennemis les plus directs.

Un reproche qu'on adresse souvent aux commerçants qui font distribuer des imprimés à domicile, c'est de ne pas proportionner leur grandeur, leur apparence, leur texte à l'effort qu'ils leur demandent. C'est ici que le précepte américain est d'observation rigoureuse : on ne tue pas un éléphant avec un pistolet à bouchon ; on n'a pas besoin d'un marteau-pilon pour écraser une mouche (1).

L'imprimé doit être établi plus ou moins luxueusement, plus ou moins copieusement, suivant le résultat qu'on attend de lui. Un imprimé modeste conviendra parfaitement pour une affaire modeste, — un imprimé modeste ne conviendra pas du tout pour

1. Voir vol. I, p. 47.

une affaire importante. Il faut noter que cette importance ne se calcule pas d'après l'affaire elle-même, car un Annonceur ne doit jamais penser à lui, mais à ceux qu'il sollicite, et à l'importance qu'a pour eux l'article à vendre.

Pour vulgariser et vendre une marque dont le prix unitaire est de vingt centimes, il est inutile de créer des imprimés trop coûteux et trop volumineux; le public, d'abord, ne le compren drait pas. Mais si — même avec une petite entreprise commerciale — on prétend vendre un article valant vingt, cinquante ou cent francs, c'est là qu'un imprimé doit faire appel à toutes les ressources de l'imprimerie, typographique ou lithographique, à l'illustration, à la couleur, à la beauté du papier et à la considération naturelle qu'on a toujours pour un imprimé volumineux et bien édité et qu'on ne saurait jeter sans regret.

On devra s'attacher à soigner le texte lui-même : d'abord en le rendant clair, intéressant, et en le présentant dans un bon style, avec une bonne disposition typographique. On l'illustrera ; les modes d'illustration d'une brochure, d'un imprimé, sont nombreux. Certaines affaires pourraient se permettre un texte humoristique et des illustrations adéquates. Pour d'autres, une tenue sévère sera de rigueur. C'est une question de doigté. Un procédé d'une efficacité constante est celui qui consiste à illustrer un imprimé de publicité par la reproduction fidèle et très nette des objets ou des produits qu'on propose. Les procédés modernes de similigravure et même encore la gravure sur bois, qu'on a pendant longtemps délaissée peut-être à tort, mais à laquelle il y a tendance à revenir, satisfont à ces exigences. Le choix du papier sur lequel sera tirée la brochure joue également un grand rôle : l'industrie du papier est parvenue à notre époque à créer des types d'un grand luxe, tels que le papier couché ou le papier simplement surglacé, qui donnent d'excellents effets, et cela à des prix abordables pour l'Annonceur. Le matériel actuel des imprimeurs bien outillés permet enfin d'atteindre la perfection quant au tirage en une ou plusieurs couleurs, et l'Annonceur n'a que l'embarras du choix. Mais qu'il se pénètre bien de ceci : ces conditions sont absolument indispensables pour que l'imprimé qui portera sa fortune soit reçu sans déplaisir et surtout conservé avec utilité, car la grosse affaire est D'OBTENIR QUE L'ON CONSERVE un imprimé de publicité, alors que l'on en jette une si grande quantité.

L'imprimé utilitaire.

Pour faire conserver un imprimé, on peut, tout comme pour les prospectus distribués à la main, lui donner un caractère utilitaire. Un marchand de vins, par exemple, en même temps qu'il fera l'éloge de ses marchandises, fera entrer dans son imprimé quelques pages où il indiquera à ses futurs clients la manière de traiter les vins en pièce et en bouteilles, les soins à leur donner, etc. Un tailleur fera porter tout l'effort de son texte sur une histoire du vêtement à travers les âges, qu'il illustrera copieusement. Un magasin de nouveautés qui importe des tapis d'Orient consacrera quelques pages à décrire, avec des illustrations, la fabrication de ces tapis. Lorsque l'article ou l'affaire qui donne lieu à l'imprimé ne permettra pas cet exposé littéraire, pratique ou technique, on adoptera d'autres procédés qui auront moins de rapport avec l'industrie intéressée, mais qui n'en feront pas moins conserver l'imprimé. On peut, pour toutes espèces d'articles et de produits, illustrer et rendre captivante une brochure en y faisant figurer, selon la clientèle que l'on vise, des conseils d'hygiène, des indications agricoles, des prévisions astronomiques, des bons mots, des recettes de cuisine, des conseils pour le ménage ou la direction et l'entretien d'une maison, des vues, soit de paysages, soit de monuments, etc.

Les produits de marques ont le même intérêt à faire conserver leur imprimé. Il y a moyen d'y parvenir. Un fabricant de pâtes alimentaires expliquera les cent manières d'assaisonner ses produits et de les accommoder en plats maigres, gras, etc. Un fabricant de savon indiquera quelles sont les utilisations multiples de son produit, lequel peut servir aussi bien à laver le linge, à faire la lessive, qu'à se nettoyer les mains, à remettre à neuf les flanelles et les lainages, à laver les peintures, en même temps que la vaisselle, les objets de ménage et l'argenterie. Il est inutile de multiplier ces exemples à l'infini; chaque entreprise trouvera, dans son propre fonds, les éléments de cette publicité par le texte et aussi par l'image, qui devient *une petite leçon de choses extrêmement goûtée des consommateurs.*

L'illustration d'un imprimé, prospectus, brochure, peut avoir été conçue en vue de la faire conserver et contenir, dans ce but, des matières, des images complètement étrangères au sujet, c'est-à-dire à la chose annoncée. Dans ce cas, il ne faut pas que cette illustration occupe plus d'espace que le texte ou l'illustration ‚UTILES, au sens publicité, Sinon, la publicité semblerait la partie accessoire, alors que ce doit être la partie principale. La matière, le texte, l'illustration utiles doivent toujours occuper au moins les deux tiers de l'ensemble de l'imprimé; ou bien la disposition typographique de l'imprimé doit être telle que ce soit la partie utile qu'on voie d'abord et toujours. Cet effet sera obtenu en faisant placer toujours les illustrations ou le texte relatifs à la chose annoncée sur les pages de droite de l'imprimé, c'est-dire au recto, la partie complémentaire étant disposée sur les pages de gauche, soit au verso des pages. L'œil se porte, en effet, toujours, au premier abord, sur la partie droite d'un livre ouvert.

Les brochures et les catalogues circulent généralement sous des couvertures qui en font partie intégrante, indépendamment des enveloppes ou chemises employées pour leur expédition. Une couverture est une bonne chose, mais il la faut très nette, très incisive dans le texte qu'elle portera, car il faut que ce premier appel, fait au moyen de la couverture, incite immédiatement à lire le texte de la brochure ou du catalogue. Le texte de la couverture doit dire, en quelque manière : lisez ce que je renferme. Il faut, par conséquent, qu'aucune difficulté ne se présente pour ouvrir, parcourir et lire le texte de l'imprimé. Nous faisons cette recommandation pour éviter à notre lecteur la recherche de combinaisons, de complications, quant au mode d'ouverture de leurs imprimés. Il faut, en quelque sorte, *qu'ils s'ouvrent tout seuls.* Celui à qui on adresse un catalogue, une brochure, n'a pas, ordinairement, le temps de lire beaucoup. Même s'il l'a, il se croit obligé, s'il est dans les affaires, de feindre de ne pas l'avoir. Il faut donc lui mâcher la besogne.

Cela n'empêche pas de créer, pour les imprimés de publicité, des enveloppages seyants, harmonieux, plaisants; on n'en lira que mieux le reste ; mais il faut que la lecture du reste s'aborde sans efforts ; faire dépenser *le moins de temps possible* à son acheteur pour lui faire dépenser ensuite *le plus d'argent possible* est un principe qui doit guider les Annonceurs dans l'établissement de leurs imprimés de publicité.

Le but et l'action du catalogue.

Les catalogues doivent être établis dans les mêmes conditions d'aspect et de grandeur que la brochure, l'imprimé, c'est-à-dire en les proportionnant toujours à l'effet qu'on en attend et à la valeur des marchandises qui y sont détaillées. Un catalogue pour les articles de bimbeloterie n'a pas besoin d'avoir les mêmes dimensions, la même richesse d'impression qu'un catalogue d'automobiles. De plus, il ne comportera jamais de littérature compliquée ; des faits, des arguments, des affirmations enrichies, fortifiées par des exemples, suffiront généralement. Il est encore plus inutile de l'augmenter de choses qui ne se rapporteraient pas directement à la matière qu'il contient. On conserve un catalogue, simplement parce qu'il intéresse par lui-même, et sa fonction est moins large, moins générale que celle de l'imprimé ordinaire. Il s'adresse généralement, ainsi que nous l'avons dit (1), à des individus qu'il sert presque, et pour qui il ne peut être indifférent. Aussi, ne faut-il pas qu'un catalogue paraisse avoir été établi pour autre chose que l'objet dont il entretient le lecteur.

Dans un catalogue, l'argument doit être présenté avec concision parce qu'on y parle à des gens généralement pressés, et qui sont, au demeurant, presque toujours au courant des questions dont on leur parle. Les affirmations qu'il contient doivent être positives, et ne pas dépasser les limites de qualité, de propriété que la chose annoncée possède, car on risquerait, en exagérant, d'être ridicule. L'illustration doit être sobre et précise, sans amplifications inutiles, mais elle doit être aussi parfaitement démonstrative, de manière que l'on n'ait pas besoin de la commenter longuement, par du texte, qui ne serait pas toujours lu.

Le catalogue industriel, le catalogue borné, dans son action, à la clientèle d'un fabricant ou d'un négociant en gros ne constitue, dans le groupe des moyens de publicité, qu'une partie assez modeste : non que le chiffre d'affaires qu'il permet de traiter soit négligeable, car, au contraire, ce chiffre est très important, mais la clientèle à laquelle il peut être adressé ne se composant que de marchands de diverses corporations, de négociants en gros, de détaillants, sa circulation est restreinte à une

1. Voir pp. 12 et 170.

minorité de gens. C'est, cependant, lui qui fournit les éléments
des catalogues publiés par les détaillants, de tout ordre, depuis
le grand marchand de nouveautés, jusqu'au détaillant de spécialités, épicier, bijoutier, chapelier, cordonnier, etc., et c'est
dans ces diverses branches du commerce que nous voyons le
catalogue prendre la forme de l'imprimé destiné à la masse des
consommateurs d'une ville, d'une région, de la France entière
même, car les grands magasins de nouveautés parisiens ne crai-
gnent pas de disperser leurs catalogues sur toute la superficie
du territoire, et l'on sait quel succès cela leur a valu. Parvenu à
ces proportions générales, le catalogue est soumis, dans son établissement, aux lois que nous avons développées pour la brochure,
l'imprimé à circulation large (1). Son apparence luxueuse ne doit
être poussée que jusqu'au point précis où la dépense qu'entraînerait son élaboration, son impression, en ferait une publicité
onéreuse. Il ne lui faut qu'être exact, complet, convenablement
ordonné, et aussi suffisamment illustré pour satisfaire aux besoins
des consommateurs, surtout s'ils sont éloignés du magasin.

A notre époque où, de plus en plus, les magasins de nouveautés tendent à vendre toutes sortes de marchandises, ce
catalogue répond à une véritable nécessité pour les populations;
il a pour elles la valeur d'un document, d'une collection de renseignements utiles: tout le monde peut y trouver, suivant les
saisons, l'article dont il a besoin ; et il a encore l'énorme avantage de récupérer les frais qu'il nécessite par l'envie qu'il donne
souvent, aux individus de toute espèce qui le reçoivent, de
choses auxquelles ils ne pensaient pas, dont il ne croyaient pas
avoir besoin et par lesquelles ils sont tentés. C'est une prime
des plus actives, et des plus productives surtout, à l'acquisition
et à la dépense, de la part de celui à qui il est adressé.

Doit=on faire payer un imprimé de publicité ?

Une question s'est posée, dans de nombreuses circonstances,
pour des Annonceurs ayant mis en circulation des imprimés
d'un certain luxe et d'un prix de revient élevé, celle de savoir
s'ils ne pouvaient pas en faire l'objet d'un débours pour ceux
qui les leur demandaient.

1. Voir p. 174 et suiv.

Il est évident que, lorsque l'on publie une brochure volumineuse, illustrée en noir ou même en couleurs, dont le coût peut être de plusieurs francs l'exemplaire, il serait ruineux de l'envoyer gratuitement à tous, « sur simple demande », suivant la formule consacrée. Il arriverait qu'elle serait demandée alors par une foule de gens qui n'en auraient aucun besoin, simplement pour le plaisir de posséder pour rien une chose ayant une valeur intrinsèque certaine. Il est sage, dans ce cas, de fixer un prix pour recevoir l'imprimé. Ce prix ne doit pas être équivalent au prix coûtant de l'ouvrage, car il ne faut pas perdre de vue que c'est, somme toute, un imprimé de publicité, au moyen duquel on cherche à provoquer un achat de la part de celui à qui on l'envoie ; ce dernier trouverait certainement amer que, pour lui vendre quelque objet, quelque produit, on commence par lui faire payer le papier imprimé au moyen duquel on va le circonvenir. On fixera, par conséquent, la somme en échange de laquelle l'imprimé est envoyé, sensiblement au-dessous de son coût, de manière que le correspondant ait la sensation, même s'il ne conclut pas un achat, qu'il en a largement pour son argent.

Pour les imprimés d'un prix moyen, on demandera simplement une somme équivalente aux frais de poste nécessités par leur envoi.

Enfin, si l'imprimé est de faible valeur, on n'hésitera pas à l'offrir gratuitement. Vouloir lui fixer un prix, si modique soit-il, empêcherait un bon nombre de personnes d'en faire la demande, et il n'est nullement certain que ceux-là ne seraient pas les plus sérieux acheteurs, s'ils avaient pris connaissance de l'imprimé. Mieux vaut rechercher le plus que le moins.

Ces observations ne s'appliquent qu'aux imprimés créés en vue de la vente par correspondance, de la vente s'exerçant au moyen de la publicité suggestive et directe, celle qui s'efforce principalement de provoquer l'intérêt chez les lecteurs d'un journal, d'un illustré, afin de les décider à faire la demande d'un prospectus, d'une brochure dans lesquels sont exposés en détail les avantages offerts par la chose annoncée, de manière à provoquer des ventes directes. Pour les autres opérations de publicité utilisant l'imprimé, quel qu'il soit, celui-ci doit toujours être gratuit, d'autant plus qu'on serait bien embarrassé pour en réclamer un prix quelconque, puisqu'on l'envoie sans qu'il ait été demandé.

L'ORGANE PRIVÉ

Un procédé de publicité par l'imprimé qui mérite d'être très sérieusement étudié est celui qu'on appelle, en anglais, le « House Organ », ce qu'on peut traduire en français par « organe privé ».

L'organe privé participe à la fois de la brochure, du prospectus et du journal ; il participe de la brochure en ce sens qu'il a pour but exclusivement de faire valoir une affaire ou un produit, et du journal parce qu'il doit être, comme lui, périodique. C'est, en quelque sorte, une publication d'une périodicité variable par laquelle un Annonceur présente, sous la forme spéciale aux journaux en général, les avantages de certaines opérations, d'un produit de marque ou d'une fabrication quelconque.

L'organe privé est donc uniquement consacré aux affaires de l'Annonceur ; il peut, suivant les cas, s'adresser à la clientèle, si l'on fait de la vente directe par correspondance, ou aux intermédiaires, si l'on fait de la vente indirecte par le détaillant. L'organe privé est généralement gratuit, mais il en est qui perçoivent des abonnements, et le type de ce dernier journal est, incontestablement, *le Chasseur français*, organe privé de la Manufacture d'armes de Saint-Étienne, qui véhicule auprès d'un grand nombre de lecteurs la publicité des innombrables articles que cette entreprise offre au public ; mais, lorsqu'il a ce caractère, son texte, forcément, doit s'en ressentir, car il faut alors que la rédaction du journal ait un caractère d'indépendance apparente suffisant pour que le public, le lecteur n'ait pas précisément le sentiment que la publication à laquelle il s'abonne ne cherche sa faveur que pour lui faire acheter les marchandises vendues par l'éditeur de cette publication.

Tout autre est le caractère de l'organe privé gratuit, qui, lui, ne dissimule pas ses intentions et se donne franchement comme le vulgarisateur, le propagateur d'une marque ou d'une entreprise intéressée.

D'une manière générale, il remplace et supprime même la brochure et le prospectus. Il a certainement le défaut d'être plus coûteux, mais il présente l'avantage d'une plus grande souplesse, puisqu'il peut s'adapter, grâce à sa périodicité, à toutes les circonstances et à toutes les époques.

Les opérations de vente par correspondance qui usent du procédé de la publicité suggestive et directe obtiennent de grands services de l'organe privé ; autant l'offre d'une brochure concernant un objet ou un produit est, en elle-même, brutale, autant l'offre de l'envoi d'un journal est discrète, et, pour cette raison, nous pensons que les affaires de vente par correspondance en général ont intérêt à adopter l'organe privé comme moyen de propagande et comme levier de persuasion.

L'organe privé extérieur.

L'organe privé n'exige pas qu'on le fasse paraître à des dates fixes ; on ne le publie, au contraire, qu'aux époques où on en a besoin. Suivant le moment, la saison, on en varie le texte, de manière à lui donner un caractère d'actualité qui en rehausse l'intérêt.

Le texte rédactionnel d'un organe privé comporte ordinairement plusieurs articles dont la matière peut varier dans le cadre spécial des opérations auxquelles se livre l'Annonceur, mais qui, toujours, tend au même but : faire acheter. Cette matière se prête à de nombreux développements, et présente généralement plus d'intérêt que le texte d'une brochure ; l'allure primesautière de l'article facilite la lecture, alors que la rédaction d'une brochure affecte ordinairement une tournure didactique qui, à la longue, fatigue.

Reprenons l'exemple du médecin inventeur d'un nouveau traitement de la tuberculose, qu'il lance au moyen de la publicité suggestive et directe (1) : l'emploi de l'organe privé est, pour lui, tout indiqué. Sa publicité faite de préférence dans la presse quotidienne, vantera, en quelques phrases courtes, les vertus de son traitement et conclura par l'offre d'envoyer à tous ceux qui s'intéressent à sa découverte un organe privé gratuit, dont le titre sera, par exemple : *La Chronique de la Tuberculose et des Maladies de Consomption*. Le titre peut, du reste, être très variable ; il suffit qu'il soit clair, significatif et suggestif.

Le « House Organ » de ce médecin contiendra, par exemple, un article relatant les ravages accomplis par la tuberculose depuis

1. Voir vol. I, p. 46.

les temps les plus reculés jusqu'à nos jours ; une étude de la maladie à ses divers degrés ; une revue des symptômes qu'elle présente, de façon que tout malade atteint se reconnaisse aisément. Enfin, un exposé des travaux du spécialiste, une analyse de sa méthode, avec de nombreux arguments en démontrant l'efficacité et l'innocuité. Puis, pour terminer, des témoignages de guérison, aussi nombreux qu'on pourra en reproduire.

Tout, dans une telle rédaction, concourt à faire naître d'abord, à entretenir et à fortifier ensuite, la conviction, chez le malade, que la méthode de traitement qui lui est présentée est capable de lui rendre la santé. La lecture faite, la foi obstinément ancrée dans l'esprit du sujet, la détermination de suivre le traitement du savant est prise, non pas chez tous ceux qui auront fait la demande du journal, mais chez une bonne partie d'entre eux. Nous traiterons, sous le titre « La vente par correspondance », du *modus operandi* qui convient pour ces sortes d'affaires (1).

Mais l'organe privé peut recevoir d'autres applications. Il peut, par exemple, servir de moniteur à un fabricant d'articles de pêche, sollicitant la clientèle des marchands détaillants de cette spécialité. La littérature propre à un « House Organ » de ce genre comportera des articles documentaires sur les différents procédés de pêche ; des études sur les matériaux employés dans la fabrication des lignes, des hameçons, des mouches artificielles pour la pêche de la truite, etc. Il se terminera par un extrait du catalogue du fabricant, contenant plus particulièrement les articles qui répondent aux nécessités du [moment, de la saison.

S'étant procuré la liste complète des marchands d'articles de pêche en France, le fabricant enverra son organe privé à toutes ces personnes, et il le publiera autant de fois qu'il est nécessaire, avant et pendant la saison de la pêche. Il intéressera les détaillants de ses produits par les renseignements que contiendra son organe privé, et il est permis d'espérer qu'il lui en viendra des commandes importantes, surtout si l'action de son journal est soutenue par la visite d'un voyageur ou d'un représentant.

Toutes sortes d'industries sont en situation de publier un

---

1. Voir p. 201 et suiv.

organe de ce genre. Le résultat essentiel qu'on en obtiendra, en dehors des ordres qu'il procurera, sera de créer pour les produits ainsi annoncés, une sorte de notoriété, de valorisation susceptible d'augmenter, dans une forte proportion, les affaires de l'industriel qui le fait paraître.

L'organe privé intérieur.

On peut encore publier un organe privé, lorsqu'on lance ou qu'on soutient une marque, pour instruire le personnel des vendeurs et des détaillants de tout ce qui touche à la chose annoncée, pour en souligner les avantages, au point de vue de la qualité, de la présentation, du prix, etc. Certaines Compagnies se livrant à la fabrication et à la vente des machines à écrire publient des organes privés dont tout l'intérêt consiste à éduquer, à former le personnel de vendeurs attaché à l'entreprise. La concurrence, dans ces matières, étant très active, il faut que les représentants soient bien armés pour répondre à toutes les objections que les personnes sollicitées peuvent élever contre la machine offerte. Ces représentants sont souvent tout le contraire de techniciens; ils sont actifs, « débrouillards », bons vendeurs, en principe, mais ne connaissent pas toujours, dans tous ses détails, l'objet qu'ils sont chargés de vendre. On remédie à cette insuffisance d'instruction technique au moyen de l'organe privé, qui les tient au courant de toutes les modifications, de toutes les améliorations apportées à la machine. Cet organe contient aussi, généralement, des indications sur les points qui pourraient être contestés par un acheteur, sur les réponses à faire à ses objections, sur la manière de faire des démonstrations convaincantes et raisonnées. Il forme les vendeurs et représentants, il leur donne confiance et, en stimulant leur intérêt, entretient chez eux l'émulation et l'ardeur.

Cela se fait pour des machines à écrire; cela peut se faire pour quantité d'autres articles, depuis les machines à coudre jusqu'à des porte-plume-réservoirs, pour des appareils de chauffage par la vapeur aussi bien que pour des moteurs d'automobile. Dans cette voie, le champ d'action est, pour ainsi dire, infini. C'est, évidemment, un petit côté de la publicité, mais il devait trouver place ici, puisque nous nous sommes proposé de la montrer sous tous ses aspects et dans tous ses usages.

Certaines grandes entreprises anglaises et américaines publient encore une autre forme d'organe privé. Il est vrai qu'il s'agit d'entreprises mondiales ayant des débouchés partout, et, par conséquent, des agents, des directeurs régionaux pour la vente et d'innombrables correspondants. Ces journaux servent à instruire le personnel au service de l'affaire de toutes les méthodes de publicité et de vente appliquées dans les diverses parties du monde où la marque est répandue. Le directeur de la branche suisse de l'affaire, par exemple, ayant innové un affichage heureux, tous les autres directeurs des autres nations en ont connaissance par le « House Organ », de manière à pouvoir, à leur tour, profiter de l'initiative de leur collègue; cet organe contient encore des sortes de leçons qui doivent être apprises par les vendeurs et les voyageurs, afin de leur fournir des arguments pour la présentation de l'article.

La rédaction de l'organe privé.

La rédaction d'un organe privé demande surtout de la clarté et de l'animation. Elle ne doit pas être dogmatique, ni pompeuse; il lui faut la plus grande somme de force persuasive, sans tomber dans le *bluff* et le charlatanisme. On peut parfaitement, tout en ne disant que l'absolue vérité, la parer de couleurs suffisamment brillantes pour la rendre plaisante et sympathique. Pas d'expressions recherchées, ni de termes techniques, que le vulgaire et même des individus cultivés ne comprennent pas toujours.

L'apparence d'un organe privé doit être telle qu'on ne puisse avoir l'idée, en le recevant, de le jeter au panier. Qu'il soit bien habillé, bien imprimé, d'un format commode, d'une lecture facile. Il le faut plutôt peu volumineux, mais convenablement présenté, d'autant plus qu'en donnant au lecteur trop de choses à lire, à discuter, à controverser même, on va au rebours de la direction qu'on s'est donnée, *qui est de convaincre.* On y parvient mieux avec un texte court, mais incisif, qu'avec un texte long et diffus. LA PERSUASION EST FAITE DE NETTETÉ.

Un organe privé peut être illustré. Mais, comme le but poursuivi n'est pas de le faire conserver pendant des semaines et des mois, l'illustration ne doit se rapporter qu'au sujet même qu'on traite, et ne rien tenir d'ailleurs. Il faut que l'organe privé emporte la détermination du premier coup, d'abord parce que ce n'est qu'un journal, et qu'un journal ne se garde pas comme un livre; ensuite parce que, quand on a lu un journal, il est bien rare qu'on le relise. L'action de l'organe privé doit être rapide, instantanée, parce qu'elle est éphémère.

LES CARTES POSTALES

La mode des cartes postales illustrées a fait dériver sur ce moyen de publicité une partie des dépenses que l'on a faites jusqu'ici pour l'imprimé en général. C'est, incontestablement, un excellent moyen, à condition d'être suffisamment discret pour que la publicité puisse s'y intéresser. Illustrer des cartes postales uniquement avec des images de pure réclame pour un produit ou une affaire quelconque, c'est vouer l'objet même de cette publicité à l'indifférence du public, qui même s'en éloignera. On ne voit pas très bien une personne utilisant pour sa correspondance des cartes postales qui vanteraient les mérites d'un purgatif ou qui prôneraient les vertus d'un antiseptique. Il faut, dans ce cas, que l'illustration de la carte postale soit le but et que la publicité ne soit que le prétexte. On obtiendra ce résultat en illustrant la carte postale de publicité de croquis humoristiques, de vues de monuments, de paysages, de personnages célèbres et en n'indiquant l'objet de cette publicité, c'est-à-dire le nom du produit, ses propriétés, son utilité, qu'avec discrétion, de manière que l'illustration domine et couvre en quelque sorte le reste.

La carte postale est peu coûteuse lorsqu'on en tire des quantités suffisantes. Elle présente l'avantage d'être une publicité bien apparente, pour celui qui l'envoie en même temps que pour celui qui la reçoit, sans compter encore ceux entre les mains de qui elle passe. En raison de l'engouement qui favorise si activement la circulation des cartes postales de nos jours, ce procédé de publicité pour des marques, pour des articles de consommation, est susceptible de donner de bons résultats, mais encore faut-il que les industries, les commerces qui l'utilisent aient atteint ce degré de notoriété qui fait que l'article ou le produit annoncé se trouve à peu près partout et puisse être obtenu facilement. On ne lancera pas une marque nouvelle, un produit de création récente par la carte postale; mais on soutiendra et on entretiendra une marque ou un produit déjà connus, dont la vente sera puissamment organisée partout.

Nous apparaît comme plus nuisible qu'utile la carte postale illustrée dont l'unique sujet imagé n'a trait qu'au produit auquel elle sert de réclame. Ce sont les cartes postales qu'on jette au fond d'un tiroir, ou qu'on donne aux enfants pour s'amuser; et s'amuser, pour eux, c'est les déchirer.

Mais il est une catégorie de cartes postales illustrées qui peuvent constituer un moyen de publicité excellent, et dont on use, du reste, déjà, dans cette intention : ce sont les cartes créées par la municipalité d'une ville, ou le syndicat d'initiative d'une région, pour en faire valoir les beautés et les curiosités. Sans doute, les touristes qui traversent ces villes ou ces régions se procurent, contre espèces, de ces cartes, car on en vend partout. Mais leur nombre est insuffisant pour répandre au loin le goût de certains séjours, de certaines excursions. Or, n'est-ce pas par la carte postale, généralement conservée, collectionnée, qu'on communiquera le mieux ces tentations? Non seulement les municipalités ont intérêt à répandre au loin des cartes postales illustrées représentant les principales attractions de leur pays, mais encore, elles devraient les distribuer gratuitement aux touristes de passage, ou les faire vendre à prix réduit, mais en créant des éditions de luxe, avec de belles couleurs, qui seraient naturellement préférées. C'est une question que les syndicats d'initiative devraient mettre au premier rang de leurs préoccupations.

La carte postale ne peut être comptée, pour toutes les autres applications qu'elle peut recevoir, que comme un moyen accessoire de publicité. Elle ne vulgarise pas, elle ne lance pas; c'est de la publicité d'entretien, utilisable concurremment à d'autres moyens qui sont plus énergiques et plus généraux.

L'ENCARTAGE

L'encartage consiste à faire véhiculer par un journal — périodique généralement — un imprimé de publicité qui est joint à la publication, inséré dans ses plis, et qui a comme destinataires tous ses lecteurs ou abonnés. Les journaux quotidiens, en raison de la rapidité de leur impression et de leur expédition, ne peuvent faire utilement d'encartage, car ils sont expédiés en vrac, par ballots, à des dépositaires chargés de la vente; il y a, dans ce cas, impossibilité absolue d'encarter quoi que ce soit dans chaque exemplaire du journal. Tout au plus, les quotidiens peuvent-ils se charger d'encarter un imprimé dans les exemplaires destinés à leurs abonnés, parce qu'alors ils assument eux-mêmes le soin du pliage et de la mise sous bande des numéros affectés à cette destination spéciale; mais c'est là une quantité négligeable, les journaux étant de moins en moins achetés par abonnement.

Les journaux périodiques, les revues, les magazines, les journaux amusants, ordinairement hebdomadaires ou bi-mensuels, sont, au contraire, tout à fait en état d'assurer l'encartage d'un imprimé, car ils procèdent à leur tirage plusieurs jours à l'avance. Comme ces journaux s'expédient exemplaire par exemplaire, quel que soit le groupage auquel ils donnent lieu, l'encart se trouve toujours à sa place dans leurs plis.

L'encartage est-il un « imprimé »? Est-il une sorte de supplément au journal qui le véhicule? Il participe un peu de ces deux formes de publicité. Mais nous le rangeons plutôt dans la catégorie des imprimés. N'est-il pas indépendant du journal qui le transporte? Le lecteur n'est-il pas toujours libre de le jeter, lorsqu'il le trouve dans son illustré, dans sa revue?

C'est donc plutôt un imprimé, mais un imprimé qui jouit de certains avantages, au point de vue de son action, en ce sens que c'est bien toujours le journal qui l'apporte, et qu'il participe pour un peu de la sympathie qui s'attache à celui-ci, sympathie évidente puisqu'on achète un journal périodique, ou qu'on s'y abonne pour l'intérêt qu'on y trouve.

Toutes les formes de publicité sont applicables à l'encart. On peut l'utiliser pour la publicité à sa première période aussi bien qu'à la seconde. Seulement, il emprunte à chaque journal qui l'insère dans ses plis une action et une valeur extrêmement variables.

A la période suggestive et directe, il rendra des services pour toutes les entreprises de vente à crédit, pour toutes sortes d'affaires qui provoqueront des achats directs, à la condition qu'il s'agisse d'articles, d'objets d'une utilité très générale et que l'encartage ne soit fait que dans des périodiques à grande circulation atteignant une partie importante et très diverse de la

population. Les articles de luxe, ou simplement d'un prix inac-
cessible au commun, réserveront leur encartage aux publications
d'une circulation moins intense, mais qui sont lues par une
clientèle plus riche. D'autres entreprises auront intérêt à utiliser, pour y encarter des imprimés, les journaux techniques,
lorsque l'article, l'objet à vendre s'adressera à un ensemble cor-
poratif ou professionnel.

A la période obsédante et indirecte, l'encartage sera employé
plus particulièrement pour le lancement des marques de consommation ou d'entretien, mais seulement lorsqu'un succès plus
ou moins large aura accueilli une publicité précédente, faite dans
les journaux ou par voie d'affiches, et que le produit, la marque,
aura déjà trouvé des débouchés un peu partout. Car il faut toujours songer que les périodiques ont une circulation très dissé-
minée, qu'ils se répandent à peu près également dans tous les
départements et n'ont pas de centre d'action particulier. L'encartage comporte donc préalablement l'organisation déjà puissante
de la vente.

C'est, à tout prendre, un procédé très actif, sauf qu'il ne s'applique qu'à des entreprises très généralisées, si l'on emploie pour
sa distribution les périodiques à grosse circulation, dont la
clientèle de lecteurs est très hétérogène.

Les conditions qui s'imposent pour l'impression et la présentation de l'encart sont les mêmes que pour les imprimés ordinaires : les encarts seront simples pour la clientèle des journaux
à bon marché; ils seront luxueux pour les publications d'un prix
élevé, lues par une clientèle aisée ou riche.

CHAPITRE IX

L'Emploi des Imprimés de publicité

o   o   o

Brochures, Catalogues, Prospectus, Circulaires, Correspondance omnibus.

Selon leur destination, les imprimés appartiennent aux moyens de la première ou de la seconde période.

Dans la première catégorie des moyens de publicité, il faut comprendre les circulaires affectant un caractère personnel pour le destinataire; les catalogues de magasins de nouveautés annonçant des mises en vente, des expositions; les catalogues commerciaux ou industriels adressés à des individus choisis en raison de leur profession ou de leur genre de commerce.

Qu'une circulaire ait le caractère personnel ou non, l'Annonceur doit se dire, pour en régler l'établissement, que la personne qui la recevra ne le connaît généralement pas, qu'elle ignore tout de sa maison, de son article, de ses affaires; qu'elle ne sait pas si elle a affaire à une firme importante ou à une entreprise modeste, encore à ses débuts. L'apparence de la circulaire, par le papier sur lequel elle est imprimée, par la disposition de l'entête, par le soin qui aura été apporté à sa confection doit suppléer à cette ignorance *en produisant une impression favorable*, en dégageant de la sympathie. C'est ainsi que de très anciennes maisons ont des imprimés souvent si communs, si peu intéressants qu'ils ne sont nullement en harmonie avec l'importance de la maison; elles savent qu'on les connaît, que leur réputation est solidement établie, et elles pensent qu'il est inutile de déployer toutes les ressources de l'imprimerie pour informer des gens qui n'ont pas à douter d'elles. Cette conception est, du reste, à tous égards, critiquable; mais il est admis qu'un millionnaire n'a pas besoin d'être habillé chez le bon faiseur; son compte en banque répond pour lui.

Ce détachement des choses matérielles n'est pas permis à l'Annonceur débutant; et nous estimons que c'est par la bonne présentation de ses imprimés qu'il pourra compenser en partie la notoriété encore absente.

L'en-tête d'une circulaire sera d'abord très soigneusement établi. Il ne sera pas nécessaire d'y faire concourir la gravure en taille-douce, ce serait exagéré; mais on se gardera d'y faire entrer la typographie vulgaire ou banale; on aura recours à la bonne lithographie, et l'on n'hésitera pas à utiliser deux couleurs, étant donné que ces sortes de circulaires ont généralement un tirage assez élevé qui permet l'emploi d'une lithographie séduisante et soignée, le prix de l'impression lithographique diminuant en raison du nombre des exemplaires tirés. Vingt mille en-têtes de lettres en lithographie ne coûteront pas beaucoup plus cher que la même quantité tirée en typographie, et l'effet produit est de beaucoup meilleur.

Le papier sur lequel on tire des circulaires exige encore des soins spéciaux. Tous les papiers ne sont pas bons pour cet usage. Depuis que le poids maximum des lettres soumises à la taxe d'affranchissement minimum a été porté de 15 à 20 grammes, on peut établir ses en-têtes de lettres sur du papier de plus haut poids et de qualité en apparence supérieure; et c'est là une des conditions indispensables pour présenter une circulaire avec tous ses avantages,

Le texte doit être court, ou s'il n'est pas possible d'être concis, on devra couper le texte par des alinéas précédés de sous-titres alléchants, sur lesquels les regards peuvent se fixer d'abord, et qui doivent être conçus de manière à donner positivement envie de lire l'ensemble. N'oublions pas qu'un imprimé, une circulaire, n'est pas un texte qu'on lit avec complaisance; on le lit s'il paraît intéressant; et on le lit d'autant mieux qu'il est court et qu'il n'occasionne aucune perte de temps, aucun trouble, aucune gêne. Il faut donc qu'une circulaire éveille l'attention, la retienne, et que l'intérêt naisse de son seul aspect matériel et du premier coup d'œil qu'on aura rapidement jeté sur elle.

Conditions de la correspondance omnibus.

La machine à écrire a apporté une petite révolution dans la forme des caractères employés à la composition des circulaires. Autrefois, on les établissait simplement en caractères d'imprimerie courants ; aujourd'hui, on tend à utiliser des caractères cherchant à imiter ceux des machines à écrire, et qui, en réalité, le plus souvent n'imitent rien du tout. Il en résulte que l'effet qu'on recherchait est manqué, le public, en général, s'étant suffisamment accoutumé de nos jours à l'impression spéciale des machines à écrire pour reconnaître parfaitement les mauvaises imitations. Ce qu'on doit rechercher, c'est une reproduction assez fidèle des procédés d'impression obtenus par les machines à écrire, pour laisser supposer que la lettre-circulaire, tirée à des milliers d'exemplaires, a été réellement *tapée* sur une machine. Nous traiterons cette question dans tous ses détails au chapitre « Circulaires et Correspondance de vente » (1).

C'est généralement sous enveloppes que circulent les lettres-circulaires et la correspondance omnibus. Nous conseillons l'emploi d'enveloppes solides, d'aspect engageant et d'apparence originale. Rien n'est défavorable à un imprimé comme une vêture pauvre et banale. Ces enveloppes ne doivent pas porter d'en-têtes ni d'inscriptions qui en fassent deviner la provenance. On ouvrira toujours une enveloppe propre, décente, même si elle n'est affranchie qu'au tarif des imprimés ou des papiers d'affaires, lorsqu'elle ne porte aucun signe extérieur, parce qu'elle pose, à la personne qui la reçoit, un petit problème : c'est peut-être, se dira-t-elle, un simple prospectus... Mais si cela n'en était pas un ? Autrement, si l'enveloppe porte la marque de son origine, le nom de son expéditeur, le destinataire pense, en la recevant : ah ! c'est encore ce marchand de phonographes qui me relance ! Et la circulaire, démasquée, s'en va où vont les imprimés méprisés : au panier.

En ne mettant pas d'inscription, pas d'en-tête sur les enveloppes, l'Annonceur ne surprend pas la bonne foi, ne viole pas la tranquillité des gens à qui il s'adresse. Seulement il prolonge leur attention bénévole jusqu'à l'apparition de la circulaire elle-

1. Voir p. 221.

même ; et, comme il peut arriver que la circulaire en apparence la moins désirée contienne quelque chose d'intéressant pour celui qui la lit, il faut nécessairement chercher à la faire lire, et ne pas laisser les gens juger de son contenu sur la simple vue d'une enveloppe, si luxueuse soit-elle.

Ces observations s'appliquent également à toute la correspondance, affectant un caractère personnel, qui résulte des opérations de publicité ayant pour but la vente par correspondance et le rappel d'offres méthodique. (*Selling by mail* et *Follow up system*, comme disent les Américains (1).)

Les modes de distribution des circulaires.

Comment doit-on faire distribuer des circulaires?

Deux méthodes se présentent : la distribution par la poste et la distribution par les entreprises privées. Notons, en passant, que ces dernières, en raison du monopole postal existant en France, ne peuvent se charger que de la distribution de lettres non fermées ou d'imprimés sous bande ou sous chemises.

Le coût de la distribution par la poste est généralement plus élevé que celui de la distribution par les entrepreneurs spéciaux, mais ces entrepreneurs n'existent que dans les grandes villes. Mais la poste présente sur ces entreprises un avantage sérieux, qu'il faut faire entrer en ligne de compte : la garantie à peu près absolue que la distribution sera réellement faite. Tout dépend donc du potentiel d'intérêt que présentera, pour le public, la circulaire, la lettre-omnibus. Si ce potentiel est faible, la distribution pourra être effectuée, dans les grandes villes par des entreprises privées au tarif des imprimés, et dans les campagnes par la poste, sous enveloppe ouverte, avec affranchissement au tarif réduit. Par contre, si le potentiel d'intérêt est élevé, la poste est préférable, et même l'affranchissement au tarif des lettres est indispensable. Il permet de fermer les plis : on leur donne ainsi un caractère d'importance, qui ne peut appartenir qu'à la correspondance la plus personnelle. Nous ne voyons même aucun inconvénient, lorsqu'un pli de cette nature doit contenir des imprimés accessoires et que son poids dépasse les vingt gram-

1. Voir p. 201.

mes que l'administration postale accorde, à ce que l'affranchissement soit celui de l'échelon du poids supérieur. Le public accorde d'autant plus de valeur à un pli qu'il lui est apparent que son expéditeur a payé, pour le lui faire parvenir, un taux d'affranchissement plus élevé. Le timbre postal devient alors le pavillon qui couvre la marchandise. Mais gare si la marchandise est avariée, — c'est-à-dire si le contenu du pli ne répond pas à l'idée qu'on avait pu en concevoir d'après son extérieur.

Tout cela dépend, du reste, de la qualité des destinataires d'une circulaire, et surtout, de la plus ou moins grande abondance des imprimés qu'ils sont susceptibles de recevoir; un gros industriel, accoutumé à trouver chaque jour, dans son courrier, de nombreux papiers de publicité, sera plus difficile à atteindre qu'un paysan, qui n'en reçoit presque jamais. Pour les imprimés adressés au premier, l'affranchissement le plus haut, celui des lettres, est nécessaire. Pour le second, le timbre des simples imprimés suffit amplement. Ces contingences méritent toujours d'être attentivement examinées.

La distribution des catalogues.

Sauf les conditions de présentation, de volume, d'impression, qui ne sont plus alors les mêmes, les indications précédentes sont applicables au catalogue industriel et commercial, lorsqu'il ne s'adresse qu'à des individus qu'on connaît, appartenant à une corporation professionnelle ou constituant une clientèle déjà acquise.

Le catalogue omnibus, édité par un magasin, par un détaillant et qui s'adresse à l'ensemble d'une population, citadine, départementale, provinciale ou nationale, peut être, au contraire, distribué avec économie par les entreprises privées qui possèdent des organisations spéciales pour ce genre de travaux.

Les magasins de nouveautés, particulièrement, sont dans ce cas. Mais ils font un tel usage de ce moyen de publicité, qu'ils ont presque tous créé eux-mêmes une organisation de départ et de distribution qui fonctionne sous leur contrôle et dont ils tirent, par conséquent, le maximum d'utilité.

L'obstacle à la bonne et efficace distribution du catalogue ou de la circulaire est surtout l'impossibilité où souvent se trouve l'Annonceur de connaître les noms et adresses des personnes non commerçantes, alors que les annuaires ou le Bottin lui permettent d'atteindre les commerçants. Or, ce sont, précisément, les non commerçants qui sont, par excellence, les meilleurs clients pour l'Annonceur ordinaire, car les commerçants, eux, seront plutôt les acheteurs des autres commerçants de leur ville ou de leur quartier, en raison des transactions d'échange qui en résultent pour eux.

Intéressant procédé de distribution.

Dans les grandes villes, il est encore assez facile de se procurer les noms et adresses de tous les habitants de tous les immeubles; cela devient une difficulté dans les campagnes. Nous avons toujours préconisé, pour desservir les populations rurales, un moyen qui, dans toutes circonstances, a donné les meilleurs résultats. Ce moyen est difficilement extensible, malheureusement, à l'ensemble des départements français, surtout si l'on veut procéder partout avec simultanéité; mais pour desservir une région, un ou plusieurs départements par exemple, il est précis et relativement peu coûteux. Voici en quoi il consiste : l'Annonceur forme une équipe sûre de trois ou quatre hommes; il leur trace un itinéraire, par voie ferrée de préférence, et il expédie de sa ville la quantité nécessaire de prospectus et de brochures sur des points déterminés dont il a d'avance relevé la population. Il met alors en route son équipe de village en village et de rue en rue; les hommes vont deux par deux, l'un distribuant à tous les domiciles du côté pair et l'autre distribuant à tous les domiciles du côté impair. La distribution terminée dans une commune, l'équipe se dirige, soit à pied, soit par les moyens de transport qui lui sont accessibles, vers la commune suivante, étant bien entendu que, dans la première commune, ils n'auront pas seulement distribué à tous les habitants du bourg, c'est-à-dire de l'agglomération, mais encore aux petits groupes de maisons qui se trouvent sur le territoire de la commune, et qu'il en sera toujours ainsi.

L'équipe de la commune mise en route avec la quantité de brochures ou d'imprimés nécessaire pour atteindre le point de ravitaillement qui lui a été choisi à son départ, renouvelle sa provision de papiers à cet endroit et continue sa distribution jusqu'à ce que tout le territoire prévu pour recevoir les prospectus ou les brochures ait été desservi. On peut perfectionner le procédé par le moyen d'une automobile ou d'une voiture attelée, l'automobile ayant pour elle le grand avantage de la rapidité.

Si l'on veut couvrir une région dans un laps de temps court, et cela dépend de l'époque à laquelle l'action de cette publicité par distribution doit se produire, on peut, au lieu d'une équipe, en organiser deux, ou trois, ou quatre, ou même davantage, en les faisant circuler chacune sur un territoire déterminé.

Cette méthode permet à chaque équipe de distribuer, selon la densité des populations, de mille à trois mille brochures ou imprimés par jour, et en faisant le compte des frais assumés pour une distribution de ce genre, on constatera que le coût n'en est pas plus élevé que celui de la poste, *avec cet avantage considérable* qu'on aura touché des feux ou des domiciles que, matériellement, il aurait été impossible d'atteindre par un autre moyen. On économise encore par ce système les frais d'écriture des adresses sur les bandes ou les enveloppes.

Pour des distributions d'une moins grande importance et particulièrement si l'on ne vise que la population d'un canton ou des localités immédiatement voisines d'une ville, il est possible de réaliser une distribution assez parfaite en en chargeant les agents et correspondants des grands journaux de Paris ou des grands régionaux de province qui, couvrant généralement toute une région pour le transport, dans les localités non desservies par le chemin de fer, des journaux qu'ils sont chargés de vendre, sont à même de visiter tous les domiciles d'une commune.

Tout cela revient, malheureusement, à dire que le portage et le colportage des imprimés présentent encore en France de nombreuses lacunes.

Ce moyen pratique, qui rend possible à un Annonceur de province une distribution intégrale d'un imprimé quelconque, n'est pas limité aux catalogues ; il est parfaitement utilisable pour une brochure pharmaceutique, un *booklet* (1) destiné à vul-

---

1. Le mot *booklet* est un mot anglais qui signifie livret ou brochure et qui est également employé dans ce sens dans le langage de la publicité française.

gariser un produit de consommation ou pour tout autre imprimé de publicité de ce genre. On l'emploiera chaque fois que l'imprimé à répandre ne s'adresse pas à des individus déterminés, c'est-à-dire dans tous les cas où l'on visera la totalité des consommateurs d'une région, petite ou grande, abstraction faite de la personnalité de chacun d'eux.

PRATIQUE DE LA DISTRIBUTION A DOMICILE

La refonte des tarifs postaux a complètement modifié le coût de la distribution à domicile par le canal de l'Administration des Postes. Les petits imprimés notamment, ne pesant que cinq ou dix grammes, sont devenus à peu près impossibles, le coût de l'affranchissement actuel étant assez élevé pour constituer une charge presque prohibitive.

La distribution des organes privés est soumise au même tarif que les imprimés, à moins que le journal circulant ainsi par la poste n'ait un caractère de périodicité absolu, et à condition qu'il ait effectivement l'apparence d'un véritable journal. Dans ce cas, l'organe privé bénéficie du tarif des journaux périodiques, que l'on trouvera aisément en consultant le Bottin, ou les publications spéciales de l'administration des Postes.

Il faut bien convenir, à ce propos, qu'un organe privé étant, par lui-même, le contraire d'un organe périodique et d'intérêt général pour ses lecteurs, puisqu'il n'a, en principe, ni abonnés, ni vente au numéro, le bénéfice du tarif des journaux devrait, logiquement, en règle générale, lui être refusé. Il va sans dire qu'il en serait autrement pour ceux qui seraient en mesure de donner à l'organe privé qu'ils éditeraient, le caractère d'intérêt public grâce auquel son affranchissement méritera d'être seulement celui des journaux et des périodiques ordinaires.

Quant aux entreprises privées, aux agences de distribution à domicile, elles appliquent d'habitude des tarifs sensiblement inférieurs à ceux de la poste, mais elles ont l'inconvénient de ne fonctionner que dans les villes, de sorte que, pour desservir les campagnes, c'est au procédé que nous avons indiqué précédemment (1) qu'il faut recourir, si l'on ne veut — ou si l'on ne peut — utiliser les services postaux.

Les Agences de distribution se chargent encore de l'établissement des bandes-adresses et de la suscription des enveloppes. Elles assurent également le pliage des imprimés et leur mise sous bandes ou sous enveloppes. Le prix de ces travaux varie avec la dimension des imprimés, leur poids et leur quantité.

1. Voir p. 196.

CHAPITRE X

La Vente par Correspondance

et le

Rappel d'Offres Méthodique

◇ ◇ ◇

Dans un précédent chapitre (1), nous avons expliqué la différence considérable qui existe entre la publicité dans sa période suggestive et directe, et à effet immédiat, et celle qu'on organise dans la période obsédante, indirecte, et à effet différé. C'est à la première de ces deux périodes qu'appartiennent les opérations de publicité destinées à faire vendre par correspondance toutes sortes de marchandises.

En France, il y a longtemps qu'on pratique ce système de vente et qu'on applique les procédés de publicité convenables pour sa mise en œuvre, mais on ne s'est guère livré que sur une modeste échelle aux diverses manœuvres de ce système que les Américains appellent « Mail order Business », c'est-à-dire affaires par correspondance. On ne l'y a pas encore développé comme il mérite de l'être.

C'est en Amérique qu'il a été organisé avec le plus brillant succès. Peut-être faut-il admettre que dans ce pays, où les distances sont considérables, où la grosse majorité de la population habite les campagnes, — dans des lieux éloignés de tout centre, —les entreprises de vente par correspondance répondent à un besoin véritable, impérieux même, des individus, puisqu'ils sont dans l'impossibilité, à moins de se déplacer, et quelquefois à de grandes distances, de trouver une agglomération suffi=

1. Voir vol. I, p. 23 et suiv.

samment bien approvisionnée pour y effectuer commodément leurs achats. A quoi bon ces déplacements, puisque le catalogue des grands *Stores* où l'on pratique le *Mail order Selling* leur parvient régulièrement et leur procure le moyen d'acheter de tout, sans bouger de leur ferme?

Il n'en est sans doute pas de même chez nous, où les distances sont moins considérables et où, dans tous les petits centres, tous les chefs-lieux de canton ou d'arrondissement, on trouve presque tous les objets, toutes les marchandises nécessaires à la vie et à l'entretien. Cependant, ne voyons-nous pas en France, les grands magasins de nouveautés pratiquer, avec le plus brillant succès, la vente par correspondance de toutes sortes d'objets et de marchandises et aussi les grandes épiceries faisant des expéditions dans toutes les directions?

Pourquoi ce procédé ne pourrait-il pas être employé par d'autres commerces? Nous possédons un réseau ferré et des services postaux assez bien distribués pour assurer la transmission rapide des courriers et des expéditions de tous volumes; par conséquent, rien ne s'oppose à la création d'entreprises nouvelles basées sur la vente par correspondance.

Nous devons, cependant, remarquer que ce procédé n'a pas l'ampleur de ceux qu'on peut utiliser pour le lancement des marques qui visent à intéresser l'ensemble d'une population ou l'ensemble d'une corporation. Mais il a cet énorme avantage de permettre, avec des capitaux réduits, la création d'entreprises très intéressantes, très fructueuses. Son seul défaut est de ne pouvoir évoluer que dans un rayon limité à l'acheteur direct isolé qu'on aura intéressé par la publicité, puisque ici toutes les ventes se réduisent à une transaction avec un acheteur solitaire.

Ce qu'on peut vendre par correspondance.

Les entreprises auxquelles s'applique le procédé de vente par correspondance sont innombrables, et l'on peut presque affirmer qu'il n'est pas un commerce qui ne puisse s'en trouver bien. Du reste, il en existe déjà un grand nombre : d'abord, les magasins de nouveautés de Paris, et même de province, dont nous parlions tout à l'heure; puis des affaires de vente à crédit, le commerce des vins, des huiles d'olive, des produits pharmaceutiques, des phonographes, des appareils photographiques, en font également. Un grand nombre d'autres industries pratiquent encore ce mode de vente.

Les articles nouveaux, les inventions, se trouveront particulièrement bien de la vente par correspondance, parce que le terrain sur lequel de telles affaires peuvent opérer ne comporte pas de concurrence positive. En effet, ces inventions, ces produits, n'ont pas encore pénétré dans le commerce de détail et ne peuvent se trouver que chez celui qui les a créés ou qui en a le monopole.

Que peut-on donc vendre par la poste? A peu près de tout : l'ameublement, l'habillement, les machines agricoles, industrielles ou à coudre, de l'orfèvrerie, de la bijouterie, de la coutellerie, des articles de ménage, des livres, des pianos et autres instruments de musique, toute une variété d'articles brevetés ou spécialisés, tels que des rasoirs mécaniques, des plumes à réservoir, des appareils de gymnastique, des objets de toilette, de la parfumerie. Mais on peut faire encore par la poste d'autres opérations, car, à côté des choses qui se vendent, il y a, par exemple, les matières qui s'enseignent. On sait le développement qu'a pris déjà chez nous l'enseignement par correspondance; c'est que cet enseignement répond à un besoin évident existant chez beaucoup de gens (1). On peut donc, par la poste, prendre des leçons de toute espèce de choses : de sténographie, de photographie, de langues vivantes ou de droit. Il y a jusqu'à des systèmes de mnémotechnie pour les personnes qui ont la mémoire courte, et des méthodes de gymnastique de chambre qui procèdent par la publicité suggestive et directe et qui traitent par la poste.

Cette formule de publicité est même, dirons-nous, la formule-type, car c'est la seule dont les résultats puissent être exactement contrôlés, et la seule aussi par laquelle un commerçant, un Annonceur, peut découvrir, dans toute la population d'un pays, le nom et l'adresse de toutes les personnes, — majorité toute relative, bien entendu, — qui s'intéressent pour une raison quelconque à son produit ou à son affaire. C'est, en un mot, de la publicité positive et directe.

1. Voir à la fin du volume, p. 256, Appendice I, l'étude relative aux Cours technqiues de Publicité par correspondance de la revue *La Publicité.*

L'action particulière de la publicité dans la vente par la poste.

L'Annonceur qui n'a ni le temps, ni souvent le moyen d'atteindre et d'attendre une clientèle, des acheteurs, qui sont toujours lents à venir, par la publicité à sa période obsédante et indirecte, trouvera dans la publicité à sa période suggestive et directe un moyen sûr, rapide et fructueux de faire prospérer une organisation de vente par correspondance, sans engager de gros capitaux dans un lancement dont le moindre des défauts serait son coût et son incertitude.

Dans cette méthode, l'Annonceur ne demande à la publicité que de lui révéler cette clientèle, ces acheteurs, et il lui reste, à lui, le soin de les persuader, de les transformer, pour ainsi dire, en *matière à dépense* à son profit, soit qu'ils déboursent dans sa caisse périodiquement, si l'affaire permet la répétition à l'infini des achats, soit qu'ils déboursent une seule fois, s'il ne s'agit que de leur vendre un article unique et qui n'est pas susceptible de se renouveler.

Chaque annonce tendra donc, avant tout, à exciter la curiosité, l'intérêt du lecteur à un point tel que celui-ci se dévoile en écrivant à l'auteur pour lui demander un catalogue, une brochure, un « organe privé », un échantillon gratuits, dont l'Annonceur aura fait l'offre expresse dans sa publicité. Ce résultat n'exige pas une longue suite d'efforts pour être obtenu; il se produit, au contraire, dans un court temps, et c'est en cela que la publicité suggestive présente DES AVANTAGES SI MARQUÉS sur la publicité obsédante, laquelle agit lentement.

L'offre faite par la publicité a donc pour effet de matérialiser les premiers résultats de l'annonce, chaque annonce ayant son action propre, son rendement particulier et donnant son bénéfice.

Mais, pour vendre par correspondance, il faut d'abord savoir à qui l'on pourra vendre; et le point capital est, pour cela, de se procurer les noms et adresses des personnes susceptibles de prêter une oreille attentive aux offres qui leur sont faites.

C'est par des insertions dans les journaux les plus répandus que ces résultats seront obtenus. Dans ces insertions, il est de règle d'offrir gratuitement, soit un catalogue, soit un journal, soit une brochure, qui, par les attraits dont on les pare, décident une quantité plus ou moins considérable de lecteurs, selon le potentiel d'intérêt que présente l'affaire elle-même, à écrire pour obtenir l'objet gratuit ainsi offert. Voilà donc le vendeur par la poste en possession d'un nombre variable de noms et d'adresses de gens qu'il présume être des acheteurs latents. Ces noms et ces adresses sont aussitôt classés et inscrits, par ordre alphabétique ou sous des numéros d'ordre, soit sur des répertoires spéciaux, soit sur des fiches mobiles.

Organisation du service de vente par la poste.

Ces deux systèmes de classement présentent chacun leur avantage. Dans les affaires d'importance moyenne ou modeste, le système du répertoire est préférable; le système des fiches convient plutôt aux affaires de grande envergure, qui occupent un personnel nombreux et comportent des services de correspondance spéciaux et compliqués. Dans ce cas, les fiches circulent de service à service, au fur et à mesure que les opérations s'engagent avec celui-ci ou avec celui-là, et elles reviennent à leur casier lorsque chaque opération d'envoi a été effectuée, qu'il s'agisse du catalogue ou de la marchandise.

Bien entendu, chaque lettre initiale reçue donne lieu à une réponse. Nous recommandons aux Annonceurs de ne jamais retarder l'envoi de cette réponse et d'en assurer le départ par retour du courrier, car l'attention du lecteur, une fois éveillée sur un produit ou sur un article, peut facilement être détournée, entre temps, par un concurrent, si les renseignements, les éclaircissements qu'il a demandés ne lui parviennent pas dans le plus bref délai, et surtout si quelque annonce nouvelle vient fixer de nouveau son attention et lui procurer ainsi le moyen de faire des comparaisons qui peuvent ne pas être toujours à l'avantage de l'Annonceur qui a reçu la première demande.

Il est surtout indispensable de donner à la correspondance qui suit la lettre initiale un caractère absolument personnel, de manière à faire supposer au destinataire que cette lettre a bien été écrite spécialement pour lui, et pour lui seul, qu'elle est une réponse spéciale à sa demande, et non pas à toutes les demandes de même nature que la publicité a pu valoir à l'Annonceur.

L'application de ce principe paraît, au premier abord, assez difficile. Il est presque impossible de ne pas employer de formules faites d'avance, surtout si l'on a procédé par une publicité intense qui a procuré un [grand nombre de demandes. On établit, à cet effet, le texte de ses annonces de façon que la plume du correspondant qui va se révéler soit, pour ainsi dire, guidée par l'Annonceur dans la rédaction de sa lettre ou de sa carte postale de demande. On lui inspirera, en quelque sorte, dans l'annonce, les phrases qu'il écrira pour faire cette demande. Bien entendu, il ne le soupçonne pas. Ainsi, par ce moyen, on pourra, à l'aide d'une formule bien faite, prévoir les questions qu'il posera et y répondre par avance. Toutefois, si, dans une lettre de demande, il se trouve une partie de correspondance qui n'a pas été prévue dans la formule de réponse, on ne devra pas hésiter à répondre spécialement à cette lettre, toujours pour que cette réponse ait le caractère personnel qui lui donne la plus grande partie de sa force. La manière de rédiger cette correspondance est indiquée dans une autre partie de ce livre, au chapitre « la Circulaire et la Correspondance de vente » (I).

La vente immédiate.

Nous n'avons envisagé jusqu'ici que la vente par correspondance, pour ainsi dire à deux détentes : première détente : demande du catalogue ou de la brochure, ou du « house organ »; deuxième détente : commande. Mais il existe également un procédé à une seule détente, qui consiste à faire dans la publicité l'offre même de l'article et à provoquer la commande immédiate. Cette forme de la publicité suggestive convient particulièrement lorsqu'on vend une marchandise absolument spécialisée. Par exemple, un article de pêche, un phonographe, une bicyclette, un rasoir mécanique, un appareil photographique, un fusil, un revolver, etc., et surtout si on l'offre à crédit. L'attrait de l'annonce ne doit pas alors être dans l'offre un peu vague, mais alléchante néanmoins, que l'on fait du catalogue ou de la brochure gratuits, mais bien dans la nature et la présentation de l'article annoncé. L'annonce devra, dans ce cas, donner de cet article une description aussi complète que possible, et cette description devra, mieux encore, être secondée par l'image. Il faut que, par

I. Voir p. 221.

cette description, le lecteur puisse s'imaginer exactement ce qu'est l'objet qu'on lui propose, en connaître les dimensions, le fonctionnement, l'utilité, etc., aussi bien que s'il avait eu l'article en main.

Il est possible, par ce moyen, de provoquer des commandes directes et, non seulement de couvrir les frais de publicité, mais encore de réaliser du profit. Toutefois, il faut admettre que beaucoup de ceux qui auront lu l'annonce ne se seront pas décidés du premier coup à l'achat. Soit que la description qu'on leur aura faite ait été insuffisante, soit que l'on n'ait pas fait assez ressortir les qualités de l'article et de l'objet, soit par un sentiment de méfiance, assez naturel, qui retient beaucoup de personnes d'envoyer de l'argent, par mandat-poste ou autrement, à un correspondant inconnu. Néanmoins, ces gens-là demanderont des renseignements. Pour répondre à cette dernière correspondance, qui ne représente pas encore des commandes, mais qui en fait espérer, on procède par le même moyen que lorsque l'on a offert un catalogue ou une brochure, et le même système de répertoires ou de fiches s'impose (1).

Dans une annonce qui sollicite une commande directe, il est toujours bon de faire bien comprendre au lecteur, afin de lui donner entière confiance dans la qualité du produit et dans l'exactitude de la description qu'on en a faite, que tout envoi qui ne conviendrait pas serait repris et remboursé. Une telle offre est, d'ailleurs, sans véritable sanction, car il est très rare qu'un acheteur exige le remboursement de son achat, et cette précaution n'a pour but que de communiquer au lecteur de l'annonce la certitude que l'on a soi-même, de n'avoir rien avancé que l'on ne tienne.

L'offre directe sollicitant la commande immédiate s'applique à des affaires aussi nombreuses que le fait le premier procédé que nous avons indiqué plus haut (2) et qui ne vise qu'à intéresser à un objet ou à une offre dont parfois même la nature a été laissée dans l'ombre; ces affaires seront, cependant, quelque peu différentes. L'offre directe convient spécialement aux ventes à crédit ou à certaines marchandises de marque que l'acheteur n'a pas besoin de voir pour en connaître la qualité et pour apprécier

1, Voir p. 205.
2, Voir p. 204.

les services qu'il peut en attendre. Au contraire, l'offre qui ne dévoile pas immédiatement son objet ne cherche qu'à éveiller l'intérêt sur un point spécial, de façon à toucher la plus large majorité relative d'individus, dont dans-le cas précédent une partie restera ignorée.

La loyauté inspire la confiance.

Dans toutes les affaires de vente par correspondance, il est un principe dominant dont tout Annonceur doit s'inspirer : c'est de procéder toujours avec la plus grande loyauté et de ne laisser aucune prise au doute ou à la méfiance. Il y parviendra par une rédaction suggestive sans ambiguïté, et par une correspondance détaillée et convaincante.

Mais tout cela ne constitue que la première opération de la vente par correspondance. Nous allons en étudier la suite logique.

LE RAPPEL D'OFFRES MÉTHODIQUE

Le rappel d'offres méthodique est ce que les Américains appellent le « follow up system ». Nous avons pensé qu'il était bien inutile, dans un ouvrage écrit en français, de conserver cette expression inintelligible pour la plupart de nos lecteurs et qui n'a même de signification en anglais que pour des esprits avertis. En effet, « follow up system » signifie plutôt : « système pour poursuivre ». Il faut convenir que c'est assez vague, et un sérieux examen de la question nous a amené à donner à ce procédé le nom de « rappel d'offres méthodique ». Cette expression nous paraît, au demeurant, beaucoup plus claire et plus précise (1).

Nous avons déjà brièvement esquissé le procédé d'enregistrement des demandes survenues à la suite de la publicité (2). Cette opération exige des développements spéciaux, car elle est des plus importantes.

Les adresses que la publicité aura procurées ayant été ins-

---

1. Elle a été, d'ailleurs, depuis la première édition de cet ouvrage, adoptée par la presque unanimité du public français.
2. Voir p. 205.

crites sur des répertoires ou sur des fiches, et chacun des correspondants ayant reçu, par retour du courrier, soit le catalogue, soit la brochure, soit le « house organ », accompagné, autant que possible, d'une lettre spéciale et personnelle, on attend, pendant quelques jours, les commandes de ces correspondants.

On doit admettre, en principe, que toute personne qui s'est donné la peine d'écrire sur le vu d'une annonce, pour demander soit un catalogue, soit une brochure, soit un simple renseignement, doit devenir, tôt ou tard, un client. Cette conception n'est pas mathématique ; loin de là ; car, dans la pratique, il n'en est, il est vrai, pas ainsi, et tous ceux qui ont écrit à un Annonceur pour recevoir ce qu'il offre gratuitement ne deviennent malheureusement pas des acheteurs. Mais, comme il n'est pas possible à l'Annonceur de savoir, à la lecture d'une lettre, dans quelle mesure son correspondant a été intéressé, il ne lui est pas permis de le considérer autrement que comme un client ou un acheteur, pour une époque plus ou moins éloignée, et c'est de cette idée que découlera le rappel d'offres méthodique.

Le premier déchet qui résultera de l'envoi du catalogue ou de la brochure sera constitué par les lecteurs qui auront simplement fait leur demande par curiosité, sans intention d'y donner une suite quelconque, puis par ceux qui, presque disposés à l'achat au moment où ils ont formulé leur demande, en ont été détournés ensuite par des circonstances diverses : manque d'argent, négligence, prix trop élevé de l'article, influences contraires s'exerçant autour d'eux, et mille autres causes qu'il est difficile de deviner, mais qui n'en ont pas moins, pour un moment, éloigné ces correspondants de l'achat.

Le rappel d'offres méthodique aura, précisément, pour but de rappeler constamment, au correspondant, l'intérêt qu'il a pris naguère à l'acquisition qui lui était proposée, et cela afin de l'amener plus tard à l'acte terminatif : l'achat, qui, ne l'oublions pas, doit être, en principe, et par hypothèse, la solution unique pour tous les correspondants.

On supposera donc, suivant la nature et le prix de l'objet ou de l'article offert, que le correspondant doit avoir fait sa commande dans un temps déterminé après l'expédition du catalogue ou de la brochure. Ce délai moral accordé au futur acheteur varie, selon les cas, entre huit ou quinze jours. Nous ne connaissons pas de situation où ce délai puisse être plus long.

Si donc, au bout de huit, dix ou quinze jours, la commande n'est pas parvenue, la fiche ou le répertoire n'auront rien enregistré de nouveau. On consultera à ce moment les fiches ou les cases du répertoire qui n'auront pas reçu l'inscription d'une commande et on adressera, aux personnes dont ces fiches ou ces cases porteront les noms et adresses, un premier rappel.

La rédaction du rappel d'offres méthodique.

La rédaction de cette correspondance est de celles qu'un chef de maison habile ne laissera pas aux soins d'un subalterne ; il devra, tout au moins, la diriger ou l'inspirer lui-même, car c'est de ces lettres que dépendent, en effet, la bonne suite ou l'insuccès de l'affaire. On estime généralement que les frais de publicité d'une entreprise de vente par la poste sont couverts avec les recettes procurées par les commandes reçues pendant la première période de huit ou quinze jours qui suit l'envoi du catalogue ou de la brochure. Le bénéfice de l'opération ne sera donc obtenu ordinairement que par les ventes subséquentes qui résulteront du rappel d'offres méthodique. Une exception doit être faite à cette règle pour les entreprises de vente à crédit dont les résultats sont exceptionnellement prompts. Il est, par suite, indispensable que cette première lettre de rappel parvienne, en quelques mots, à intéresser le destinataire, et, pour cela, il faut que le rédacteur sache deviner les diverses circonstances qui ont retardé la commande directe ou qui l'ont empêchée.

Détail des opérations du rappel d'offres.

Les réponses qu'on recevra à ce premier appel révéleront souvent les causes multiples de ce retard et permettront même de perfectionner une première annonce, dans son texte ou dans son esprit, car il arrivera souvent que ces lettres signaleront un détail qu'on aura oublié, une obscurité qui se sera glissée dans la rédaction de la publicité. Ces lettres feront aussi connaître souvent les raisons d'ordre personnel pour lesquelles les susdits correspondants n'auront pas cru devoir commander. L'un dira qu'il avait demandé la brochure pour la communiquer à un de ses parents qu'il n'a pas revu ; l'autre dira qu'il pensait pouvoir faire l'achat, mais qu'une dépense imprévue l'en a empêché ; un troisième expliquera qu'il pensait que l'article était d'un prix moins élevé : un quatrième, enfin, avouera peut-être qu'il n'a demandé la brochure que par curiosité, sans avoir aucune intention d'acheter. Chacune de ces lettres exige une réponse précise et absolument personnelle, et chacun de ces points devra répondre, dans le style le plus persuasif, aux objections qui auront été faites, de manière à susciter un intérêt nouveau et à vaincre la résistance ou la passivité qu'on aurait rencontrée.

Cette seconde opération de correspondance procurera encore une nouvelle série de commandes. Les noms et adresses des correspondants de la première heure n'ayant pas fait de commande, antérieurement à tout rappel, se diviseront en trois groupes ;

1º Le groupe de ceux qui n'auront acheté qu'à la première lettre de rappel ;

2º Le groupe de ceux qui, ayant reçu cette lettre de rappel, et y ayant répondu par une fin de non-recevoir, n'auront encore pas fait de commande ;

3º Le groupe de ceux qui, ayant également reçu cette lettre de rappel, n'auront ni acheté, ni répondu.

Le premier groupe de ces noms et adresses ira rejoindre celui des premières commandes reçues. Le second et le troisième groupes seront classés à part et donneront lieu à de nouvelles formules de lettres de rappel. Dans la première, on confirmera la réponse qu'on a faite à la lettre reçue à la suite du rappel et l'on fournira de nouveaux arguments pour déterminer à l'acquisition. Dans la seconde, on confirmera encore la première lettre de rappel restée sans réponse, en en modifiant la forme et le ton général.

Le rappel d'offres méthodique n'a, pour ainsi dire, pas de limites ; il ne doit être cessé que lorsque les frais de correspondance et de personnel dont il grève l'affaire ne sont plus récupérés par les bénéfices réalisés sur les commandes qu'il provoque. On peut expédier jusqu'à six et huit lettres de rappel et faire dans cette correspondance les offres les plus diverses, telles que : offre de crédit, offre de réduction sur le prix, offre d'un article moins cher ou d'un prix plus

élevé. Ses combinaisons peuvent varier à l'infini, selon la nature et les conditions de l'affaire qui repose sur cette forme de
publicité.

Ce dont il faut bien se pénétrer, c'est que toute la science de
la vente par correspondance est basée surtout sur la psychologie d'autrui. Les principaux ressorts qu'il faut faire jouer
dans une telle organisation sont : la curiosité d'abord, l'intérêt
ensuite, et enfin la confiance, la vanité, l'égoïsme, la pusillanimité, la cupidité (1). Tous ces états psychologiques se retrouvent à dose à peu près égale dans l'âme de la grande majorité
des citoyens d'un pays. Ce sont ces points sensibles, ces défauts
de la cuirasse qu'il faut que l'Annonceur devine à la lecture
de chacune des lettres qu'il reçoit, afin de pouvoir orienter ses
réponses dans le sens que lui aura indiqué cette étude. Mais
intérêt, confiance, pusillanimité, cupidité, vanité et égoïsme
doivent aboutir chez le lecteur — acheteur futur — au même
but, LA PERSUASION. Avant tout, l'annonce, le prospectus, les
lettres, les rappels doivent inspirer la foi dans les affirmations
qu'ils contiennent et ne jamais laisser place au doute.

Il est assez difficile de ne présenter au public que des produits si hautement supérieurs ou des articles d'une qualité si
remarquable qu'aucune objection ne puisse leur être opposée.
D'ailleurs, même si cela était, il n'y aurait pas moins
certaines personnes d'un caractère contradictoire ou atrabilaire qui trouveraient le moyen d'en faire. On peut toujours
citer, à l'appui de ce principe, l'histoire de ce grand seigneur qui s'était installé sur le Pont-Neuf au temps de
Louis XIV et qui avait fait le pari d'offrir à la foule des écus de
six livres au prix de trois francs cinquante. C'étaient de très
beaux écus tout neufs, sortant de la Monnaie, et que ce grand
seigneur offrait de la façon la plus engageante : mais personne
ne voulut lui en acheter, car chacun se disait que cela ne pouvait être que de la fausse monnaie.

Le procédé de la vente par correspondance et du rappel
d'offres méthodique ne s'applique pas uniquement à des articles
ou à des objets qu'on ne vend qu'une fois. Citons comme cas de
vente unique celle d'un phonographe, quoique on puisse encore,
par la suite, escompter comme un profit la vente subséquente

1. Comparez vol. I, p. 7 et suiv.

des disques, et comme cas de vente répétée celle d'un produit pharmaceutique destiné au traitement d'une maladie, cette maladie exigeant que le flacon d'élixir ou la boîte de pilules se renouvelle plusieurs fois avant qu'un résultat s'ensuive. Il est donc possible d'envisager la vente par correspondance comme un moyen de créer une clientèle pour des articles de consommation régulière. On peut signaler, dans cet ordre d'idées, certains agriculteurs de Bretagne et de Normandie offrant aux consommateurs l'envoi hebdomadaire d'un panier contenant deux poulets, trois livres de beurre et deux douzaines d'œufs. Les mareyeurs de Boulogne ont également procédé de même pour faire contracter une sorte d'abonnement à l'envoi, tous les huit ou quinze jours, d'un colis de poisson frais.

Les sous-produits du rappel d'offres.

Un commerçant faisant ses ventes par correspondance peut donc chercher à élargir son champ d'opérations, soit par le renouvellement des commandes, soit encore par des extensions de ses offres primitives. C'est ainsi qu'un Annonceur qui, pour commencer, vendrait des montres, pourra y adjoindre un assortiment de bijouterie. Tout commerce postal est ainsi susceptible de développements presque illimités et, en même temps, merveilleusement rapides. Quelques insertions suffisent habituellement pour savoir si un article peut être vendu facilement et à un prix rémunérateur. Dès lors, l'essor de l'entreprise peut être réglé d'une façon presque systématique, en augmentant progressivement le volume de la publicité. Cette publicité ne comporte pas de budgets rigidement limités. Elle peut être, au début, de quelques centaines de francs et s'élever progressivement à des sommes beaucoup plus considérables. Seul, le rendement de sa publicité, et même le rendement de chaque année prise isolément, pousse ou retient l'Annonceur dans sa voie; et tous ses efforts tendent, non pas à restreindre la somme qu'il dépense en insertions, mais, au contraire, à l'augmenter jusqu'à son ultime puissance, le fléchissement de son rendement étant pour lui l'unique borne de ses moyens d'action.

Les moyens de publicité qui conviennent à toutes les opérations de vente par correspondance et de rappel d'offres méthodique subséquentes sont essentiellement les journaux et particulièrement les journaux quotidiens, c'est-à-dire la grande presse politique.

Cette forme de publicité exige que l'attention du lecteur soit énergiquement sollicitée et que son intérêt soit fortement excité par la lecture de l'annonce ou de l'article. Aussi la presse périodique est moins bien indiquée que la presse quotidienne pour cette sorte d'affaires ; elle n'est pas lue avec la même hâte que les quotidiens et son action suggestive est particulièrement languissante (1).

Tout au plus peut-on faire une exception pour les affaires ou les produits qui s'adressent particulièrement aux femmes, auquel cas les journaux de modes et les illustrés doivent presque seuls être choisis, puisque, jusqu'ici, les journaux quotidiens sont relativement peu lus par les femmes, et ne sont pas lus par elles avec la même attention que par les hommes.

La durée d'action de la publicité.

Les résultats de la publicité suggestive dans les grands journaux politiques s'obtiennent immuablement dans un délai et dans une proportion que voici : l'insertion faite à un jour dit, le courrier du lendemain apporte généralement 25 % environ du rendement total. Le courrier du troisième jour procure 35 %. Celui du quatrième jour donne encore 20 % et les 20 % qui restent s'égrènent sur les cinq jours suivants. Tout ce qu'on peut recueillir après ce laps de temps ne compte pour ainsi dire pas. Une insertion quelconque pour la vente par correspondance, et basée sur le principe de la publicité suggestive, qui n'a pas donné de résultats trois jours après son apparition n'en donnera jamais. La connaissance de ces chiffres est particulièrement importante pour tous les Annonceurs qui veulent s'engager dans la voie de la publicité suggestive et directe, car ils constituent la pierre de touche infaillible du rendement de leurs annonces, quelle qu'en soit la forme (clichés de dernière page, entrefilets, articles, etc.).

Les Annonceurs sont généralement tentés d'attendre, d'espérer, et veulent croire — malgré les apparences d'insuccès complet qu'ils constateront, dans les premiers jours, après l'apparition de leurs annonces — qu'il va se produire un mouvement

1. Voir p. 7.

tardif, que tout n'est pas fini, et ils perdent ainsi du temps qui serait mieux utilisé à recommencer, mais autrement. Nous tenons à les prévenir contre ce sentiment facile : quand une publicité n'a pas donné ses effets dans la huitaine, il sera complètement inutile de se leurrer en en espérant pour après ; il ne s'en produira pas, ou ils seront si faibles qu'ils ne pourront constituer ce qu'on appelle le rendement d'une annonce. Ils décroîtreront, dans tous les les cas, du premier jour au huitième, et les résultats « demandes » du deuxième jour après la publication de l'annonce seront immuablement supérieurs au résultat du troisième jour, ceux du quatrième jour supérieurs à ceux du cinquième, et ainsi de suite jusqu'à la fin de la période des résultats, qui ne dépasse pas, activement, huit jours.

Un Annonceur faisant des affaires par la poste, ayant fait une seule insertion d'un cliché ou d'un texte, même dans un seul journal — et l'aurait-il fait dans plusieurs journaux que ce serait identiquement la même chose — à un jour dit, doit donc être absolument fixé dans la semaine qui suit cette insertion, quant à sa valeur et à sa puissance de rendement.

Si le résultat est mauvais, il doit considérer deux choses : ou bien le ou les journaux qu'il a choisis sont mauvais pour son article ou son affaire ; ou bien son texte, sa publicité, sont de qualité inférieure et n'ont pas séduit le public, dans la personne des lecteurs sous les yeux desquels ils ont été placés.

Souvent, un Annonceur débutant aura la bonne idée de chercher à sa publicité une pierre de touche en faisant commencer ses insertions par un journal d'un prix modéré, afin de juger, par un coup de sonde isolé, de son effet. C'est fort sage, mais il faut se garder alors de choisir un journal dont on n'aura pas soigneusement contrôlé la circulation, et dont le prix à la ligne ne correspondrait pas à un taux moyen. Un essai tenté avec un journal d'un prix trop élevé relativement à son tirage ne donnerait pas des indications concluantes.

La proportion du rendement
quant à la dépense.

C'est surtout, en effet, pour toutes les opérations qui touchent à la vente par correspondance que le prix de revient de la publicité, comparé au rendement, doit être attentivement surveillé, le rendement de cette publicité ne pouvant et ne devant se calculer que d'après les effets de chaque annonce, pour chaque journal qui l'aura publiée, puisqu'il faut que chaque annonce se paie par ses résultats immédiats, dans la huitaine où elle a paru. C'est, du reste, ce qui distingue la publicité à sa période suggestive et directe de la publicité obsédante et indirecte.

Le rendement de la publicité suggestive est, de plus, généralement proportionné à la dépense faite. Nous entendons, cela va sans dire, une dépense logique, étudiée, dans des journaux classés et d'une circulation certaine. Pour une dépense de cent francs, faite dans un certain journal, on obtiendra x lettres de demandes. Le tantième en peut varier selon la nature de l'offre et le potentiel d'intérêt présenté par la chose annoncée, mais il varie peu, pour une même affaire, d'un journal à l'autre ; par conséquent, pour une dépense de mille francs dans un même organe, on obtiendra dix fois plus. Cependant, en tenant compte de la valeur, de la puissance du journal choisi, on aura souvent intérêt à y dépenser plutôt mille francs que cent francs, car avec mille francs on obtiendra un espace au moins dix fois plus considérable, ou une position dix fois meilleure, et l'on bénéficiera, par surcroît, de l'influence qu'exerce incontestablement la masse, le volume de la publicité, dont l'action suggestive est indéniable sur les lecteurs de quotidiens.

Il tombe sous le sens qu'il est complètement inutile de dépenser deux mille francs dans un journal qui ne coûterait que dix centimes la ligne, mais on ne s'expose pas à des déconvenues en dépensant deux mille francs dans un journal qui coûte dix francs la ligne ou plus.

Nous avons pu constater que le rendement de la publicité par articles pour la vente par correspondance était généralement meilleur, toutes proportions gardées, que le rendement de la publicité par annonces simples. Mais cela n'implique pas que l'annonce doit être négligée, car elle sera parfois préférable pour certaines affaires. Encore faut-il admettre toujours que l'on obtiendra des résultats proportionnellement meilleurs d'une annonce de deux mille francs que de dix annonces de cent francs.

Un fait important à noter : le rendement de la publicité suggestive et directe peut, dans des circonstances déterminées, être complètement annihilé par une publicité obsédante et indirecte concurrente, alors qu'il n'en sera pas de même si la concurrence procède par le même moyen, c'est-à-dire sous la forme suggestive et directe également. Toutefois, ce phénomène d'annihilation ne pourrait éventuellement se produire que lorsque la publicité, sous sa forme obsédante et indirecte, procède *par des moyens puissants*. Un Annonceur faisant de la vente par correspondance et qui aurait atteint un budget global annuel de cent mille francs ne sera pas écrasé par une dépense égale faite par un concurrent pratiquant la publicité obsédante et indirecte ; mais si ce dernier dépense dix fois plus, il arrive à barrer complètement la route à l'Annonceur faisant de la vente par correspondance : s'il a su organiser soigneusement sa vente, les clients et acheteurs éventuels préféreront, en effet, dans ce cas, le produit qu'ils peuvent trouver chez tous les détaillants de l'article à celui qu'ils ne pourront se procurer qu'en écrivant à l'Annonceur et, par conséquent, sans être en mesure de se rendre compte des conditions mêmes de la chose annoncée, de sa valeur et de son utilité.

C'est la preuve que, si la publicité sous sa forme suggestive et directe est supérieure pour assurer le succès d'une affaire d'importance moyenne, elle ne parviendra jamais à dominer entièment un marché et n'offrira jamais les ressources que présente la publicité obsédante et indirecte. Elle a, cependant, sur cette dernière de grands avantages, puisqu'elle assure des résultats rapides et, pour ainsi dire, immédiats, tandis que l'autre forme de publicité ne donne tous ses effets qu'après un temps assez long.

Il n'est pas impossible à un Annonceur qui ne disposerait pas d'un budget suffisant pour organiser une affaire basée sur la publicité obsédante et indirecte, d'adopter pour ses débuts le procédé de la publicité suggestive et directe. Il peut ainsi créer sur tout le territoire de petits foyers de vente. Il réalisera des bénéfices sérieux et il se trouvera en mesure, au bout de quelques mois ou de quelques années même, de transformer son procédé et d'adopter alors la grande publicité réservée généralement au lancement de marques sous la forme obsédante et indirecte. Il lui appartiendra, pendant la période préparatoire, de faire le nécessaire pour fortifier l'organisation de sa vente, mais, de toute manière, il serait imprudent de chercher à combiner les deux procédés, à moins de faire servir l'un au succès de l'autre.

L'Annonceur qui fera de la vente par correspondance ne s'adressera qu'à l'acheteur directement et il ne devra admettre l'intrusion d'aucun intermédiaire, d'autant plus que les intermédiaires qui pourraient s'offrir ne s'intéresseront jamais à son produit ou à son article, du moment qu'ils sauront que cet Annonceur vise surtout la clientèle directe et que tous ses efforts tendent à passer par-dessus leur tête. L'intermédiaire, le détaillant, dans l'occurrence, se sent pris, en quelque sorte, entre deux feux et n'accorde aucune collaboration sérieuse au produit qui cherche son écoulement dans la vente par correspondance et dans le rappel d'offres méthodique.

La forme de la publicité à employer dans la vente par correspondance.

Toute bonne annonce concernant la vente par correspondance doit posséder trois qualités distinctes :

1° Elle doit capter l'attention ;

2° Les arguments doivent être présentés d'une façon très concise, afin qu'on en saisisse immédiatement le sens, et ces arguments doivent être si éloquents que celui à qui ils sont soumis ressente immédiatement le besoin de l'article ou de la marchandise annoncés;

3° Enfin, dernier principe pour obtenir des résultats avec des annonces de ce genre, on doit adapter la qualité et la quantité de la publicité au prix des marchandises que l'on veut vendre, et avoir une connaissance aussi exacte que possible du potentiel d'intérêt que peut présenter la publicité par rapport aux gens qui sont véritablement destinés à devenir des acheteurs.

En dehors des moyens que nous avons signalés plus haut, et qui sont : les journaux politiques, et les périodiques pour certaines affaires, il n'en existe guère d'autres. On ne fait pas de la vente par correspondance par l'affichage. Il est presque impossible d'en faire par l'imprimé, sauf pour des opérations extrêmement limitées et où la clientèle est connue d'avance et comme cataloguée, soit qu'il s'agisse d'une profession, d'une corporation, prises dans leur ensemble, soit que cette clientèle soit dévoilée à l'Annonceur par des moyens fortuits : c'est le cas, par exemple, d'un banquier qui se sera procuré la liste de mille citoyens s'intéressant à des affaires de finance ou de bourse. La distribution d'imprimés, dans ce cas, est assurée de toucher des individus préparés à écouter les suggestions qu'on a à leur faire ; mais il faut admettre que les noms et adresses en question n'ont été obtenus, généralement, que par le procédé de la publicité suggestive, pratiquée précédemment par une autre personne, de sorte que ce n'est, en somme, que de la publicité de seconde main.

Nous renvoyons le lecteur au chapitre suivant pour tout ce qui a trait à la rédaction des divers imprimés, lettres-circulaires, rappels d'offres méthodique, etc., que comporte la vente par correspondance à ses différents degrés.

CHAPITRE XI

La Circulaire

et la

Correspondance de Vente

o o o

Nous assistons actuellement à une rénovation incontestable de l'art de la correspondance commerciale en France et, pour découvrir aujourd'hui les formules vraiment captivantes de lettres commerciales, c'est en vain qu'on feuilletterait la collection des antiques manuels de correspondance; on n'y trouverait que des formules surannées et d'une déconcertante banalité. Le mouvement de plus en plus actif des affaires a transformé tout cela et l'on a renoncé à la littérature ampoulée dont on se trouvait bien autrefois, pour donner à la correspondance une allure rapide, vivante et véritablement suggestive.

L'art de rédiger une lettre d'affaires, soit qu'on l'adresse personnellement à un correspondant, soit qu'elle doive être répétée à un grand nombre d'exemplaires pour une catégorie quelconque de destinataires, s'inspire, avant tout, de l'état de réceptivité mentale qu'il a psychologiquement pour base. C'est particulièrement dans la lettre-circulaire que l'on doit affirmer plus énergiquement encore peut-être ces qualités de vivacité, de précision qui sont pour une si grande part dans le lancement et la prospérité d'une affaire. Les Annonceurs notamment qui pratiquent la vente par correspondance et le rappel d'offres méthodique ont besoin de posséder toutes les données qui concourent à la rédaction d'une bonne lettre-circulaire, et nous allons nous attacher à leur en indiquer les principales.

Il y a quelque cinquante ou soixante ans, le commerçant qui

aurait fait une annonce pour offrir l'envoi d'une brochure concernant son industrie aurait répondu aux demandeurs quelque chose dans ce genre :

J'ai l'avantage de vous accuser bonne réception de votre honorée du... J'ai pris bonne note du contenu de votre estimée, et, suivant le désir que vous avez bien voulu m'exprimer, je m'empresse de vous adresser par le même courrier que la présente la brochure relative à mes nouveaux fours électriques.

J'ose espérer que cette brochure aura toute votre attention et je me flatte qu'après sa lecture, vous vous déciderez à me passer commande, à laquelle mes soins les plus attentifs sont réservés.

Avec mes remerciements anticipés, je vous prie d'agréer, Monsieur, mes salutations distinguées.

Une des particularités choquantes de cette lettre est l'emploi continuel de la première personne du singulier. Cette particularité serait, du reste, aussi choquante si, au lieu d'écrire en son nom personnel, ce commerçant, ayant un associé, avait employé la première personne du pluriel.

Il faut se dire, lorsqu'on établit le texte d'une lettre de ce genre, que ce n'est pas la personnalité de celui qui l'écrit qui a suscité de l'intérêt chez le correspondant auquel on répond : c'est uniquement l'offre qu'on lui a faite et dont il ramène, tout naturellement, l'importance vers son propre intérêt. Voici donc comment, de nos jours, on doit répondre à une telle demande :

Monsieur,

La brochure que vous avez bien voulu me demander et qui traite de nos nouveaux fours électriques vous est adressée par ce même courrier. Si elle ne vous parvenait pas dans les vingt-quatre heures, je vous serais obligé de m'en informer, afin que je puisse renouveler mon envoi.

Vous vous rendrez certainement compte, par la lecture de l'opuscule que vous allez recevoir, du puissant intérêt que présentent nos nouveaux fours. Et vous apprécierez rapidement les avantages qu'ils offrent, surtout dans une industrie du genre de la vôtre, en raison de la construction entièrement métallique, etc. (Ici quelques détails techniques sur les avantages de l'objet.)

Dans cette lettre, on remarquera que la personnalité du rédacteur disparaît et que c'est uniquement la personnalité de celui à qui on écrit qui domine l'ensemble de la rédaction. De plus, c'est de lui qu'on parle, et non pas de soi-même ; au lieu de

la formule sèche et passive de l'ancienne correspondance, ici, on
aborde rapidement le sujet, et l'intérêt de la lecture ne languit
pas, puisque la lettre contient des indications techniques particulières qui sont de nature à frapper l'attention du destinataire.

Quelques exemples.

Le choix des bonnes formules pour les opérations subséquentes de la vente par correspondance, c'est-à-dire pour le
rappel d'offres méthodique, a aussi une grande importance,
puisque ces lettres successives sont destinées à toucher, pour
chacune d'elles, un des sentiments qui peuvent animer le destinataire et par l'excitation duquel on provoquera sa réponse ou
ses explications.

C'est encore dáns le domaine de la psychologie, et surtout
dans l'étude de la mentalité d'autrui, que l'on découvrira les
principes généraux dont l'Annonceur s'inspirera à l'égard de
ceux à qui il fera des offres.

Nous supposerons qu'un commerçant ait fait une publicité
plus ou moins importante dans un ou plusieurs journaux pour
offrir directement au public un appareil photographique revêtu
d'une marque. Par exemple, la marque « Phébus ».

A la suite de cette publicité il a reçu cinq cents lettres. Sur
ces cinq cents lettres, soixante-quinze lui ont apporté chacune
une commande ferme.

Les quatre cent vingt-cinq autres se bornent à lui demander
l'envoi de son catalogue — qu'il offrait, d'ailleurs, dans son
annonce — et ses conditions.

A ces quatre cent vingt-cinq correspondants, le marchand
d'appareils photographiques répondra de la manière suivante :

Vous recevrez, en même temps que la présente, la brochure que
vous m'avez demandée et qui contient : à la page 3 une description
complète de mon appareil photographique « Phébus », avec toutes les
indications utiles sur son mode de fonctionnement.

A la page 8, vous trouverez de nombreuses références de personnes
autorisées, ayant utilisé jusqu'ici cet appareil et qui ont tenu à m'exprimer leur satisfaction.

A la page 12 sont résumées les conditions d'expédition et de
livraison. Si vous voulez bien me passer la commande de cet appareil, vous le recevrez par colis postal, soigneusement emballé, dans
le délai maximum de quatre jours après réception de votre ordre
accompagné d'un mandat-poste.

Si vous préférez que l'expédition vous soit faite contre remboursement, vous n'avez qu'à m'en exprimer le désir.

Auriez-vous besoin de quelques éclaircissements ou renseignements complémentaires, je reste à votre entière disposition pour
vous les fournir tout à fait gracieusement.

Veuillez agréer, etc...

Cette lettre, envoyée à quatre cent vingt-cinq personnes qui
n'ont pas commandé du premier coup, mais qui ont demandé la
brochure, procurera, par exemple, au bout de dix jours, environ
cent vingt-cinq commandes nouvelles. Restent donc trois cents
correspondants qui, pour des raisons ignorées de l'Annonceur,
n'ont pas jugé à propos d'envoyer leur ordre.

Le dixième jour passé, ce marchand d'appareils photographiques, en consultant ou ses fiches, ou son répertoire, relèvera
les noms et adresses de ces trois cents personnes demeurées
insensibles à son offre. Dès ce moment il entre dans la pratique
du rappel d'offres méthodique (*follow up system*), et il adresse
à ses trois cents correspondants la lettre suivante :

Vous avez bien voulu par votre lettre du... me demander la brochure que j'offrais gratuitement à tous ceux qui s'intéressaient à mon
nouvel appareil photographique « Phébus ». Je vous ai donné satisfaction en vous adressant cette brochure.

Votre silence me donne à penser que vous n'avez peut-être reçu
ni ma lettre ni ma brochure, et je prends la liberté de vous adresser
un nouvel exemplaire de cette dernière avec tous les renseignements
nécessaires sur l'appareil Phébus.

Vous remarquerez que l'appareil Phébus est excessivement porta-
tif, que son installation est extrêmement rapide, pour la prise des
paysages ou des groupes, et qu'il fait admirablement l'instantané.
Avec le Phébus, vous pourrez, le plus aisément du monde, saisir au
vol, pour ainsi dire, toute silhouette, toute physionomie, toute scène,
même sans être vu des personnes intéressées.

Vous pouvez charger votre appareil *en plein jour*.

Vous trouverez sous ce pli un bulletin de commande qu'il vous
suffira de me retourner rempli pour que l'expédition vous soit faite
franco de port et d'emballage, dans le délai de quatre jours au maximum.

En attendant vos ordres, etc...

A cette première lettre de rappel, adressée aux trois cents
correspondants demeurés silencieux, le marchand d'appareils
photographiques recevra, par exemple, cent vingt-cinq réponses,
dont voici le contenu :

1º Certains correspondants expliqueront qu'ils attendaient la fin du mois pour faire l'acquisition de l'appareil;

2º D'autres diront que le prix est trop élevé pour leurs moyens; ils avaient cru qu'il s'agissait d'un appareil moins coûteux.

3º D'autres encore feront connaître qu'il avaient fait la demande de la brochure pour un ami ou un parent, qu'ils l'ont remise à l'intéressé, mais qu'ils ne savent pas quelle suite il a pu donner à l'affaire.

4º Enfin, il s'en trouvera qui déclareront que l'appareil les intéresse, mais qu'ils ne peuvent faire la dépense d'un seul coup.

Les formules du rappel d'offres méthodique.

De ces différentes lettres, l'Annonceur fera quatre groupes, et il répondra à chacun de ses correspondants par l'une des quatre formules ci-dessous :

Premier cas.

Votre lettre dans laquelle vous m'expliquez que, par suite de votre situation, il ne vous est pas possible de faire l'acquisition immédiatement de mon appareil Phébus nº 1 me suggère la proposition suivante : il vous suffira de remplir le bon de commande ci-joint et je vous ferai l'expédition de l'appareil contre remboursement le 28 de ce mois, de manière qu'il vous parvienne au moment où vous serez en mesure d'en acquitter le prix. Ainsi serez-vous à même de profiter sans débours immédiat du prix de souscription, qui ne sera certainement pas maintenu, en raison de sa modicité.

Dans tous les cas, et sauf avis contraire de votre part, je vous ferai l'expédition à la date précitée. Vous recevrez l'appareil, par conséquent, dans les premiers jours du mois prochain, convenablement emballé, avec toutes les instructions nécessaires. Lorsque vous l'aurez essayé et que vous aurez tiré quelques épreuves des photographies que vous aurez prises au moyen du Phébus, je suis persuadé que vous trouverez dans les qualités de netteté, de précision de l'appareil, l'occasion de me témoigner votre entière satisfaction.

Veuillez agréer, etc...

Deuxième cas.

Votre lettre du... m'apprend que vous n'avez pas jugé convenable de me passer commande de l'appareil Phébus, en raison de son prix élevé pour vous.

Les qualités de solidité, de précision, de rapidité du Phébus sont trop évidentes pour que j'y insiste à nouveau auprès de vous. Mais, puisque la dépense vous paraît trop élevée, permettez-moi de vous proposer un appareil d'un prix moins coûteux. C'est, en somme, le même appareil, aussi robuste, aussi soigné, susceptible de rendre les mêmes services, de procurer les mêmes satisfactions, peut-être un peu moins élégant, un peu moins luxueux, mais tout aussi confortable.

C'est mon appareil Phébus n° 2, dont le prix est seulement de 270 francs.

En même temps que cette lettre, vous recevrez la brochure relative à cet appareil et vous pourrez vous rendre compte des qualités qu'il possède et des différents détails de sa construction.

Sous ce pli, je joins la formule d'un bon de commande qu'il vous suffira de me retourner accompagné d'un mandat-poste pour que je vous expédie aussitôt l'appareil, convenablement emballé. Si vous préférez le recevoir payable contre remboursement, vous n'aurez qu'à le mentionner dans le bon de commande ci-joint.

Troisième cas.

Vous voudrez bien accepter mes remerciements pour l'entremise gracieuse par laquelle, en me demandant ma brochure relative à l'appareil Phébus n° 1, vous vous êtes chargé de la transmettre à une personne de votre entourage qui s'intéressait à cet appareil.

Vous ne m'avez pas dit le nom de cette personne, de sorte que je ne sais pas si actuellement elle est devenue cliente de ma maison.

Vous aurez certainement l'occasion de revoir la personne à laquelle vous vous intéressez. Voudriez-vous, dans le cas où elle ne serait pas munie actuellement du Phébus, lui remettre les quelques documents que je joins à la présente et qui la persuaderont certainement de l'utilité et du parfait fonctionnement de cet appareil, qui est, à l'heure actuelle, entre les mains de plus de dix mille touristes et amateurs?

Inutile d'ajouter que je suis à votre entière disposition pour vous fournir toute sorte de renseignements complémentaires, et, en attendant de vos nouvelles, soit directement, soit indirectement, je vous prie d'agréer, etc...

Quatrième cas.

Vous avez eu parfaitement raison de me déclarer très franchement les raisons pour lesquelles vous n'avez pas pu faire l'acquisition de mon appareil Phébus, en raison de son prix trop élevé pour vos ressources, s'il vous fallait en payer le montant d'un seul coup.

Vous apprécierez certainement la proposition suivante que je vous fais en raison de votre situation et de l'excellente réputation dont vous jouissez dans votre localité.

Sans augmentation de prix, je consentirai à vous expédier l'appareil Phébus complet avec tous ses accessoires, tel qu'il est décrit page 8 de la brochure que vous avez entre les mains, moyennant un versement mensuel de trente francs.

Il ne me paraît pas possible, si vraiment vous êtes amateur de photographie, et si vous désirez vous livrer à votre passe-temps favori au moyen d'un appareil sûr, pratique et rapide, que vous repoussiez mon offre. Je joins donc à la présente un bon de souscription, en vous informant que, si vous acceptez de me le retourner signé, je vous expédierai immédiatement l'appareil franco de port et d'emballage, contre remboursement du premier versement, soit trente francs ; le reste payable par mois, aux échéances que vous voudrez bien m'indiquer.

Veuillez agréer, etc...

Cinquième cas.

Il peut se trouver des acheteurs très bien disposés, qui, cependant, n'aient pas les moyens de payer 30 francs par mois. A ceux-là, on écrira un peu dans le même sens qu'à ceux qui trouvent l'appareil Phébus n° 1 trop cher. On leur proposera l'appareil Phébus n° 2 avec des conditions de payement spéciales :

Vous me faites part très loyalement de l'impossibilité où vous êtes de grever votre budget d'une somme de trente francs par mois pour l'acquisition d'un appareil photographique Phébus n° 1.

Cependant, si j'en juge par votre première lettre, vous avez sérieusement envie de posséder un appareil de ce genre, et vous ne trouverez jamais meilleure occasion de vous en servir que pendant les mois qui viennent, ce qui me porte à vous faire une deuxième proposition.

Vous me dites que l'appareil Phébus n° 1 est d'un prix trop élevé. Je vous propose l'appareil Phébus n° 2. C'est, en somme, le même appareil, aussi robuste, aussi soigné, susceptible de rendre les mêmes services, de procurer les mêmes satisfactions, peut-être un peu moins élégant, un peu moins luxueux, mais tout aussi confortable.

Le prix de cet appareil n'étant que de 270 francs, je suis à votre disposition pour vous l'adresser, franco de port et d'emballage, moyennant le payement d'une mensualité de dix-huit francs, le premier versement ayant lieu à la livraison.

En même temps que cette lettre, vous recevrez la brochure relative à cet appareil, et vous pourrez vous rendre compte des qualités qu'il possède et des différents détails de sa construction.

Sous ce pli, je joins la formule d'un bon de commande qu'il vous suffira de me retourner accompagné d'un mandat-poste de dix-huit francs pour que je vous expédie aussitôt l'appareil, convenablement emballé. Si vous préférez le recevoir contre remboursement, vous n'aurez qu'à le mentionner dans le bon de commande ci-joint, en me fixant vos dates de paiement. L'expédition vous sera faite à la date que vous voudrez bien indiquer sur le bon de souscription.

Cette correspondance a uniquement pour but, ainsi qu'on s'en sera rendu compte, de tirer des cinq cents lettres de toute nature qui auront été reçues à la suite de la publicité initiale, le maximum de rendement. Les cinq cents lettres en question sont, en quelque sorte, le sac de blé dont on cherche à obtenir la plus abondante mouture.

Nous avons choisi un cas très ordinaire. La même forme de correspondance peut s'adapter à une multitude d'affaires.

Le rappel d'offres méthodique pourrait être encore continué et donner des résultats pour les correspondants dont l'Annonceur n'a jamais eu de nouvelles après leur première lettre. Mais c'est l'Annonceur lui-même qui doit en décider, car tout dépend des résultats plus ou moins abondants qu'il aura obtenus dans ses différents rappels. Dès que ces rappels cessent de payer les frais de correspondance qu'ils occasionnent, il devient inutile d'engager de nouvelles dépenses. L'Annonceur devra, néanmoins, un mois ou deux après l'envoi de son catalogue et de sa première lettre de rappel, faire parvenir à ses correspondants restés muets un nouvel imprimé dans lequel il renouvellera sa proposition de vente, insistera de nouveau sur les qualités, les avantages de son appareil, et, au besoin, fera une nouvelle offre, soit d'un appareil plus cher, soit d'un appareil d'un prix moins élevé, car si la correspondance reçue à la suite des imprimés de rappel a révélé que la principale cause de l'insuccès primitif de la proposition est le prix de l'appareil, il ne s'ensuit pas que parmi les deux cent soixante-quinze personnes qui n'ont pas donné suite à l'offre contenue dans la brochure, il ne s'en trouve pas précisément qui seraient disposées à faire l'achat d'un appareil d'un prix plus élevé.

C'est, comme on le voit, dans la prévision des différents états d'esprit des personnes avec lesquelles on correspond qu'est tout le secret du rappel d'offres méthodique. C'est aussi la raison pour laquelle des connaissances psychologiques sont indispensables à l'Annonceur pour réussir.

Les facultés intuitives.

On arrive à posséder ces connaissances par la réflexion et en exerçant ses facultés spécialement dans ce sens ; certains Annonceurs y sont passés maîtres, et certaines circulaires, certaines lettres, soi-disant manuscrites, expédiées, par exemple, par des marchands de vins de Bordeaux, sont des chefs-d'œuvre du genre. Nous ne pouvons ici donner des modèles des formules de circulaires auxquelles peut donner lieu le rappel d'offres méthodique. Leur rédaction est subordonnée à la nature du commerce entrepris, à celle des produits ou des objets annoncés, et l'essentiel est que cette correspondance s'adapte parfaitement à ce commerce ou à ces produits et en même temps à la mentalité complexe des individus auxquels on s'adresse.

Le rappel d'offres par représentant.

Certaines opérations de vente par correspondance ne peuvent souvent être conclues par le moyen initial employé, c'est-à-dire l'échange de lettres. C'est lorsque, par exemple, l'objet de la transaction est affaire d'importance, lorsqu'il s'agit d'appareils, d'instruments, de machines, dont le prix élevé entraîne de la part de l'acquéreur futur des réflexions, des comparaisons, et toutes sortes d'études qui ne peuvent guère trouver de conclusion par une simple lettre.

Ce sera le cas, par exemple, d'un fabricant de moteurs qui aura sollicité des industriels pour leur offrir un moteur de sa fabrication ; qui sera entré en correspondance, à la suite de cette offre, avec plusieurs d'entre eux, mais qui ne parviendra pas à conclure une affaire simplement par l'échange de lettres, même si ces lettres sont très nombreuses.

Il est bien entendu que ces affaires-là valent la peine d'engager des dépenses, et notamment des dépenses de voyage : il y a des devis à établir, des plans à faire, et tout cela ne peut être fait que sur place. Dans ce cas, suivant les évaluations qu'on aura pu faire de l'importance de la commande sollicitée, il sera nécessaire, après un premier envoi de lettre annonçant le catalogue avec tous les renseignements utiles, d'en adresser une seconde ainsi conçue :

Vous avez bien voulu me demander, par votre lettre du...., quelques renseignements sur mes moteurs « Actif ».

Je vous ai adressé mon catalogue avec tous les renseignements utiles, et je remarque que vous n'avez plus donné suite à cette première correspondance.

Vous avez peut-être hésité à me demander des détails complémentaires en raison des difficultés que vous pouvez parfaitement entrevoir en ce qui concerne l'installation de ces moteurs et les différentes conditions que comporte précisément cette installation et qui peuvent modifier sensiblement le prix de ces appareils, tout au moins dans leur base.

Votre hésitation est parfaitement compréhensible, aussi je m'empresse de vous informer que je suis à votre entière disposition pour vous adresser un de mes ingénieurs qui se rendra près de vous afin d'étudier sur place les diverses questions relatives à l'installation de votre moteur, et qui me fournira un plan détaillé des lieux et m'indiquera le service que vous exigerez de cet appareil. A la suite de quoi il me sera possible de vous fournir un devis absolument précis, complet, définitif, sans que, d'ailleurs, il vous en coûte quoi que ce soit, puisque le déplacement de mon ingénieur sera fait à mes frais.

Il ne m'est plus possible de songer qu'après cette offre vous puissiez hésiter un instant à me demander la visite de mon technicien et, sauf avis contraire dans les quarante-huit heures, vous recevrez sa visite, le..... à ..... heures.

Je vous prie de bien vouloir le recevoir.

Agréez, Monsieur, etc...

Les procédés de reproduction de la correspondance omnibus.

Pour établir toute cette correspondance sans des débours élevés, un Annonceur qui fait de la vente par la poste n'utilisera pas uniquement la plume d'un scribe ou le clavier d'une machine à écrire. Chaque lettre ne doit pas être forcément un original, sauf les cas où la correspondance prend un tour tout à fait particulier. Les diverses formules à utiliser se composant en tout et pour tout de cinq, six, huit ou dix imprimés, on économise du temps et de l'argent en employant des procédés de reproduction, mais — et c'est là que gît la difficulté — il faut que cette reproduction, tout en se multipliant à un grand nombre d'exemplaires, n'en présente pas moins *l'apparence d'une lettre personnelle*.

On a cherché à réaliser cette identité parfaite de l'écriture et de la copie par différents moyens typographiques ou lithographiques qui sont :

1° La reproduction au moyen d'appareils autocopistes fonctionnant soit à plat, soit par un mouvement rotatif. Ce moyen donne parfois des résultats imparfaits et laisse souvent deviner le caractère omnibus de la correspondance.

2° Le report sur pierre. Ce moyen peut donner d'excellents résultats, mais à la condition de s'adresser à un imprimeur parfaitement outillé, possédant des pierres extrêmement fines pour le tirage, les pierres à gros grains ne donnant que des résultats imparfaits. Dans cette sorte d'impression, on doit obtenir de l'imprimeur que le tirage soit effectué au moyen d'une encre dont la nuance sera *identique* à celle de l'encre dont on se sert habituellement pour sa correspondance manuscrite.

3° La reproduction d'une lettre originale écrite d'abord à la machine à écrire et reproduite ensuite typographiquement au moyen d'un cliché zinc. Cette méthode est presque parfaite, surtout lorsqu'on a soin de faire procéder au tirage, comme pour la reproduction lithographique, au moyen d'une encre semblable à celle des rubans de machine à écrire qu'on utilise ordinairement, et si l'original, le cliché, en est établi au moyen de la machine même dont on se sert communément ; nous expliquerons tout à l'heure pourquoi.

4° Enfin, on possède des procédés de composition typographique au moyen de lettres mobiles gravées sur le même type que celui des machines à écrire et qui forment, une fois la composition terminée, une sorte de bloc typographique, à plat ou cylindrique, permettant des tirages très nets où la composition ainsi obtenue se reproduit, comme dans la machine à écrire, au moyen de rubans.

De ces quatre procédés, les trois derniers sont certainement les meilleurs, mais ils impliquent nécessairement beaucoup de soins dans l'exécution du tirage.

Si nous avons tout à l'heure insisté sur l'identité absolue qui doit exister entre la nuance de l'encre employée au tirage et les encres liquides ou les rubans de machines à écrire dont on se sert dans une maison de commerce, c'est que, le tirage de la lettre-circulaire terminé, si le procédé de reproduction est bien choisi, bien adapté, il devient possible de compléter la lettre-omnibus : 1° avec une plume dans le premier cas, à la condition que l'écrivain soit le même que celui qui a tracé le cliché litho-graphique ; 2° dans le deuxième cas, avec une machine à écrire si elle est la même que celle qui a servi à l'établissement du modèle — et cela en ce qui concerne le nom et l'adresse du des-tinataire et la date même à laquelle la lettre est expédiée.

On peut encore, pour pousser le système à sa dernière per-fection, réserver à la formule des salutations une place suffi-sante pour recevoir *ad libitum* les mots « Monsieur », « Madame » ou « Mademoiselle », et remplir cet espace, soit à la main, soit à la machine.

On obtiendra ainsi des lettres-circulaires qui présentent toutes les apparences d'une lettre personnelle, manuscrite ou dactylographiée, et, si ce travail est bien exécuté, il n'existe aucun point de repère, aucune discordance dans l'impression et dans la partie ajoutée, qui puisse révéler à l'œil le plus exercé la nature banale d'une telle lettre. Les deux procédés de reproduction d'écriture à la machine que nous indiquons plus haut ont cet avantage encore sur les procédés autographiques : que d'abord les caractères, en raison des encres employées, n'offrent pas, comme dans la plupart de ces appareils, un cercle gras sur le papier et que, de plus, les points, les virgules, tous les signes de ponctuation qui, dans l'écriture à la machine, à cause de leur ténuité, ont une tendance à impressionner en creux le papier, sont reproduits avec la même fidélité et permettent même au toucher de reconnaître cette ponctuation au dos de la feuille.

Le quatrième procédé exige l'acquisition de machines com-pliquées, d'un prix élevé, et à dire vrai, il a un défaut capital : c'est trop bien fait, et l'on n'y trouve pas ces irrégularités de touche, ces petites erreurs de transcription qui sont le propre de tout travail exécuté originalement à la machine à écrire. De sorte que, à moins qu'un Annonceur n'ait un très grand nombre de lettres-circulaires à faire, nous conseillons très franchement l'emploi du troisième moyen qui répond à toutes les exigences et ne comporte que des débours assez faibles et la collaboration d'un imprimeur intelligent.

Il arrivera fréquemment qu'en répondant ou en écrivant au moyen d'une de ces lettres, on n'aura pas prévu toutes les ques-tions posées par le correspondant. On y supplée en parachevant la lettre au moyen d'un post-scriptum qui complète la réponse, et qui accuse mieux le caractère personnel de la correspondance.

La condition essentielle de la correspondance provoquée par les opérations de vente par la poste et par le rappel d'offres méthodique étant de posséder toutes les qualités de personnification de la lettre, laquelle doit toujours *paraître avoir été écrite spécialement pour celui qui la reçoit*, nous ne parlons pas des procédés typographiques ou lithographiques ordinaires, au moyen desquels il n'est possible d'obtenir que des sortes de prospectus ou de circulaires générales. Même l'emploi de caractères typographiques semblables à ceux de la machine à écrire, que proposent souvent les imprimeurs, ne répond pas à cette condition.

LIVRE IV

De la Publicité par l'Objet à la Publicité parlée

❖

CHAPITRE XII

LES MODES DU QUATRIÈME MOYEN

La Publicité par l'Objet

❖ ❖ ❖

La publicité par l'objet rentre dans le domaine de la publicité de la deuxième période, la publicité obsédante et indirecte.

C'est encore un procédé de vulgarisation qui ne convient guère au lancement d'une marque ou d'un produit à son début. Il rappelle la chose qui est déjà annoncée autrement et ailleurs, mais il ne la fait pas connaître, il ne la popularise pas. Pour qu'en effet l'objet de publicité puisse être opérant, il faut que l'on connaisse déjà l'article pour lequel il travaille, car il ne permet pas un texte long, qu'on ne lirait pas, et qui ne trouverait sa place utilement sur aucune des surfaces qu'il offre. Tout ce qu'il peut faire, c'est de raviver un nom, une marque déjà inscrits dans la mémoire.

Du reste, il y a une autre raison pour qu'il ne puisse que rappeler une chose déjà connue, c'est qu'il doit, sous peine d'être jeté, négligé, avoir tout au moins une raison d'utilité indépendante de la raison *publicité* qui le fait parvenir entre les mains du public.

Or, le public n'aime pas servir bénévolement à la vulgarisation d'une marque ou d'un produit quelconque. Il admet que la publicité faite sous forme d'objet le touche personnellement, mais il ne consentira pas à ce qu'en ses mains, et par son intermédiaire, la publicité de l'objet impressionne les autres, c'est-à-dire la foule anonyme. C'est que le public sent très bien que, ce faisant, il rendrait à l'Annonceur un service pour lequel il n'est pas rétribué; il a même la sensation qu'il serait dupe, en se prêtant à une combinaison qui ferait de lui un véhicule gratuit de publicité. Pour qu'il le fasse, il faudrait qu'intervinssent des mobiles très puissants, et encore que le concours qu'il prête n'ait pas une action tellement immédiate qu'il ait conscience d'un profit réalisé par autrui, du fait de son geste, et dans l'instant où ce geste s'est produit. Il lui semble alors qu'il a droit, pour ainsi dire, à une commission sur la vente qui s'est réalisée par sa complaisance, par son concours.

Nous l'avons bien vu, lors d'une éclipse de soleil, quand tout Paris, les yeux braqués vers l'astre du jour, attendait l'heure fatidique où il allait s'obscurcir par l'interposition de la lune. Ce jour-là, un commerçant très habile eut l'idée, étant donné qu'il était impossible de contempler le phénomène à l'œil nu, d'offrir gratuitement, par les rues et les boulevards, un disque de carton qui portait à son centre une pellicule de mica noirci, dont l'effet était identique à celui d'un verre fumé. Le disque portait bien une inscription de publicité, mais elle n'était pas d'une action positive et instantanée. D'autre part, le public ne pouvait voir l'éclipse sans quelque objet transparent, mais noirci; il utilisa très largement le disque génial de ce commerçant, il l'utilisa parce qu'il ne pouvait penser que son geste collectif, allait, du coup, enrichir le commerçant, et que chaque individu se rendait compte que tous les autres faisaient, en même temps que lui, le geste de braquer le disque sur le firmament; enfin, parce qu'il lui était nécessaire, s'il tenait à voir l'éclipse, d'utiliser, pendant quelques minutes, l'objet de publicité qu'on avait pris soin de lui donner, en même temps qu'à des multitudes d'autres.

C'est la première des conditions à observer dans la création et la distribution des objets de publicité : il faut qu'ils viennent à point nommé, quand ils deviennent presque nécessaires. On connaît ces objets : ce sont des éventails, des blocs-notes, des crayons, des canifs, des glaces de poche, des coupe-papier, des cendriers et mille autres qui se créent chaque jour par l'initiative et l'ingéniosité de quelques industriels spécialisés dans leur fabrication. Ne croit-on pas que l'éventail rafraîchissant sera mieux accueilli lorsqu'un soleil de plomb alourdit l'atmosphère que lorsqu'il fait frais ? Et le canif spécial [pour ouvrir les bouteilles de champagne, n'arrive-t-il pas fort à propos, quand, en présence d'une « Veuve Clicquot », on se trouve embarrassé pour l'ouvrir ? Cela ne signifie pas que l'objet-réclame ne sera pas reçu volontiers en dehors du moment où il [est immédiatement [utile. Mais ce [n'est pas [à cet instant qu'on l'appréciera le mieux. On l'enfouira dans une poche ou dans un portefeuille et l'on n'y pensera plus jamais.

Donc, l'objet de publicité, bon moyen pour entretenir une action déjà commencée, ne saurait rendre de services sérieux pour une affaire encore à ses débuts, [à moins d'y dépenser des sommes si considérables que l'opération serait ruineuse, puisqu'en ce cas elle devrait exercer une influence si générale, impressionner de si larges majorités relatives, qu'on ne peut supputer sans effroi les frais qu'elle entraînerait. Il faudrait alors qu'il soit à lui seul, l'annonce, l'affiche, le prospectus. Cette tâche est trop lourde pour lui. [Il doit se contenter de jouer un rôle simplement accessoire et complémentaire.

CHAPITRE XIII

Les échantillons, les objets de publicité et les primes

○   ○   ○

On emploie fréquemment, pour différentes opérations de publicité, l'échantillon comme moyen de vulgarisation. C'est, incontestablement, un des plus puissants et des plus suggestifs, puisque non seulement il a pour effet de répandre une marque, un nom, mais encore de faire apprécier cette marque dans le produit même qu'elle couvre. C'est, par excellence, le procédé qui convient pour des marchandises d'une haute qualité et qui n'ont, pour ainsi dire, qu'à paraître pour être estimées à leur valeur.

La distribution d'échantillons n'est toutefois pas à la portée de toutes les entreprises ou, du moins, si elle peut être utilisée par tous les produits de marque, elle est bornée dans son action, pour un certain nombre d'entre eux, en raison de la nature même du produit échantillonné.

D'abord, la distribution d'échantillons se limite forcément aux produits qu'il est possible de présenter sous une forme fragmentaire et cela nous conduit à penser que les produits de consommation sont presque les seuls qui puissent en bénéficier. Mais encore tous les produits de consommation ne sont pas aptes à une distribution tant soit peu étendue.

Un produit de consommation intéressant la généralité des habitants d'un pays, il est logique d'admettre que l'on doit, par la distribution de l'échantillon, chercher à toucher tous les domiciles, toutes les familles. Et c'est dans cette voie qu'il convient de diriger une telle opération, soit en la restreignant à une région, soit en l'organisant successivement de région en région. Mais il faut établir deux catégories dans les produits de consommation : les produits de bouche et les produits simplement ménagers. Nous entendons par « produits de bouche » tout ce qui sert à l'alimentation, et par « produits ménagers » tous les produits qui concourent à l'entretien d'une maison ou même à la satisfaction des besoins d'une industrie. Les cirages, les savons, les bougies, les produits destinés à l'éclairage, les brillants à polir et toute une série de marchandises de cette nature sont des produits ménagers, dont la distribution peut être faite à l'ensemble des consommateurs. Pour atteindre cette quantité énorme de destinataires latents, les indications que nous avons données plus haut pour la distribution extra-urbaine des prospectus et des imprimés sont particulièrement applicables (1).

Produits de bouche et produits ménagers.

Les produits de bouche exigent une méthode différente, car le public ne consommera pas volontiers l'échantillon d'une marchandise qu'il tiendra d'un inconnu ou qu'il trouvera dans une boîte aux lettres ; il répugne à boire ou à manger les choses dont il ne connaît pas l'origine, et qui ne lui ont pas été transmises par une personnalité en quelque sorte digne de confiance.

Les biscuits, les chocolats, les thés, les conserves sont des produits de bouche, ainsi que les produits pharmaceutiques, — sauf, bien entendu, les spécialités pharmaceutiques pour l'usage externe. Si tous ces produits peuvent tirer un parti utile de la distribution d'échantillons, cette distribution ne peut donc être faite sous le voile de l'anonymat ; elle doit, au contraire, être sanctionnée par un intermédiaire autorisé. Pour les produits alimentaires, l'épicier est tout qualifié. C'est lui qui procédera à cette distribution, dont le but est de faire apprécier ces produits par sa clientèle. Pour les produits pharmaceutiques, c'est, évidemment, le pharmacien qui doit être choisi.

Une distribution d'échantillons pour des produits de bouche ne pourra donc jamais avoir l'ampleur et le caractère de généralité que l'on donnera à la distribution d'échantillons de produits ménagers. Mais, organisée dans ces conditions de sélectionnement, elle peut encore porter très utilement ses fruits, et nous recommandons ce procédé à tous ceux qui, possédant un bon article, d'une qualité incontestable, voudront en activer la consommation.

1. Voir p. 196.

Il faut dire encore que, si l'on ne veut pas entreprendre la distribution d'échantillons d'un produit ménager, sur la plus grande échelle, c'est-à-dire la distribution à tous, on peut parfaitement adopter le système que nous recommandons pour les produits de bouche, c'est-à-dire faire procéder à la distribution par le détaillant à sa clientèle, afin que celle-ci, ayant apprécié l'article, sache ensuite où se le procurer pour les besoins de sa consommation.

L'échantillon distribué gratuitement doit être présenté, au point de vue de son conditionnement, sous le même aspect et sous la même marque que l'unité de vente du produit lui-même. Il faut qu'il y ait identité absolue, non seulement dans l'apparence extérieure, mais encore dans la qualité, entre l'échantillon et le produit mis en vente. C'est ainsi une publicité à double effet, puisque par la représentation de la marque, telle qu'elle s'offre à l'acheteur, on le familiarise avec le produit conditionné et que, par l'essai qu'on lui fait faire au moyen de l'échantillon, on le persuade de la valeur de l'article qui lui est proposé. De cette manière, il y a toujours, dans l'esprit des consommateurs, une corrélation absolue entre la marque qui revêt le produit et L'IDÉE DE SUPÉRIORITÉ qu'ils doivent accorder à la marchandise elle-même, si l'on veut que la publicité donne tout son rendement.

Les échantillons de matières premières.

Nous avons parlé plus haut des « produits qui concourent à la satisfaction des besoins d'une industrie ». Nous voulons désigner par là les matières premières. Il n'est nullement impossible d'échantillonner les matières premières d'une industrie par la distribution ou l'envoi d'une partie d'un article quelconque utilisé dans une fabrication ou par la mise en œuvre de cette fabrication. Un minotier pourra fournir aux boulangers des échantillons de farine ; un fabricant de graisses industrielles pourra également envoyer des échantillons de ses graisses aux industries qui les consomment d'habitude, afin que, par l'expérience qui sera faite au moyen de ses échantillons, les produits puissent être appréciés et, par conséquent, achetés.

Il devient alors impossible d'appliquer à la distribution d'échantillons de ces matières premières le procédé que nous recommandions précédemment, les acheteurs que l'on veut atteindre étant trop disséminés sur le territoire. C'est la poste qui est tout indiquée pour cet office, à moins que le poids de l'échantillon ne soit tel qu'il ne puisse circuler par les services postaux. On aura recours alors au colis postal, quoique ce mode de distribution soit relativement bien coûteux.

Quand un échantillon est destiné à la généralité des consommateurs, qu'on le fasse tenir au destinataire soit directement, soit par les soins des détaillants, il suffira d'y joindre un prospectus bien fait, clair, facile à lire, par conséquent aussi court que possible, dans lequel parfois on pourra même l'envelopper. Mais quand l'échantillon ne s'adresse qu'à une quantité restreinte d'individus, particulièrement, si c'est une matière première envoyée à domicile par la poste ou par colis postal, il est de toute nécessité de l'accompagner d'une lettre, ou d'une circulaire aussi personnelle que possible, afin d'attirer l'attention du destinataire, qui sera généralement un industriel ou un commerçant, appelé par sa situation à recevoir, chaque jour, de nombreux envois de tous genres, auxquels il ne porte que très rarement l'attention désirée par l'Annonceur.

Et si l'affaire en vaut la peine, on n'hésitera pas à envoyer cette circulaire sous enveloppe fermée, en lui donnant le caractère le plus personnel, en même temps que la tournure LA-PLUS PERSUASIVE qu'on sera capable de trouver.

Potentiel d'intérêt des échan= tillons distribués.

Pour envisager la question des échantillons sous un aspect plus général, nous dirons que, selon l'importance de l'achat que l'on veut provoquer, on appuiera la sollicitation par des moyens plus ou moins impressionnants et par une argumentation plus ou moins énergique. La somme d'intérêt à déplacer pour décider une ménagère à employer une certaine marque de savon, par exemple, ce qui n'implique qu'une dépense relativement minime, est relativement peu considérable, tandis que la somme d'intérêt à déplacer pour amener un commerçant ou un transformateur de marchandises à passer une commande du produit échantillonné, est bien plus grande, puisque la transaction que l'on sollicite peut se chiffrer par beaucoup d'argent. Ce sera le cas des consommateurs de graisses industrielles dont nous parlions tout à l'heure (1), qui, s'ils adoptent telle marque dont ils auront reçu l'échantillon, en consommeront pour les besoins de leurs machines des quantités importantes, représentant des centaines ou des milliers de francs annuellement. L'effort à faire par la publicité directe devra donc être proportionné à l'importance des résultats que cet effort doit virtuellement avoir.

Les objets de publicité.

Les objets de publicité sont, un peu comme les prospectus, la menue monnaie de la publicité, avec cette différence qu'ils coûtent beaucoup plus cher. Le prospectus est en publicité, pour ainsi parler, la menue monnaie des pauvres ; l'objet-réclame ou l'objet-publicité est, lui, la monnaie des riches.

Nous avons déjà dit en quoi consistent, généralement, ces objets-publicité. Ce sont : des éventails, coupe-papier, canifs, cendriers, crayons, porte-mine, carnets, blocs-notes, etc.

Si les petits cadeaux entretiennent l'amitié, les objets de publicité, qui ne sont, en somme, que des cadeaux, entretiennent parfaitement le souvenir d'une marque, quand elle est déjà connue. Mais ils sont, par eux seuls, impuissants à la lancer. Une marque inconnue n'a aucun intérêt à laisser entre les mains de consommateurs éventuels, si bien disposés qu'ils soient, un objet quelconque leur rappelant le produit dont il porte le nom, si ce produit n'est pas en vente partout. Dans un chapitre antérieur (2) nous avons déjà dit pourquoi.

C'est donc là une publicité d'entretien, mais c'est une des plus adéquates qu'on puisse faire

Pour la distribution de semblables objets, le concours des intermédiaires est seul utilisable, car il n'est pas possible de songer à une distribution générale par la poste ou autrement. Cette distribution se fera donc par les soins des détaillants qui tiennent l'article, et elle constituera une sorte de prime à l'acquisition du produit annoncé. Les commerçants qui procèdent à la vente directe, par correspondance, des articles de leur commerce ou de leur fabrication peuvent encore joindre l'objet de publicité

1. Voir p. 241.
2. Voir pp. 138-139.

à leurs envois, si l'objet a un rapport avec leurs marchandises et lorsque la clientèle qu'ils atteignent est susceptible de consommer le produit représenté par l'objet. Par exemple, un marchand d'huîtres de Marennes pourra joindre à ses envois de petites fioles de vins blancs du Bordelais.

Le critérium sûr qu'on appliquera au choix des articles de publicité ainsi offerts sera essentiellement le prix de vente du produit au bénéfice duquel ces objets sont destinés à opérer, et aussi l'intensité de la consommation de ce produit par un individu ou par une famille.

En d'autres termes, l'objet de publicité destiné à entretenir dans une mémoire le souvenir et l'idée d'un produit d'une valeur marchande de dix francs, mais qu'on n'achète que de temps en temps, pourra, par exemple, valoir un franc. L'objet dont on fera cadeau à l'acheteur d'un autre produit dont l'unité ne coûtera qu'un franc, mais dont l'achat se renouvelle tous les dix ou quinze jours, pourra valoir deux francs et plus ; ce sera le cas, par exemple, lorsqu'il s'agira d'une essence pour automobiles, ou d'un brillant pour les cuivres.

Autrement dit encore, le prix d'un objet-publicité, d'un souvenir-réclame, doit différer selon que cet objet est remis à un acheteur d'un jour, ou bien à un consommateur de tous les jours. L'humanité est, à coup sûr, ingrate dans les rapports que les hommes ont entre eux, mais elle ne l'est que parce que des intérêts divergents l'obligent à commettre des actes égoïstes, qui, par rapport à certains autres individus appartenant à la communauté, sont des manifestations d'ingratitude. Mais à l'endroit d'un cadeau qui lui est très gracieusement fait, sans condition, l'homme n'étant alors lié par aucun intérêt contradictoire, n'est pas essentiellement un ingrat. Il accepte avec reconnaissance ce qu'on lui offre, alors qu'il semble bien qu'on n'a pas un intérêt immédiat à faire cette offre, puisque le cadeau n'engage en rien celui qui le reçoit, et si l'objet qui lui a été donné bénévolement est intéressant, utile, agréable, amusant, celui-ci conservera le souvenir de celui qui le lui a fait remettre. Quand, ayant reçu un jour qu'il faisait très chaud, un éventail portant le nom de n'importe quel apéritif connu, il entrera dans un café pour y prendre « quelque chose », — il ne sait pas toujours quoi, — il demandera de préférence le quinquina Bibendum, si c'est le quinquina Bibendum dont le nom était imprimé sur cet éventail.

Et, naturellement, plus l'objet aura de prix, intrinsèquement, plus il aura d'action sur celui qui le recevra.

Nous en conclurons volontiers que l'objet de publicité doit être considéré un peu comme un escompte préalable, consenti par l'Annonceur à celui dont il veut conserver la clientèle. Grâce à l'objet offert gratuitement, on s'attache le client par des liens de fidélité, par le souvenir d'un geste aimable, généreux et bénévole.

Le procédé de la remise d'objets gratuits aux acheteurs ne doit être pratiqué qu'avec beaucoup de prudence, car il conduit à des excès dangereux : ce sont ceux qui résultent de la surenchère et de la concurrence. Entré dans cette voie, un industriel s'expose à ce que le public attache plus de valeur au cadeau qu'on lui fait qu'au prix et à la qualité de l'article pour l'achat duquel on lui fait ce cadeau, et, un concurrent survenant et offrant un objet de publicité mieux présenté, d'une valeur plus grande, peut alors détourner à son profit une part de la clientèle que l'industriel croira s'être attachée.

Les Américains, qui pratiquent le procédé depuis de longues années, l'ont poussé à un tel point de mercantilisme qu'une réaction très vive à l'encontre des objets de publicité et des cadeaux-réclame s'est produite ensuite chez eux.

Les cadeaux et les primes.

Ceci nous amène à parler des primes, qui ne sont autre chose que des cadeaux plus ou moins déguisés. C'est, d'ailleurs, surtout contre le procédé des primes à l'acheteur que les commerçants américains se sont insurgés. La prime est particulièrement du ressort du commerce de détail, et elle n'est autre chose qu'une forme de l'escompte. Plus encore que l'objet de publicité, la distribution des primes présente d'incontestables dangers, toujours en raison des influences concurrentes et de la surenchère qui en est le résultat. La prime, en effet, conduit à diminuer la valeur marchande de *l'article vendu*, pour augmenter la valeur conventionnelle de l'objet *donné, offert*. Cet objet n'est plus alors un escompte, mais il entre pour un tantième variable dans le prix d'acquisition de l'article par l'acheteur et, dès lors, il ne représente plus, pour ce dernier, un avantage véritable. Autrefois, les détaillants vendaient leurs marchandises sans en marquer le prix, de manière à rester libres de vendre au prix qu'il leur convenait de fixer, suivant les acheteurs. Une réaction s'est produite à l'endroit de ce procédé commercial, absolument faux d'ailleurs, et c'est pour cela que, de nos jours, les détaillants ont adopté le système du prix fixe, qui ne laisse place à aucune contestation.

L'abus du système des primes peut conduire aux mêmes excès que celui de la vente à prix variables, autrefois pratiquée, et nous ne saurions trop engager nos détaillants, qui sont surtout à même d'utiliser la publicité par primes et cadeaux, à leur conserver le caractère de gratuité et de gracieuseté sans lequel le public, se sentant dupé, cesserait de fréquenter leur magasin. Mieux vaudrait alors informer simplement la clientèle qu' « ici, on ne donne pas de primes, mais tous les articles sont marqués *au prix le plus bas* ».

Quant à la nature des primes qu'un commerçant de détail peut offrir, il nous est impossible de la préciser ici. Elle dépend des saisons, des circonstances ; les primes peuvent être empruntées au fonds même du magasin qui les donne — quoique ce procédé soit mauvais, en ce que les acheteurs s'imaginent généralement que ce sont les *rossignols*, dont on se débarrasse lorsqu'ils sont devenus invendables. Toutes sortes d'objets peuvent être donnés en prime, et les détaillants savent parfaitement où se les procurer.

Nous sommes donc amené à conclure que l'objet de publicité aussi bien que la prime ne doivent être, pour un commerçant ou un industriel, que le moyen de faire à leur clientèle une gracieuseté dont le caractère bénévole doit être toujours apparent ; ils ne doivent pas constituer un appât malsain pour le consommateur. Une marchandise qui se recommande par sa qualité, un marchand qui se fait valoir par sa probité, et *qui mettent le public à même de les apprécier comme tels*, n'ont pas besoin, pour plaire à l'acheteur, de l'adjonction de cadeaux, et conséquemment, l'objet de publicité, de même que la prime, ne peuvent que représenter pour l'acheteur, pour le consommateur, une opération de publicité toute naturelle destinée à rappeler le produit vendu ou le magasin recommandé, à maintenir les clients dans le goût de consommer l'article ou de fréquenter l'établissement, et, un peu aussi, à ramener à l'emploi du produit, ou à l'habitude de se fournir ici plutôt que là, le client infidèle.

CHAPITRE XIV

La Publicité fermée

◇ ◇ ◇

LES ANNUAIRES ET LES GUIDES
LES ALMANACHS

La publicité désignant, par définition, toute manifestation extérieure qui a pour but — nous ne disons pas pour effet, car malheureusement, le résultat n'est pas toujours mathématique — de porter à la connaissance du plus grand nombre un fait d'ordre industriel ou commercial, l'existence d'un produit, d'une affaire, d'une industrie, il en résulte que la publicité doit essentiellement s'adresser à la masse, au public, à l'ensemble des individus.

Le *nec plus ultra* de la publicité serait, si cela était possible, qu'à l'aide d'un procédé qu'on ne découvrira sans doute jamais, tous les habitants de la France puissent, à la même heure, être informés de ce fait, de l'existence de ce produit ou de cette affaire. Le caractère fondamental de la publicité est donc d'être ouverte. Les insertions dans des annuaires du genre du Bottin, ou dans des guides de voyage, ou des indicateurs de chemins de fer, étant absolument fermées, c'est-à-dire limitées à la page où elles sont imprimées et où la majorité des lecteurs de ces annuaires ou de ces guides n'aura sans doute jamais l'occasion de jeter les yeux, nous sommes amené à dire que cette sorte de publicité n'a pas une grande valeur. En effet, pour la connaître, pour en être impressionné, il est nécessaire d'ouvrir un livre. Or, ce livre, on ne le feuillette pas; a-t-on vu quelqu'un, si ce n'est un enfant à la recherche d'images, parcourir une à une les pages d'un annuaire, d'un guide? Quand on ouvre un de ces

« bouquins » volumineux qu'on nomme « Bottin », annuaire ou guide, c'est qu'on y cherche quelque chose. On consultera l'indicateur des chemins de fer pour connaître l'heure de départ ou d'arrivée d'un train. On consultera encore le Bottin pour savoir où demeure exactement ce commerçant qui vend tel article qu'on connaît à l'avance. On ne verra donc de ces ouvrages qu'une page, celle qui intéresse au moment où on les compulse ; on ne jettera pas volontairement un regard sur les autres. La consultation d'un pareil annuaire est donc consécutive au besoin qu'on a à satisfaire et, par conséquent, la lecture des annonces figurant dans un Bottin ou un guide est incapable de créer ce besoin ; tout au plus peut-elle le canaliser dans un sens ou dans l'autre. Si l'on a besoin d'un piano, on ouvrira le Bottin à la lettre P et au mot « Pianos » ; on cherchera parmi les diverses maisons de pianos qui y figurent celle qui paraît répondre le mieux à ses désirs, aux possibilités qu'on a déjà considérées. Le lecteur trouve ainsi les indications nécessaires à la satisfaction de son besoin ; mais ce besoin résulte d'un vouloir préexistant et n'a pas été créé, suscité par la publicité de l'annuaire. On a donc le droit de se demander en quoi cette forme de publicité a pu provoquer à l'achat, puisque le désir d'acheter s'était déjà concrété dans l'esprit du lecteur.

Nous considérons donc cette forme de publicité plutôt comme un groupement de renseignements pour faciliter les recherches de l'acheteur et l'aider dans son choix, que comme une publicité véritable, capable de créer un besoin et de déterminer l'acte d'acquisition subséquent. Les insertions dans les annuaires et dans les guides n'en sont pas moins indispensables pour tous les commerces et toutes les industries, mais elles ne peuvent dispenser un commerçant ou un industriel qui désire accroître sa clientèle ou s'en créer une, de faire de la publicité *ouverte*, suggestive, obsédante, directe ou indirecte, et l'insertion dans les guides ou annuaires n'est, en quelque sorte, que le corollaire de cette dernière.

Les almanachs offrent peut-être plus de force opérante, parce qu'ils sont feuilletés toute une année et qu'ils sont réellement lus pour tout leur texte. La publicité est ainsi absorbée avec le reste. Toutefois, il faut bien convenir que l'almanach est souvent lu dans les campagnes par une population paysanne, dont les possibilités d'achat sont assez faibles, non pas que le paysan soit toujours pauvre, mais parce qu'il est avare et qu'il restreint ses achats au minimum. De sorte que le rendement de la publicité des almanachs ne peut être que modeste.

On fera, par l'almanach, de la publicité d'entretien; on y fera encore de la publicité obsédante, de peu d'énergie. Mais ce serait se tromper que de chercher à y faire de la publicité suggestive à effet immédiat. La formule de l'almanach, publication annuelle, est, en effet, la négation même de l'action rapide qu'on doit demander à cette dernière forme de publicité.

CHAPITRE XV

La Publicité parlée

o o o

Ce que nous entendons par « publicité parlée » n'est pas, comme on pourrait le croire, le *boniment* du camelot ou l'appel des *aboyeurs* à la porte d'un magasin. Par « publicité parlée » ou plutôt par « publicité par la parole », nous voulons désigner cette sorte de publicité bénévole et gratuite que font à un produit ou à une maison de commerce, ses clients et ses acheteurs dans les conversations quotidiennes à la ville, à la campagne, et avec leurs relations de tous les instants.

Ce n'est pas la moins intéressante ni la moins productive, au contraire; si peu qu'elle rapporte, c'est tout bénéfice, puisqu'elle ne coûte rien, en principe. Mais, loin de rapporter peu, la publicité parlée *rapporte beaucoup*. Elle a, toutefois, le défaut de ne pas être à la portée de tout le monde. Ce défaut est, d'autre part, une qualité, car cette publicité ne peut se produire utilement que pour des produits de premier ordre et des affaires de tout repos. Les Annonceurs dont le commerce n'est fondé que sur des combinaisons louches ou qui ne vendent que de mauvais articles n'ont rien à espérer de la publicité parlée. Elle ne peut leur être d'aucun secours, puisqu'il n'est pas possible que, sans y être intéressé, on dise du bien de leurs combinaisons ou de leurs produits, à moins que l'on ne veuille considérer comme de la publicité le mal qu'on en pourrait dire!

La publicité par la parole présente sur tous les autres modes de publicité l'avantage d'être volontaire, de ne pas être commandée. Elle est désintéressée et sincère, quoique la vanité l'inspire parfois.

On n'organise pas la publicité parlée, on ne la commande pas et on ne la contrôle pas non plus. L'Annonceur au bénéfice de qui elle est faite l'ignore généralement ou n'en a connaissance qu'alors qu'elle a déjà porté ses fruits.

Mais, quoiqu'on ne l'organise pas, il est possible d'en constituer néanmoins les éléments. Cette forme de publicité étant fondée sur le bien que des personnes de tout âge, de tout rang, de toute condition, peuvent penser d'une affaire ou d'un produit, on se réservera toujours sûrement les bénéfices de la publicité parlée en conduisant son affaire *avec dignité, correction et probité, en n'offrant à la consommation que des produits de premier ordre.*

Toutefois, la publicité parlée n'est pas spontanée. Il lui faut, généralement, comme soutien l'autre publicité, la publicité écrite, car les consommateurs n'auront jamais l'idée de dire entre eux du bien d'un produit s'ils l'ignorent, c'est-à-dire si la publicité écrite ne le leur a pas déjà fait connaître.

La publicité parlée émanant du consommateur.

La publicité par la parole affecte toutes les formes et s'applique à toutes les affaires et à toutes les marchandises. Une maîtresse de maison en visite chez une amie remarquera que la batterie de cuisine de celle-ci a un éclat exceptionnel et ne manquera pas de lui dire : « Comment faites-vous pour donner à vos cuivres ce reflet éclatant ? » Et l'amie de lui répondre : « Mon Dieu, c'est très simple, je les nettoie avec le brillant Carpentier... C'est le meilleur que j'aie trouvé jusqu'à présent. » Publicité parlée.

Vous rencontrez un jour un de vos amis qui vous dit : « Mon cher, je sors de chez Z... Il a en ce moment une collection de tapis du Turkestan tout à fait merveilleuse. Je ne sais pas comment il fait pour se les procurer et pour les vendre si bon marché, mais si tu as vingt-cinq louis à dépenser sans que cela te gêne, je t'engage à aller faire un tour à son magasin : tu n'auras que l'embarras du choix. » Encore publicité parlée.

Vous faites une visite dans une maison amie, et vous apprenez

que la petite fille de la maîtresse de céans est atteinte de la coqueluche et qu'elle a des crises épouvantables de toux, d'oppression.
La pauvre enfant fait peine à voir et la mère est très inquiète.
Le médecin est bien venu, il a prescrit une potion, mais elle ne
fait pas d'effet. Que faire? Si les circonstances vous ont précédemment amené à constater les propriétés curatives d'un certain
sirop contre la coqueluche, vous ne manquerez pas de répondre :
« Madame, je connais une spécialité que vous trouverez chez
n'importe quel pharmacien : le sirop du docteur Y...; j'en ai fait
usage dans un cas semblable, et cela a parfaitement réussi. »
Derechef, publicité parlée.

Madame est coquette et veut être très bien mise. Elle tient à
suivre les modes, toutes les modes, et, comme son mari n'est
qu'à demi-fortuné, elle s'habille chez une ancienne première de
chez Pasquin, qui fait aussi bien, mais dont les prétentions sont
beaucoup moins onéreuses; elle rencontre dans une soirée ou au
théâtre une amie, et, la question chiffons s'agitant entre elles,
l'amie avoue ingénuement que sa robe a été confectionnée par
Redfern et qu'elle a coûté quelque chose comme cent louis. Et
Madame qui n'a, en tout, que le moyen de payer six cents francs
la même robe que celle que son amie paie deux mille, et qui veut
paraître plus adroite que son amie plus riche, lui glisse : « Eh
bien ! vous avez tort, car, telle que vous me voyez, ma toilette a
autant de chic que la vôtre, et elle ne me coûte que six cents
francs tout simplement parce que j'ai découvert une ancienne
première de chez, etc... » Toujours publicité parlée.

Le besoin de paraître mieux informé que les autres, la pré-
tention d'avoir sur eux une supériorité quelconque engendrent,
il est vrai, dans la plupart des cas, la publicité parlée, mais que
l'origine de cette publicité ne soit pas d'une pureté d'intentions
admirable, il n'en est pas moins vrai que la publicité parlée a été
faite et qu'elle a porté ses fruits. Nous ne citerons que pour
mémoire ces personnes si nombreuses qui, à propos de tout et
à propos de rien, éprouvent le besoin irrésistible de vous glisser
à l'oreille le nom de leur médecin, de leur avocat, de leur avoué,
de leur tailleur ou de leur bottier. Elles sont légion, et nul, en
remontant le cours de ses souvenirs, ne pourrait déclarer franchement n'avoir pas, une fois au moins dans sa vie, fait ainsi de
la publicité par la parole, que ce soit pour donner un bon conseil
ou pour paraître savoir ce que les autres ignorent.

La publicité par la parole, prolongement de la publicité écrite.

La publicité parlée n'est donc que le prolongement de la publicité écrite; ses manifestations sont infinitésimales, mais, par contre, elles sont innombrables; et, sous son apparence impondérable, qui saurait dire qu'elle n'est pas aussi puissante que l'autre? Nous avons toujours été amené à penser que, si les Annonceurs, au lieu des bénéfices que leur procure leur publicité près de ceux qui la lisent, avaient, au contraire, les profits qu'ils réaliseraient près de ceux qui ne la lisent pas et ne la liront jamais, ils obtiendraient de cette publicité des résultats doubles ou triples. La publicité parlée vient au secours de cette infériorité indéniable de la publicité écrite. Elle impressionne, elle touche *ceux que la lecture n'aurait ni impressionnés ni touchés*, et son action se répercute comme l'écho : il est impossible de savoir exactement jusqu'à quels rivages éloignés elle est capable de porter le nom d'un produit, l'adresse d'un commerçant.

Si donc il n'est pas possible d'organiser, au sens précis du mot, la publicité parlée, on peut, on doit la prévoir, et en escompter, à longue échéance toutefois, les résultats. Il n'est pas permis de la comprendre dans le quantum de rendement de la publicité écrite, puisqu'elle échappe à tout contrôle immédiat et que ses résultats sont forcément lointains; elle n'en est pas moins un élément de succès très appréciable et que l'on ne doit pas négliger. L'Annonceur qui fabrique de bons produits, l'homme d'affaires qui se conduit loyalement dans ses relations commerciales, l'industriel qui soigne et perfectionne constamment sa fabrication ont tous les droits à cette publicité par la parole, car le public sera toujours porté à en dire le bien qu'il en pense, alors qu'il ne dira que du mal des choses qui n'auront ni qualité, ni utilisation pratique et courante.

Pour certaines affaires, on a essayé de singer la publicité parlée. Ne prétend-on pas que, dans un certain monde, on rencontre des gens qui sont payés pour vanter des marques d'automobiles ou des « palaces » méditerranéens? C'est fort possible, mais nous doutons que la publicité parlée, ainsi commercialisée, mercantilisée, puisse être d'un rendement bien sûr, car il y manque précisément la qualité qui est le fond de la publicité par la parole telle qu'on doit la concevoir : la sincérité et la spontanéité.

La publicité parlée
par le vendeur.

Il nous faut parler aussi d'une autre forme de publicité par la parole : celle du vendeur à son rayon, du voyageur près de ses clients.

Si l'on devait admettre que la publicité comporte une dose quelconque de suggestion, c'est à cette seule sorte de publicité que nous serions disposé à en accorder quelque peu.

Le vendeur ou la vendeuse, le voyageur, le placier, à l'inverse de toute la publicité écrite, font de la publicité parlée [près de leurs clients, de leurs acheteurs. Il y a, dans leur action, une influence personnelle qui s'exerce avec plus ou moins de bonheur, quelque chose comme un accord sympathique, — qui peut aussi bien être un désaccord antipathique, — selon que la personne qui vend, qui propose, est douée des qualités de PERSUASION, D'INSINUATION indispensables dans un tel rôle, et surtout selon qu'elle possède certains avantages de docilité, de souplesse et de charme qui sont pour beaucoup dans l'art de vendre.

Il y a des vendeurs et des vendeuses, de même qu'il y a des voyageurs, dont l'extérieur est désagréable, auxquels un acheteur n'aimera pas s'adresser, tandis que d'autres jouiront de l'heureuse prérogative d'un abord engageant, d'agréments personnels qui les rendront particulièrement sympathiques. Les sexes ne sont pas sans influer sur ces conditions de l'art de vendre. Un homme préférera souvent acheter ses cravates ou tout autre article de sa toilette à une jeune et jolie vendeuse. Une femme aimera mieux de même s'adresser, dans un magasin de nouveautés, à un vendeur jeune et d'extérieur agréable qu'à une femme. Les commerçants de détail avertis le savent parfaitement et choisissent leur personnel en conséquence.

C'est vraiment là qu'il est possible d'accorder à la publicité une action suggestive, au sens fort du mot, c'est-à-dire presque au sens de suggestion, et cette action est indéniable. Mais elle comprend, outre les paroles, la voix, le geste, le regard et toutes sortes de conditions qui sont uniquement d'ordre physique et moral et que la publicité écrite ne peut posséder d'aucune façon. On pourrait presque dire qu'alors il y a réellement *le fluide*, c'est-à-dire cette chose insaisissable qui attire l'un vers l'autre des êtres animés et qui commence par la sympathie simple, pour aller ensuite jusqu'à l'amitié et, plus loin encore, jusqu'à l'amour.

L'art d'un bon vendeur, d'une bonne vendeuse, d'un bon représentant, est souvent fait beaucoup plus de ce charme personnel que d'une science particulière et purement intellectuelle. L'art de vendre est ainsi une connaissance innée chez certains individus, en dehors de toute considération scientifiquement commerciale. Mais rien n'empêche ceux qui en sont dépourvus de chercher à suppléer à ce don naturel par la réflexion et par l'étude.

Cette forme de la publicité parlée faite par les vendeurs est, par conséquent, tout à fait différente de celle qui émane du public bénévole et qui agit en dehors de celui qui en bénéficie et sans qu'il y soit pour quoi que ce soit, sinon par la qualité de ses marchandises et la valeur de ses produits. C'est ici une publicité consciente et voulue.

APPENDICE I

❦

Les Cours techniques de Publicité
par Correspondance
de la revue *La Publicité*

Nous croyons utile de donner quelques indications complémentaires sur les Cours techniques de Publicité par correspondance de la revue *La Publicité* dont il a été question dans le premier volume du présent ouvrage, Appendice II.

Après quelques extraits d'articles parus dans la revue *La Publicité*, nous citons quelques opinions exprimées par les étudiants eux-mêmes sur l'intérêt que cet enseignement a eu pour eux.

◇ ◇ ◇

(Extrait du numéro de juillet-août 1920 de la revue *La Publicité*.)

Quand nous songeons au chemin parcouru depuis l'ouverture de nos Cours de Publicité par correspondance, c'est-à-dire depuis octobre 1919, nous pouvons être satisfaits, non pas de nous-mêmes, mais de nos étudiants.

Ils ont répondu à notre appel avec un zèle, une assiduité, une application qui sont dignes des plus grands éloges. Leurs travaux pratiques, leurs « devoirs », leurs exercices écrits représentent dans l'ensemble quelque chose de tout à fait inégalé. Nous avions beau nous être entourés, au point de vue pédagogique, d'une connaissance de l'enseignement à ses divers degrés et dans les différents pays qui nous mettait en mesure d'envisager notre initiative avec une entière confiance; nous ne nous attendions pas à un pareil résultat.

Nous avons eu l'occasion de montrer quelques-uns des travaux de nos étudiants à des professeurs, à des hommes d'affaires, à des techniciens, ils ont été étonnés du sérieux, de l'importance et de la valeur de ce que faisaient nos étudiants.

Cela tient sans doute à ce que nos premiers étudiants sont soit des esprits mûrs, ayant déjà la connaissance, la pratique et l'expérience des affaires, ou d'une certaine branche des affaires, soit des jeunes gens ayant la vocation, le goût, le sens de la publicité, et qui sont tout heureux, avant d'entrer dans la carrière, d'avoir ainsi trouvé chaussure à leur pied. Ils sont, vraiment, marqués du « feu sacré », et, avec eux, les plus belles espérances sont permises, au point de vue du mérite et de la légitimité de la réussite.

Et nous constatons, impartialement, que la plupart de nos étudiants sont, non pas des patrons ou des fils de patrons —qui, par conséquent, seraient appelés à recueillir pour eux-mêmes, pour le développement de leurs propres entreprises, tout le fruit d'une publicité valorisée —mais bien, simplement, des employés qui désirent mettre au service d'autrui leur science de technicien.

Quoi qu'il en soit, avec des extraits des travaux de nos étudiants, avec certaines de leurs réponses à des questions précises sur des points précis, avec certains de leurs résumés, de leurs aperçus, et avec certaines pages qu'ils ont rédigées en un style sobre, net, frappant, incisif ou brillant, on pourrait composer sur la publicité un ouvrage remarquable. Il y a là la matière d'une sorte de *Livre d'Or* des Cours de Publicité par Correspondance.

Un point auquel nous avons été particulièrement sensibles, c'est de voir que nos étudiants prennent fréquemment sur eux-mêmes, de leur propre mouvement, sans qu'il leur soit adressé aucune suggestion dans ce sens, de nous exprimer, dans les lettres accompagnant l'envoi de leurs devoirs, ou au cours même de ces devoirs, la satisfaction que leur donne, disent-il, un pareil enseignement.

Et, pour nous dire cela, ils n'attendent même pas d'être parvenus aux parties du Cours qui traitent des questions les plus concrètes et les plus immédiatement pratiques. Tant il leur semble que cet enseignement leur ouvre des horizons nouveaux, confirme puissamment leurs opinions à demi-conscientes d'elles-mêmes ou leur apporte une documentation insoupçonnée !

Nous répondrons à cela que, avec de pareils élèves, nous sentons que nous ne saurions jamais être au-dessus de notre tâche : ne pas leur procurer un enseignement de premier ordre serait rester au-dessous de notre tâche et de nos prétentions. Mais c'est eux qui ont droit à la meilleure part d'éloges, — par la façon dont ils se montrent à la hauteur de cet enseignement.

Bonaparte disait que faire partie de l'armée d'Italie était un certificat de bravoure. De même toute notre fierté serait qu'on dise plus tard, et nous espérons bien que ce sera le cas : « Il est diplômé des Cours techniques de Publicité par correspondance. Cela prouve qu'il doit connaître son affaire et qu'on peut avoir confiance en sa capacité. »

◇ ◇ ◇

(Extrait du numéro de janvier 1920 de la revue *La Publicité*.)

Lettre ouverte aux Commerçants et Industriels français

Monsieur, *Paris, janvier 1920.*

Nous nous adressons à vous parce que nous savons que vous faites partie de cette élite qui n'a rien de commun avec la foule des hommes d'affaires médiocres, prisonniers de la routine et des préjugés d'une autre époque.

Vous savez donc, certainement, ce qu'est la publicité et le rôle qui lui est dévolu dans l'organisation des entreprises modernes, qui veulent être toujours à l'avant-garde du progrès économique, ou, comme on dit au pays du dollar, *up to date.*

Vous savez que la publicité est, en somme, l'ensemble, complet et perfectionné, de tous les moyens et points de vue qui permettent de développer la vente dans n'importe quelle entreprise industrielle ou commmerciàle.

Mais, sachant cela, vous n'en avez pas moins jusqu'à présent été embarrassé pour vous procurer un personnel capable de vous créer un service de publicité à la hauteur de vos légitimes exigences.

Jusqu'à présent, vous saviez qu'il n'y avait guère en France que quelques personnes susceptibles de vous fournir des garanties en matière de formation publicitaire, comme ayant suivi les cours des écoles de publicité américaines. Et vous pensiez, avec quelque apparence de raison, que, la France n'étant pas l'Amérique, cette formation, aussi sérieuse qu'elle soit, offrait ce grave inconvénient d'être, malgré tout, étrangère.

Vous saviez aussi que les quelques rares personnalités s'étant formé, elles, une méthode de publicité bien française, et ayant acquis en la matière un nom et une compétence incontestables, n'étaient pas disposées à se mettre au service exclusif d'une maison de commerce.

Voilà pourquoi vous n'aviez pu encore apporter à la question de votre publicité tout l'intérêt qu'elle mérite, et vous attendiez pour cela un moment plus favorable, pensant que jusqu'alors l'organe manquait pour remplir la fonction, — pour la remplir d'une façon satisfaisante, qui vous agrée et qui vous fasse honneur.

Nous avons la grande joie de vous annoncer que ce moment est proche. Nous avons, en effet, comme vous l'avez peut-être déjà appris, bien que nous n'ayons point encore fait campagne pour cela, ouvert, dès le mois d'octobre dernier, des cours techniques de publicité par correspondance, *conçus, rédigés et pratiqués uniquement par des Français et pour des Français;* et d'ici quelques mois, nous serons en mesure de vous procurer, pour la création, l'organisation et le fonctionnement régulier de services de publicité dans votre maison, un personnel de chefs et d'employés qui vous offrira enfin toutes les garanties désirables de valeur et de capacité professionnelle.

Nous nous mettons, d'ores et déjà, à votre disposition pour vous donner à cet égard tous les renseignements utiles. Et surtout, nous vous invitons à nous écrire le plus tôt possible, car, comme il est naturel, nous tiendrons compte des demandes d'après leur ordre d'arrivée.

En espérant vous rendre ainsi un réel service, dont, à coup sûr, vous comprenez déjà l'intérêt, mais dont vous ne serez à même de bien apprécier toute la portée que plus tard, — en raison du profit que vous ne saurez manquer d'en retirer, — nous vous prions de vouloir bien agréer, Monsieur, l'expression de nos sentiments très dévoués.

LA DIRECTION DES COURS TECHNIQUES
DE PUBLICITÉ PAR CORRESPONDANCE,
6, rue Grange-Batelière, Paris (9ᵉ).

Voici maintenant quelques appréciations, entièrement spontanées, exprimées par les étudiants des Cours de Publicité, en diverses occasions :

De M. Z., à Paris :

« Je n'ai pas d'objections à soumettre sur la première partie de ce Cours. Je n'ai, au contraire, que des félicitations à adresser pour la grande valeur technique de ce Cours qui laisse loin tout ce que je connaissais jusqu'à présent. »

Autre citation :

« Permettez-moi de vous exprimer toute ma reconnaissance. Je vais maintenant pouvoir mettre en pratique les excellentes leçons reçues de vous. »

De M. Y., à Paris :

« Ci-joint, vous trouverez mes devoirs sur la première leçon du Cours de publicité. Je tiens tout d'abord à vous dire l'intérêt très grand que j'ai pris à cette étude, le plaisir avec lequel j'ai fait les devoirs. »

De M. X., département du Nord :

« Ce qui suffirait à prouver la valeur scientifique de votre enseignement, c'est que l'étudiant peut se rendre compte que les règles et principes de la publicité, tels que vous les définissez, sont absolument conformes au bon sens et à la logique. Ce sont, maintenant, pour moi, des choses presque familières, car, avant d'être votre étudiant, je les sentais déjà confusément; aussi me font-elles maintenant l'impression de l'*Œuf de Colomb.* »

Autre citation :

« Votre leçon a été pour moi une véritable révélation du style; je l'ai communiquée à des amis d'une culture bien supérieure à la mienne; ils n'avaient pas plus d'idée que moi de cette profondeur d'analyse. »

Autre citation :

« Je manquais jusqu'ici de conseils autorisés sur la manière de m'entraîner utilement. Je vais voir et revoir souvent vos deux excellentes leçons... suivre vos conseils à la lettre et travailler. »

Autre citation :

« Je vous remercie bien vivement de l'intérêt que vous portez à vos élèves, à qui vous rendez un véritable service en leur permettant tous les espoirs attachés à la véritable compréhension des affaires. »

De M. V., Algérie :

Je vous sais gré de vos indications et m'y conformerai à l'avenir, en même temps que je ferai des efforts pour corriger ce défaut. »

De M. U., chef de Publicité en Suisse :

« Je vous réitère la satisfaction que j'ai de suivre votre cours. »

Autre citation :

« Malgré les difficultés sérieuses des leçons 11 et 12, je ne peux que féliciter mes professeurs, parce que j'ai appris quelque chose que je pourai mettre en pratique tous les jours (1). »

1. Les personnes qui s'intéressent à ces cours — qui, étant individuels, peuvent être commencés à n'importe quel moment de l'année — n'ont qu'à demander la *Notice de Renseignements n° 2* à M. le Directeur des Cours techniques de Publicité, 6, rue Grange-Batelière, Paris (9°).

---

1 Voir dans le volume I, Appendice III, la table des matières parues dans la revue *La Publicité*, pendant les années 1909 à 1913.

À travers la Presse technique.

18ᵉ Année : Février 1920 à Janvier 1921

A travers la Presse technique.

19ᵉ Année : Février 1921 à Janvier 1922

A travers la Presse technique.

" AFFAIRES ", sous la direction de M. O.-J. Gérin

APPENDICE III

❧

Du choix d'un bon imprimeur
de publicité

En dehors de la conception, de la rédaction et de la présentation des divers travaux de publicité, toutes choses sur lesquelles le présent ouvrage donne d'abondantes explications, il est encore un autre point qui mérite d'être signalé. C'est celui de la réalisation matérielle, de l'exécution de ces travaux, autrement dit celui de leur impression.

En définitive, tout, en publicité, aboutit à une question d'imprimerie. L'annonceur ou son chef de publicité aura eu beau faire des merveilles, rien ne sera parfait qu'autant que son imprimeur aura su faire passer sur le papier, en noir ou en couleur, ces merveilles. Il n'est pas exagéré d'affirmer que, en dernière analyse, toute publicité vaut ce que vaut l'imprimeur qui la met en œuvre.

A ce point de vue, comment se présente la situation actuelle? Ceux qui sont au courant de la question savent que nos imprimeurs peuvent, d'une manière générale, être divisés en quatre catégories :

1º Il y a l'imprimeur qui ne sait même pas ce qu'est un travail de publicité et ne fait aucune différence entre le texte de livre ou de revue, celui pour lequel le lecteur débourse son argent, et un texte de publicité, celui qu'il s'agit, pour ainsi dire, de faire lire par surcroît. La plupart du temps, ces imprimeurs n'ont rien de l'outillage perfectionné que réclament les impressions publicitaires. Par conséquent, inutile d'en parler davantage.

2º Il y a les imprimeurs qui, parce qu'ils se sont spécialisés dans les travaux de publicité et ont pour principe de ne faire que de belles choses, en profitent pour accabler leur clientèle sous l'énormité des prix. Seul un « nouveau riche » ou un annonceur qui n'a aucune notion de l'importance de la question financière dans un budget de publicité pourra se permettre le luxe d'un tel fournisseur. Mais l'annonceur méthodique, lui, se contentera d'admirer à distance et n'aura aucune envie de gaspiller son argent.

3º Il y a l'imprimeur bien outillé, mais qui n'a qu'un souci : faire vite, encore plus vite. Et alors, il livre à l'annonceur des travaux quelconques, qui, on s'en aperçoit tout de suite, ont été bâclés. Pour ne pas perdre une minute, il a pris l'habitude de procéder avec routine, presque automatiquement, en s'en tenant à des formes et à des modalités d'impression toujours les mêmes. Avec lui, il sera très rare que l'annonceur se fasse comprendre et obtienne ce qu'il désire. Il semble que ces imprimeries-là travaillent, non pour contenter le client, mais pour appliquer indéfectiblement et indéfiniment le parti pris de leurs théories monotones et mécaniques.

Il résulte de cela que l'annonceur n'arrive à être à demi-satisfait qu'après une série de malentendus, d'épreuves et de contre-épreuves, qui sont aussi énervants que dispendieux. Ces imprimeurs qui tuent l'originalité de la publicité et qui paraissent ne se plaire qu'à la camelote, ne peuvent, évidemment, qu'être laissés de côté par l'annonceur intelligent, soucieux d'être compris et bien servi.

4° Et enfin, il reste la catégorie, beaucoup moins nombreuse qu'on ne le pense, malgré les progrès réalisés à cet égard par suite de la diffusion de la saine technique publicitaire, des bons imprimeurs, — nous voulons dire des bons imprimeurs de publicité. Heureux l'annonceur qui n'a affaire qu'à cet imprimeur-là, car cela représentera pour lui des gains de temps et d'argent considérables!

Qu'est-ce donc que le bon imprimeur de publicité?

C'est, en somme, l'imprimeur qui sait se mettre à la place de l'annonceur et qui voit tout de suite de quelle manière doit être exécuté le travail pour que la publicité soit efficace. Cet imprimeur-là va droit au but, qui est ici non plus une tradition ou un goût historique, mais uniquement le succès commercial de l'annonceur. Il sera immédiatement en mesure de saisir les intentions de ce dernier, même, comme cela arrive très souvent, si ce dernier n'est pas capable de les exprimer très clairement; et, dans tous les cas, il servira à l'annonceur de guide éclairé et compétent.

Bref, le bon imprimeur de publicité peut être considéré comme le conseiller technique de l'annonceur ou du chef de publicité en matière d'impressions publicitaires. Entre celui qui comprend ainsi son rôle et l'imprimeur ordinaire, il y a aussi loin qu'entre un vulgaire fournisseur qui ne sert qu'à livrer une marchandise brute, et un collaborateur précieux et dévoué, qui met toute son expérience personnelle au service de ses clients.

Comme complément de ces considérations générales, on sera heureux de trouver ici l'adresse d'un de ces bons imprimeurs de publicité, dont l'espèce est encore si peu répandue et dont on éprouve parfois tant de peine à découvrir quelque authentique représentant. Il s'agit de l'imprimerie P. MERSCH, L. SEITZ et Cie, 17, villa d'Alésia, Paris (14ᵉ) (téléphone: Ségur: 14-36), sur laquelle tous les annonceurs et chefs de publicité liront avec intérêt les rapides indications ci-après:

Cette maison a été fondée, il y a quelque quarante-cinq ans, par le maître-imprimeur Jean MERSCH, — un maître en son métier, — à une époque où, précisément, la publicité moderne commençait à se déve-

Imprimé par P. Mersch, L. Seitz et Cie

lopper et à sortir des ornières d'un étroit empirisme. Et l'on n'y manqua pas de suivre de très près l'évolution publicitaire, afin de donner, de très bonne heure, satisfaction aux annonceurs. Cette compétence s'accrut encore par le fait des excellentes relations qui l'unirent à D. C. A. Hémet et qui lui firent confier par le magistral initiateur de la publicité française, d'abord l'impression de la revue *La Publicité* et puis celle de la première édition du présent ouvrage. La maison Mersch s'est ainsi trouvée, on peut le dire, aux sources mêmes de la science publicitaire.

Aujourd'hui, les deux éléments de sa supériorité sont à la fois son outillage et son personnel. D'une part, elle possède un matériel neuf qui lui assure les avantages de ce que les meilleures machines françaises et américaines ont de plus pratique et de plus perfectionné. Et, d'autre part, elle s'est attachée à recruter et à conserver une élite d'ouvriers au courant de toutes les finesses du métier et ayant l'amour du travail bien fait. Par une heureuse alliance du modernisme américain et du goût français, l'imprimerie Mersch ne peut, de la sorte, que faire bénéficier ses clients de toutes les qualités qui résultent de la science jointe à la conscience.

Elle est spécialisée dans toutes les impressions de publicité, depuis le catalogue industriel ou commercial, en noir ou en couleur, jusqu'aux prospectus, circulaires, prix-courants et dépliants, en passant par les brochures de publicité, les périodiques et journaux de publicité, — ce qu'on appelle l'organe privé ou le *House Organ*, — auxquels elle sait donner un cachet très attrayant et un caractère très attractif.

Outillée pour tout ce qui concerne la typographie, la lithographie et la gravure de publicité, elle offre aux annonceurs cette très appréciable commodité de suffire à leurs commandes, sans qu'ils aient besoin de s'adresser en même temps à d'autres fournisseurs, tels que le marchand de papier, le photograveur et le clicheur. Elle se charge elle-même de toutes les opérations nécessitées par la réalisation du catalogue ou du tableau illustré qu'on veut bien lui demander.

Sachant que l'illustration joue aujourd'hui, en publicité, un rôle capital, elle est particulièrement bien placée pour donner à cet égard toute satisfaction à sa clientèle. Ses photographes et ses dessinateurs se rendent, le cas échéant, dans les usines ou les magasins de l'annonceur pour recueillir, dans les conditions les plus favorables, la documentation qui permettra de livrer les illustrations les plus exactes, les plus alléchantes, les plus caractéristiques. Les industriels et les constructeurs français sont loin d'avoir encore tiré tout le parti possible de l'illustration artistique ou technique dans l'emploi qu'ils font des divers moyens de publicité.

Lorsqu'il s'agit d'impressions à grand tirage, il est fait, d'après le cliché original, des galvanos qui reviennent beaucoup moins cher que la gravure et qui, cependant, donnent d'excellents résultats. On pourra en juger d'après les deux illustrations jointes au présent texte et dont l'une (l'automobile) est imprimée directement sur le cliché simili lui-même, tandis que l'autre (l'illustration en trichromie) a été exécutée à l'aide d'un galvano. Ces deux spécimens suffiront pour donner une idée du soin qu'apporte la maison MERSCH au tirage des illustrations.

Enfin, inutile de dire qu'elle dispose de tous les caractères typographiques, aussi bien modernes que classiques, qui sont nécessaires pour obtenir des impressions à la fois originales, bien visibles et facilement lisibles; on sait que, pour tous les travaux de publicité, ce sont là des qualités primordiales. Remarquons, en passant, que notamment, les spécimens de lettres qui se trouvent dans le présent ouvrage (volume I, pages 66 à 88) existent tous dans le matériel de composition de la maison MERSCH et, par conséquent, sont immédiatement à la disposition de ses clients. Rien n'est plus ennuyeux que d'être obligé de modifier l'aspect typographique d'un texte de publicité parce que l'imprimeur auquel vous vous êtes adressé ne possède pas les types de lettres nécessaires.

Reste un dernier point à signaler, et qui n'est pas des moins importants : c'est celui des prix.

Bien que capable de faire aussi bien que ces imprimeurs de la deuxième catégorie dont nous parlions tout à l'heure, et dont on pourrait dire que leurs factures assassinent le client, la maison MERSCH a, depuis longtemps, adopté le principe des prix raisonnables. Sa politique commerciale consiste à prélever le bénéfice le plus réduit qui se puisse, en raison de la valeur du travail qu'elle fournit à sa clientèle et du montant de ses propres prix de revient.

Comme l'a écrit un technicien distingué, « presque de tous temps, en tout cas, depuis bien longtemps déjà, ce qui a nui à l'imprimeur, c'est la méconnaissance de ses prix de revient.

« Cependant, s'il est une chose indispensable, primordiale, pour un industriel, c'est bien, avant tout, de savoir ce que lui coûte l'objet qu'il va vendre.

« Dans la plupart des industries, il est plus facile que dans la nôtre d'être fixé d'une façon précise sur ce point.

« Dans l'imprimerie, la complexité est telle qu'il y faut une méthode que bien peu possèdent...

« Celui qui sait bien ce que lui coûte son produit peut se contenter d'un bénéfice très minime. »

Prix de revient calculés de très près et frais généraux méthodiquement limités, voilà ce qui explique pourquoi l'imprimerie MERSCH peut livrer aux annonceurs et aux chefs de publicité des travaux de belle qualité dont les prix restent toujours relativement modérés.

C'en est assez pour que chaque commerçant ou industriel désireux d'avoir des impressions avant tout soignées tienne désormais à demander à la maison MERSCH un devis, avec spécimens et maquettes, chaque fois qu'il s'agira pour lui de viser au succès publicitaire par l'intermédiaire de l'encre d'imprimerie.

Et rien mieux que le présent appendice ne pouvait aider l'annonceur à transporter dans le domaine des réalisations effectives les connaissances qu'il aura acquises dans le *Traité Pratique de Publicité*.

REUSE
LIQUEUR
A LA G
Gde CHARTREUSE

CHARTREUSE
LIQUEUR
A LA G^{de}
CHARTREUSE
FABRIQUÉE
CHARTREUSE
LIQUEURS & ÉLIXIR
DE LA
G^{de} CHARTREUSE
VOIRON (Isère)

APPENDICE IV

◇

Le Clichage en Publicité

o   o   o

On a vu précédemment (vol. I, p. 101), que les imprimeries, aussi bien à Paris qu'en province, ne disposent pas toujours des familles de caractères nécessaires à l'exécution de bonnes annonces. Aussi l'auteur regretté du présent ouvrage ne manquait-il pas aussitôt de tirer de ce fait une conclusion logique : « Pour obtenir, disait-il, une bonne composition faite au moyen de caractères adéquats à l'usage qu'on veut en faire, il est préférable de s'adresser à un fabricant de clichés qui, lui, est parfaitement outillé pour créer des modèles originaux. Et c'est tout naturel : il ne fait que cela. »

D'autre part, tous les gens du métier savent l'intérêt qu'il y a, pour l'annonceur, à faire clicher ses annonces, avant d'en assurer la diffusion au moyen des multiples organes de la presse. « Nous ne saurions trop recommander de remettre des annonces toutes composées aux journaux », écrivent MM. Gérin, Damour et Serre dans leur *Précis Intégral de Publicité*.

Malheureusement, les clicheries ayant un atelier de composition d'annonces au courant des nécessités et des principes de la saine technique publicitaire sont, même à Paris, beaucoup plus rares qu'on ne pourrait le croire. Écoutons ce que disait l'excellent spécialiste Erel dans une remarquable conférence faite à la *Corporation des Techniciens de la Publicité* : « Mais où sont les clicheries idéales?... Comment se fait-il qu'on éprouve encore tant de difficultés à avoir une bonne composition dans les maisons courantes dont c'est uniquement le métier de composer des annonces? »

Aussi sera-t-on heureux de trouver ici quelques renseignements sur une maison parfaitement spécialisée dans tout ce qui regarde la composition d'annonces et les travaux de clichage relatifs à la publicité. Nous voulons parler de la Maison R. Rousset fils (anciennement Maison A. Rousset), 13, rue Visconti, Paris (6e).

L'une des plus anciennes clicheries de France, cette maison a été fondée en 1852, à une époque où, précisément, commençaient à se développer les procédés modernes de reproduction typographique, par la stéréotypie et la galvanoplastie. Elle est toujours restée, depuis sa fondation, entre les mains de la même famille, et son directeur actuel, M. R. Rousset fils, tient à honneur de maintenir les bonnes traditions de travail et de conscience qui ont fait la réputation des maîtres artisans de notre industrie du livre et des arts qui s'y rattachent. Mais, au fur et à mesure que les travaux d'ordre commercial et publicitaires prenaient de l'importance, la Maison Rousset accordait à cette nouvelle branche de son activité professionnelle une attention particulière, s'outillait en conséquence, et M. R. Rousset a affirmé l'intérêt qu'il porte aux choses publicitaires en devenant membre de la *Corporation des Techniciens de la Publicité.*

Pour que l'annonceur obtienne toute satisfaction en matière de composition d'annonces, trois conditions principales sont requises :

1º Il faut que la maison à laquelle il s'adresse possède un matériel typographique aussi complet que possible. On sait qu'aujourd'hui, les anciens caractères, dits classiques, ne suffisent pas aux besoins de la publicité et qu'ils doivent être complétés par les très nombreuses familles de caractères modernes ou de fantaisie dues à l'invention toujours active des fondeurs. Et il faut avoir non seulement les caractères eux-mêmes, mais tout le matériel des vignettes, ornements, filets, cadres et décors destinés à mettre en valeur ces caractères. Ainsi, l'annonceur sera-t-il assuré de pouvoir réaliser intégralement l'annonce originale et personnelle qu'il a esquissée et qui lui donnera un rendement lucratif.

2º Il faut que l'atelier de composition typographique soit exercé à comprendre au premier abord ce que désire l'annonceur et à suppléer aux insuffisances des maquettes fournies par ce dernier ou même à leur absence. Ainsi seront évités des va-et-vient et des pertes de temps aussi irritants que préjudiciables.

3° Il faut enfin que l'exécution des ordres de composition d'annonces et de confection des clichés s'opère sans retard, car on sait qu'en publicité, la question de temps joue un rôle essentiel.

Les annonceurs seront heureux d'apprendre que la Maison Rousset est organisée de manière à les contenter à ce triple point de vue.

En dehors de la composition typographique et de la fabrication des clichés d'annonces, la Maison Rousset exécute tous les travaux qui sont du domaine d'une clicherie, c'est-à-dire tout ce qui regarde le moulage et la reproduction des clichés dont on a besoin d'avoir plusieurs exemplaires. Comme les questions de clichage sont loin d'être familières à tous les annonceurs, il n'est pas mauvais d'apporter ici quelques précisions. A cet effet, nous ne pouvons mieux faire que de laisser la parole à une compétence autorisée, M. L.-P. Clerc : « Les matrices pour l'impression typographique, dit ce spécialiste, peuvent être multipliées par le clichage comprenant deux variétés d'exécution ; dans la *stéréotypie*, un moule ou flan du cliché typographique est rempli d'alliage d'imprimerie ; *dans le clichage galvanoplastique*, un moule ou empreinte est, après que sa surface a été, s'il y a lieu, rendue conductrice de l'électricité, utilisée comme cathode dans un bain de cuivrage, de façon à y constituer progressivement un dépôt de cuivre, constituant la coquille qui sera ensuite doublée par coulée d'alliage d'imprimerie, de façon à lui donner la solidité nécessaire. »

Clichés plomb, galvanos, clichés tout en nickel par dépôt direct, spécialement utiles pour les tirages en couleurs, montage des clichés sur bloc métallique ou, comme on dit, montage sur matière, blocs à combinaison, qui rendent des services lorsqu'il s'agit de changer quelque chose à la teneur du cliché, prise d'empreintes, clichés cylindriques pour rotatives, bref tous les produits de la stéréotypie et de la galvanoplastie, intéressant aussi bien l'annonceur, — pour la reproduction de ses annonces, catalogues ou brochures, — que l'éditeur, — pour la reproduction de ses ouvrages, — sont livrés par la Maison Rousset avec autant

de soin que de rapidité. Elle est particulièrement réputée pour
la fourniture de galvanos pouvant supporter de forts tirages.
Son personnel spécialisé lui permet de servir vite et bien une
vaste clientèle, et son service de livraison par automobile accroît
encore la rapidité avec laquelle elle exécute les commandes.

Si, maintenant, nous ajoutons que son numéro de téléphone
est : Gobelins 17-65, et qu'elle est à proximité des stations du
métro « Saint-Germain-des-Prés » ou « Odéon », on saura comment il est facile d'entrer en relations avec une clicherie qui,
dans ce VIᵉ arrondissement, quartier général des arts graphi-
ques, poursuit une longue série d'années de labeur et de succès.

Table alphabétique des Matières

(Les numéros indiquent les pages du volume.)

◇ ◇ ◇

Table analytique des Matières

❊ ❊ ❊

LIVRE III

LES IMPRIMÉS DE PUBLICITÉ

CHAPITRE VIII

CHAPITRE IX

CHAPITRE X

CHAPITRE XI

LIVRE IV

DE LA PUBLICITÉ
PAR L'OBJET A LA PUBLICITÉ PARLÉE

www.ingramcontent.com/pod-product-compliance
Lightning Source LLC
LaVergne TN
LVHW011922180726
843502LV00003B/685